Johann J. Beichel / Konrad Fees (Hrsg.)

Bildung oder outcome?

Reihe Pädagogik
Band 30

Johann J. Beichel / Konrad Fees (Hrsg.)

Bildung oder outcome?

Leitideen der standardisierten
Schule im Diskurs

Mit Beiträgen von
Johann J. Beichel, Linda Clarke,
Konrad Fees, Geoff Hayward,
Ulrich Herrmann, Walter Jungmann,
Lutz Koch, Ludwig A. Pongratz,
Jürgen Rekus, Christopher Winch

Centaurus Verlag & Media UG 2007

Die Deutsche Bibliothek – CIP-Einheitsaufnahme

Bibliographische Information der Deutschen Bibliothek:
Die deutsche Bibliothek verzeichnet diese Publikation in der
Deutschen Nationalbibliographie; detaillierte bibliographische Daten
sind im Internet über http://dnb.ddb.de abrufbar

ISBN 978-3-8255-0667-4   ISBN 978-3-86226-308-0 (eBook)
DOI 10.1007/978-3-86226-308-0

ISSN 0930-9462

Alle Rechte, insbesondere das Recht der Vervielfältigung und Verbreitung sowie der Übersetzung, vorbehalten. Kein Teil des Werkes darf in irgendeiner Form (durch Fotokopie, Mikrofilm oder ein anderes Verfahren) ohne schriftliche Genehmigung des Verlages reproduziert oder unter Verwendung elektronischer Systeme verarbeitet, vervielfältigt oder verbreitet werden.

© *CENTAURUS Verlags-GmbH. & Co. KG, Herbolzheim 2007*

Satz: Vorlage der Herausgeber

Umschlaggestaltung: Jasmin Morgenthaler

Inhalt

Vorwort der Herausgeber VII

I. Bildungstheoretische Implikationen

Ludwig A. Pongratz
Vom Bildungsbürger zum Selbstvermarkter –
Reflexionen zur Bildungsreform 3

Lutz Koch
Bildungsevaluation, Bildungsstandards,
Grundbildung und eine neue Lehrerbildung:
Eine neue Bildungstheorie? 23

II. Institutionelle Fragen

Ulrich Herrmann
Die nationale Testservice-Agentur IQB:
der Abgesang auf pädagogische Schulentwicklung 45

Jürgen Rekus
Qualitätssicherung durch nationale Bildungsstandards
Schulaufsicht vor neuen Aufgaben? 53

III. Vergleichende Perspektive

Linda Clarke/Christopher Winch
Vocational Education:
conceptual differences between Britain and Germany 75

Geoff Hayward
Vocationalism and the decline of vocational learning in England 91

IV. Lehrerbildung

Walter Jungmann
Interkulturelle Kompetenz als Anforderung an Schulqualität
und Lehrerbildung.. 115

Konrad Fees
Qualitätssicherung in der Lehrerbildung
Pädagogische Professionalität als das ungelöste Problem
des Verhältnisses von Theorie und Praxis 139

Johann J. Beichel
Ästhetische Bildung als Fundament der Lehrerbildung
Plädoyer für eine ÄSTHETISCHE WENDE....................... 165

Autoren 203

Vorwort der Herausgeber

Wie Schulentwicklung generell stets von Trends begleitet und von den Besonderheiten des Zeitgeistes getragen wird, wird die aktuelle Schulentwicklung von bildungspolitischen Auffassungen und Ideen bestimmt, die bei aller Verschiedenheit gleichwohl auch Parallelen zur schulpolitischen Situation um 1970 erkennen lassen.

Schulentwicklung wurde in Deutschland nach 1970 im großen Entwurf betrieben in Gestalt eines kompletten Umbaus vor allem des sekundären Schulwesens – Schulentwicklung als Ausbau eines Systems auf der Makroebene. Schulreform wurde damals verstanden als Denken in großen Einheiten; Bildung lasse sich auch poietisch angehen und über operationalisierbare Lernziele hinsichtlich ihrer Resultate zugleich auch überprüfen. Dieses Denken in großen Einheiten und zentralen Systementscheiden wich bis in die 1990er Jahre dem Gedanken, daß Bildungsreform nunmehr kleinräumig vor Ort anzusetzen habe in der jeweiligen Schule: Schulentwicklung als Ausgestaltung der jeweiligen Einzelschule mit dem Erkunden ihrer jeweiligen Stärken und besonderen Herausforderungen am jeweiligen Standort.

In der Praxis wird die dezentrale Entwicklung von Einzelschulen weiter verfolgt. Im großen Stil hat sich seit etwa vier Jahren in der Schulpolitik der Länder, auf der Ebene der Kultusministerkonferenz und in den jeweiligen Schuladministrationen ähnlich wie in den frühen 1970er Jahren der Gedanke durchgesetzt, Bildung sei technisch „herstellbar" über Vereinheitlichung – *Standardisierung* – und überprüfbar über entsprechende Methoden der Leistungsstandserhebung. Man kann diese neueste Entwicklung als den ‚*empiric turn*' bezeichnen, als den Gedanken, analog vielen anderen Erzeugnissen des modernen Lebens auch Bildung herzustellen. Wenn nur die Bildungsziele zuvor – entsprechend etwa den von der Brüsseler EU-Verwaltung aufgestellten Normierungen von Landwirtschaftsprodukten – als Standards verbindlich ausgewiesen und der jeweilige *outcome* hinsichtlich seiner Normentsprechung auch regelmäßig überprüft wird, dann sei Bildung schon entstanden.

Der ‚*empiric turn*' findet seine Verlängerung in der Wissenschaftspolitik der Hochschulen bzw. der erziehungswissenschaftlichen Fakultäten. Die qualitativ-systematische Erziehungswissenschaft – allgemeine Schul- und

Unterrichtstheorie wie Erziehungs- und Bildungsreflexion im Grundlagenbereich, vor allem auch in einem nachweisbaren Bezug zu schulischem Handeln – wird augenblicklich weitgehend zugunsten einer quantitativ-empirischen Unterrichts- und Bildungsforschung abgebaut. Der bildungspolitische Paradigmenwechsel findet somit sein Pendant in der an den Hochschulen institutionalisierten Erziehungswissenschaft, die offenbar gerne bereit ist, den bildungspolitischen ‚empiric turn' auch wissenschaftsmethodisch zu flankieren.

Vergleichbar dem Diskurs um operationalisierbare Lernzielen der 1970er Jahre konzentriert sich die aktuelle Schulpolitik auf die Ausarbeitung entsprechender Lehrpläne. Seit den 1970er Jahren waren letztere in mehreren Stufen „entrümpelt" worden mit der Folge, dass die Angaben darüber, was die Schüler zu lernen hätten, hinsichtlich ihrer inhaltlichen Konkretion immer unbestimmter geworden sind. Die aktuelle Lehrplan-Generation ist in mehreren Beschlüssen 2003 von der Kultusministerkonferenz auf den Weg gebracht worden und folgt dem Konstruktionsprinzip der „Bildungsstandards". Damit ist gemeint, daß nicht mehr Inhalte bzw. Unterrichtsgegenstände bestimmt werden, mit denen sich die Schüler zu befassen haben, sondern nur noch allgemeine formale Könnensziele bzw. „Kompetenzen" ausgewiesen werden, welche die Schüler erreichen sollen. Es wird also nicht mehr vorgegeben, welche Texte im Literaturunterricht zu lesen sind, sondern beispielsweise nur noch, daß die Schüler überhaupt Gedichte verschiedener Provenienz verstehen sollen. Sie sollen etwa in der Lage sein, Gedichte in Prosa umzuwandeln und umgekehrt; welche Gedichte hierbei als „Material" dienen, spielt keine Rolle.

Die Umstellung der Lehrpläne auf die sogenannten Bildungsstandards ist bekanntlich eine Reaktion der Kultuspolitik auf die Resultate der verschiedenen vergleichenden Schülerleistungserhebungen – TIMSS, PISA, IGLU –, denen zufolge die gemessenen bundesdeutschen Schülerleistungen im internationalen Vergleich nur nachrangige Plätze erbringen. „Standardisierung" hat also den Zweck, eine Überprüfbarkeit bzw. Kontrollierbarkeit und auch Vergleichbarkeit von Leistungsniveaus zu ermöglichen. Insofern war die Einführung der Standards nur der erste Schritt. Der zweite Schritt besteht darin, die tatsächlich erreichten Niveaus auch regelmäßig zu erfassen. Der Umstieg der bundesdeutschen Schule auf derartige Verfahren ist zur Zeit im vollen Gange. Implementiert werden etwa regelmäßige Leistungserhebungen in Form zentraler, standardisierter Diagnosearbeiten etwa in den Klassen 6 und 8 in den Kernfächern. Die Einspeisung der erreichten Schülerleistungen in zentrale Datenerfassungssysteme dient dem Vergleich und soll den Wettbewerb unter den Schulen erhöhen. Des weiteren werden die Schulen künftig dazu aufgefordert, regelmäßige Evaluationen über sich ergehen zu lassen. Dies geschieht auf der ersten Stufe auf dem Wege einer internen Evaluation; dem wird als zweiter Schritt die externe Evaluation folgen, d.h. alle Schulen werden regelmäßig durch externe Kontrollteams aufgesucht und einer standardisierten Bewertung unterworfen. In der Praxis geht dies mit einer Begrifflichkeit einher, die der Consulting-Praxis der Wirtschaft entlehnt ist: Controlling, Benchmarking, Qualitäts-Audits, Empowerment, Zielvereinbarungen etc.

Der Standardisierungs- und Evaluierungsidee liegt die Annahme voraus, Bildung und Erziehung ließen sich gleichsam industriell erzeugen und entsprechend in ihren Prozessen und Resultaten numerisch bzw. quantitativ erfassen. Die Ausbringung von Standards ist de facto eine Festlegung von Normen; Bildungsstandards sind dem Begriffe nach Bildungsnormen bzw. normierte Bildungseinheiten, die sich auf einer Skala von „Null" bis „Exzellenz" numerisch erfassen lassen. Die Entlehnung von Begriffen aus dem Bereich des betriebswirtschaftlichen Controlling und Consulting verrät zum einen das ökonomische Interesse, das sich hinter diesen Maßnahmen verbirgt. Bildung wird hier wesentlich als Voraussetzung ökonomischer Wettbewerbsfähigkeit im globalen Verteilungskampf um Märkte und Ressourcen verstanden. Bildung wird damit zur betriebwirtschaftlichen Größe, wie zum anderen Bildung auch als ein technisch-ökonomischer Herstellungsprozeß begriffen wird, der sich mit Kategorien wie Effizienz, Effektivität, Produktivität und Rentabilität bewältigen läßt.

Die gegenwärtige Schulentwicklung wird damit von *Leitideen* getragen, die in ihren Wirkungen zwar sichtbar sind, die als solche aber weder benannt noch aufgeklärt werden. Standardisierung, Evaluation und Controlling setzen Kriterien voraus, die diesen Maßnahmen voraus liegen. Wer bewertet, mißt an denjenigen Qualitätsmerkmalen, die zuvor bereits festgelegt wurden. Läßt sich Bildung freilich mit solchen Maßnahmen und Kategorien erfassen? Werden auf diese Weise nicht nur die Probleme verschoben, werden von den beteiligten Akteuren möglicherweise nicht sogar wieder Ressourcen fehlgeleitet oder verbraucht, die das eigentliche Anliegen unter Umständen sogar konterkarieren?

Die Beiträge des vorliegenden Bandes setzen sich kritisch mit den *Leitideen* der aktuellen Schulentwicklung auseinander. Wenn Standardisierung und Evaluation Ressourcen binden, so muß auch kritisch die Frage aufgeworfen werden, wie die leitenden Annahmen, Ideen, Vorstellungen dieser Aktionen legitimiert werden. Ist pädagogisches Handeln mit einem herstellend-wirtschaftlichen Handeln überhaupt vergleichbar? Dieser Themenkreis wird im folgenden mehrperspektivisch und grundlagentheoretisch erörtert: in bildungstheoretischer Hinsicht, in institutioneller Hinsicht, in vergleichender Hinsicht sowie in Kontexten der Lehrerbildung.

Karlsruhe, im Januar 2007

I. Bildungstheoretische Implikationen

Ludwig A. Pongratz

Vom Bildungsbürger zum Selbstvermarkter – Reflexionen zur Bildungsreform

1. Götterdämmerung: Visionäre, Strategen, Skeptiker

Es ist noch nicht allzu lange her, da erging die bundespräsidiale Botschaft an alle Bürger guten Willens, durch Deutschland müsse ‚ein Ruck gehen' (vgl. Herzog 1997). Das war nicht nur als aufmunternde Ermahnung gemeint, sondern trug auch Züge einer (mehr oder weniger ausgesprochenen) Drohbotschaft. Denn die landauf landab propagierten Zielvorgaben – etwa: ökonomische ‚Standortsicherung', beschleunigter technologischer Wandel, effizientere Bildung – führen als Kehrseite ein Katastrophenszenario im Gepäck, das der ehemalige BDI-Präsident Henkel kurz vor der Jahrtausendwende auf einen einfachen Nenner brachte: „Wer sich jetzt nicht bewegt, der wird bald zu den Verlierern gehören." (Sudmann 1999, 10)

Solche Unkenrufe sollten sich, so scheint es, schneller als erwartet bestätigen. Das Kürzel ‚PISA' – so zumindest legt es die bildungspolitische Diskussion mehrheitlich nahe – markiert das befürchtete und angekündigte Desaster. Die Ergebnisse der internationalen Langzeitstudie PISA (Program for International Student Assessment; vgl. Deutsches PISA-Konsortium, (Hrsg.) 2001) sind ohne Zweifel alarmierend. Sie lauten kurz und knapp: Die Leistungen deutscher Schülerinnen und Schüler liegen in den Bereichen Lesen, mathematische Grundbildung und naturwissenschaftliche Grundbildung (wobei ich hier den schwierigen Terminus ‚literacy' mit ‚Grundbildung' wiedergebe) unterhalb des internationalen Durchschnitts. Darüber hinaus ist die Leistungsstreuung besonders groß und der Zusammenhang zwischen sozialer Herkunft und Leistung ist überproportional stark ausgeprägt.

Nun ist also guter Rat teuer – oder besser: an Ratschlägen herrscht kein Mangel, wohl aber an öffentlich bereitgestellten Mitteln, um dem Missstand aufzuhelfen. Entsprechend verknüpfen sich mit den unterschiedlichsten Vorschlägen zur Verbesserung des Bildungssystems ökonomische Interessen ganz eigener Art. Es kann daher kaum verwundern, dass es nicht pädagogische Institutionen waren, sondern (auf nationaler Ebene) politische Instanzen und (auf internationaler Ebene) Organisationen wie die OECD (Organisation for Economic Cooperation and Deveolpment), die die PISA-Studie aus der Taufe hoben. In gewisser Weise bilden die Zielvorgaben und Sprachregelungen globaler Institutionen (wie OECD, WTO, Weltbank oder IWF) die Hintergrundmusik für alle aufgeregten PISA-Debatten. Die vorgeschlagenen Lösungen fügen sich in eine globale politische Agenda, deren Kernforderungen lauten: Durchsetzung privatwirtschaftlicher Steuerungsprinzipien im öffentlichen Sektor, betriebswirtschaftliche Umgestaltung von Bildungs- und Wissenschaftsinstitutionen, Einführung von Markt- und Managementelementen auf allen Prozessebenen einschließlich neuer Verwaltungssteuerung, Budgetierung und Sponsoring bis hin zu Zertifizierung, zentralisierter Leistungskontrolle, Credit-Point-System, Total-Quality-Management – und nicht zuletzt: PISA (als fortlaufender internationaler Vergleichstest).

Wer sich auf den steinigen Weg des endlosen Testing, Ranking und Controlling macht (oder machen muss), der unterwirft sich zweifellos einem ganzen Netz neuartiger Disziplinarprozeduren. Dass dies kein Zuckerschlecken bedeutet, räumt z. B. die Hessische Landesregierung in ihrem Bulletin zur neuen Verwaltungssteuerung mit larmoyantem Zungenschlag ein: „Verwaltungsreform tut manchmal weh..." (Reformativ 5/2003, 1). Dennoch (oder vielleicht gerade deshalb) schießt eine Weltverbesserungs- und Freiheitsrhetorik ins Kraut, die vor allem von High-Tech-Visionären gern in Anspruch genommen wird. So prophezeit etwa Steinmetz (seines Zeichens Professor für Multimedia Kommunikation an der TU Darmstadt), in wenigen Jahren würden ‚Stanford, MIT & Co.' den hiesigen Bildungsanbietern per Internet massiv Konkurrenz machen. „Wer da nicht konkurrenzfähig ist, wird gnadenlos vom Markt bestraft" Und weiter: „Das Lernen wird multimedial ... Aus der Initiative ‚Schulen ans Netz' muss ‚Schüler ans Netz' werden! ... Die Hochschulen müssen mehr wie Unternehmen geführt werden, nur so sind sie flexibel genug, um im Bildungsmarkt der Zukunft zu überleben. Dazu gehört beispielsweise, dass die Hochschule in der Lage sein muss, ein neues Produkt – etwa einen Studiengang – schneller auf den Markt zu bringen, als das bisher der Fall ist." (Steinmetz 2000, 4)

Wer die neoliberalen Grundüberzeugungen soweit verinnerlicht hat, dass ihm Begriffe wie ‚Leistungseliten', ‚Wettbewerbsvorsprung' oder ‚gnadenlose Konkurrenz' ohne Zögern über die Lippen gehen, der hat vermutlich auch wenig gegen jene Stellenausschreibung vorzubringen, wie sie Lange (mit ironischer Distanz) für den Primarschulbereich im Jahre 2017 entworfen hat (vgl. Lange 1998, 172). Es handelt sich bei seinem fiktiven Text um eine Anzeige der Firma ‚PrimEduc', einer – wie es im Text heißt – ‚führenden Primarschulholding der Rhein-Main-Neckar-Region', die im April 2017 in der Fachzeitschrift ‚EduMarket*Europe*' geschaltet wurde. Der Text lautet so:

PrimEduc

> *Innovative Konzepte in der Primarbranche – Herausforderung für Spitzenkraft*
>
> Als führende Primarschulholding der Rhein-Main-Neckar-Region zeichnen wir uns durch Stabilität und Wachstum in einer stark umkämpften und durch Verdrängungswettbewerb geprägten Bildungslandschaft aus. Durch innovative Strategien und ausgeprägte Kundenorientierung ist es uns gelungen, unsere Marktposition qualitativ und quantitativ auszubauen. Die strategische Weiterentwicklung unserer Position wird die zentrale Herausforderung der nächsten Jahre sein. Mit pädagogischem Elan und zeitgemäßen Managementmethoden soll die Organisation mit etwa 1000 freien Lehrkräften das notwendige Wachstum erreichen und als modernes Dienstleistungsunternehmen den Nutzen für Kinder und Eltern noch deutlicher fokussieren. Für die projektgebundene Besetzung einer unserer Schlüsselfunktionen suchen wir eine überzeugende Führungskraft als
>
> **Leiterin Produktmanagement** *First Reading & Writing.*
>
> Für diesen Produktbereich suchen wir eine Branchenkennerin mit instruktionstechnischem und betriebswirtschaftlichem Hintergrund, die bereits in vergleichbaren Projekten Erfahrungen sammeln konnte. Sie verbinden pädagogisches Engagement mit marktwirtschaftlicher Orientierung. Innovationskraft, Durchsetzungsvermögen und eine ausgeprägte Persönlichkeit als Führungskraft runden das Bild unserer Wunschkandidatin ab. Der Produktbereich FRnW umfaßt alle M2 einschließlich Printmaterialien. Sie sind verantwortlich für Erwerb bzw. Entwicklung, Evaluation, Adaption von Schriftsprach-Multimedien für den Einsatz sowohl im Offline-Unterricht (Realzeitunterricht) als auch in unserem TeleLernSystem. Sie coachen und supervidieren unsere engagierten Lehrkräfte und Entwickler, und Sie sind überzeugungsstarke Gesprächspartnerin der Landesclearingstelle Schule.
> Wir bieten eine hochinteressante, unternehmerische und pädagogische Aufgabe in einem außergewöhnlich dynamischen und zukunftsträchtigen Bereich. Weitere Infos für Sie im iNet. Posten Sie Ihre Bewerbungsmail unter W4.**PrimEduc**eur.
> Halten Sie auf Ihrem Homeaccount Ihren CVLog einschließlich der Links zu Ihren bisherigen Projektträgern für uns bereit.
>
> Texte francais sur / English text on W4.**PrimEduc**eur.
> **PrimEduc** zertifiziert nach ISO paed *XXI*
> Quelle: EduMarket*Europe*, 1. April 2017

Das Irritierende dieser Stellenausschreibung besteht vermutlich darin, dass viele Indikatoren des aktuellen Reformprozesses im Bildungssystem dafür sprechen, dass es (der Tendenz nach) so kommen könnte – zugleich jedoch die Zweifel daran wachsen, ob es so kommen sollte. Denn das vorgestellte Berufsbild einer ‚Produktmanagerin im Primarbereich' schmückt sich zwar mit innovativem Pathos, unterschlägt jedoch alle Schattenseiten der im Text umrissenen Berufsrolle. Denn der angepriesene ‚außergewöhnlich dynamische und zukunftsträchtige' Arbeitsbereich präsentiert nur die Schokoladenseite sich verschärfender Konkurrenzverhältnisse. Die globalen Strategien und ökonomischen Imperative (die nicht zuletzt durch die PISA-Studie zur Wirkung gelangen) werden hinter dem Rücken der ‚Produktmanagerin für Lernprozesse' aller Voraussicht nach in Geltung bleiben. Mehr noch: Es ist zu vermuten, dass sie sich rücksichtsloser denn je bis in die kleinsten pädagogischen Alltagsszenen durchsetzen werden.

Angesichts dieser Befürchtung gerät die pädagogische Kritik zwischen alle Stühle: Weder ist von der Rückbesinnung auf die guten alten Tage des humanistischen Gymnasiums Rettung zu erwarten, noch ist den überspannten Verheißungen neoliberaler Reformer zu trauen. Unwillkürlich fühlt man sich an Heinz-Joachim Heydorns Schulkritik der 60er Jahre erinnert: Statt ins Loblied progressiver Pädagogik über die Gesamtschulreform einzustimmen, stellte er damals mit ernüchterndem Unterton fest: Der „Supermarkt, auf den sich die Bildung hin entwickelt, braucht keine Diener des Geistes, sondern Leute, die die Kasse reparieren können." (Heydorn 1980 a, 121 f.) Dies dürft auch zum Grundtenor der aktuellen Transformations- und Deregulierungsprozesse gehören. In gewissem Sinn bleibt es unerheblich, ob man sich den neoliberalen Protagonisten der aktuellen Reform anschließt (mehr Selektion, mehr Eliteförderung, mehr Leistung, mehr Konkurrenz, mehr Kontrolle) oder ihren philanthropischen Opponenten (mehr Selbstorganisation, mehr individuelle Profilbildung, mehr (Schul-)Autonomie, mehr (Selbst-)Verantwortung, mehr demokratische Teilhabe). Denn alle noch so gut gemeinten Reformvorschläge, die Deutschland wieder ‚nach vorn' bringen sollen, akzeptieren unter der Hand die Disziplinarprozeduren und Normalitätsstandards, die durch Rankingverfahren wie PISA in Szene gesetzt werden. Die Befürchtungen sind nicht von der Hand zu weisen, dass das von PISA verfolgte funktionalistische Grundbildungskonzept „ein internationales Kerncurriculum" (Brügelmann/Heymann, 10) im Schlepptau führt, vor dessen Inhalt, Reichweite und Legitimität sich am Ende alle – Lehrer wie Schüler – ausweisen müssen. (vgl. Benner 2002, 88) Die neue Top-Down-Reform verbleibt im Koordinatensystem eines mit Macht voran getriebenen Normalisierungsprozesses, mit dem die moderne Disziplinargesellschaft ihre Effekte bis in den letzten Winkel des Bildungssystems verlängert. Nun könnte es sein, dass der soeben verwendete Terminus ‚moderne Disziplinargesellschaft' eine gewisse Verwunderung auslöst. Denn die aktuellen Reformvorgaben sind alles andere als (im traditionellen Sinn) disziplinierend: Sie wollen gerade nicht beschränken, sondern frei setzen; sie wollen nicht Handlungsmöglichkeiten unterbinden, sondern Spielräume eröffnen. Wenn im Folgenden dennoch der Terminus ‚Disziplinargesellschaft' ins Zentrum der Aufmerksamkeit rückt, so geschieht dies unter der Voraussetzung, dass ‚Disziplinierung' in unseren Tagen offensichtlich einen anderen, neuen Sinn annimmt. Um diesen Bedeutungswandel besser zu verstehen, liegt es nahe, an die theoretischen Entwürfe Michel Foucaults (den seine Intimfeinde gern als ‚enfant terrible der französischen Sozialphilosophie' apostrophierten) anzuknüpfen.

2. Gouvernementalität: Disziplinarprozeduren, (Selbst-) Führungstechniken, Subjektivierungspraktiken

Foucault versucht, den Blick für diejenigen Prozeduren zu schärfen, mit denen sich – meist unterhalb des Niveaus politischer Programme und pädagogischer Institutionen – neuartige gesellschaftliche Disziplinar- und Kontrollmechanismen ins Spiel bringen. Allerdings: Um dem Neuartigen auf die Spur zu kommen, sieht sich Foucault veranlasst, den Begriff der ‚Disziplinierung' neu zu fassen. Denn die ‚Disziplinierung' in ihrer zeitgenössischen Gestalt versucht alle negativen Konnotationen (wie Sanktion, Drohung, Bestrafung etc.) abzuschütteln. Sie bringt sich stattdessen sublim und produktiv ins Spiel. Sie nimmt gesellschaftliche Kräfte unter Kontrolle, indem sie sie steigert und potenziert. Dies geschieht zwar lautloser und bewusstloser als zu Zeiten rigider Straf- und Drillpraktiken, gewiss aber nicht weniger effektiv. Foucaults ‚mikrologischer Blick' sucht die unterschwellig wirksame ‚politische Ökonomie der Macht' ans Licht zu heben, wie sie vor allem in den derzeit propagierten Führungs- und Selbstführungstechniken ihren Ausdruck findet. Und hervor kommt ein ganzes Beziehungsnetz von subtilen Zwängen, die sich der Individuen bemächtigen, indem sie sie zu permanenter Selbstprüfung, Selbstartikulation, Selbstdechiffrierung und Selbstoptimierung animieren, mehr noch: geradezu anstacheln.

Diesen Formen der (Selbst-)Führung ist vor allem der späte Foucault (Ende der 70er/Anfang der 80er Jahre) nachgegangen. Er untersucht, welche Formierungsprozesse in modernen Gesellschaften am Werk sind, um die Gesellschaftsmitglieder (nicht einfach zurecht zu schleifen, sondern sie) produktiv 'ins Spiel zu bringen'. Ihn interessiert, mit welchen produktiven Disziplinarstrategien, Wissensapparaten und ‚Regierungsformen' Individualitäten und Identitäten regelrecht hervor getrieben werden, kurz: Foucault analysiert die ‚Subjektivierungspraktiken' der Gegenwartsgesellschaft. (vgl. Pongratz 2005, S.28 ff.) Zu diesem Zweck entwirft er das Konzept der ‚Gouvernementalität'. Foucault geht dabei der Frage nach, wie sich politische Regierungsformen mit spezifischen (Selbst-)Führungstechniken verbinden; oder anders: Wie ‚Regierungslogiken' und ‚Subjektivierungspraktiken' miteinander verknüpft sind.

Allerdings erhält der Begriff ‚Regierung' im Kontext dieser Fragestellung seinen alten, weiten Sinn zurück. Während ‚Regierung' für uns heute einen ausschließlich politischen Sinn besitzt, zeigt Foucault, „dass sich das Problem der Regierung bis ins 18. Jahrhundert hinein in einen allgemeineren Rahmen stellte. Von Regierung war nicht nur in politischen Texten, sondern auch in philosophischen, religiösen, medizinischen, pädagogischen etc. Arbeiten die Rede. Über die Lenkung des Staates oder der Verwaltung hinaus meinte ‚Regierung' auch Probleme der Selbstbeherrschung, der Leitung der Familie und der Kinder, der Steuerung des Haushalts, die Lenkung der Seele etc. Aus diesem Grund bestimmt Foucault Regierung als Führung, genauer gesagt als „Führung der Führungen" (Foucault 1987, 255), die ein Kontinuum umfasst, das von der ‚Regierung des Selbst' bis zur ‚Regierung der anderen' reicht." (Lemke 2002, 46)

Foucaults historiographische Rekonstruktion unterscheidet vor allem drei Führungsformen: die antike ‚Führung von Gemeinwesen', die christliche ‚Führung der Seelen' und die seit dem 17. Jahrhundert sich ausbildende ‚Führung von Menschen' (der sich – nebenbei bemerkt – die moderne Pädagogik verdankt). Diesen Führungsformen entsprechen spezifische Staatskonzeptionen, wobei für unsere Überlegungen vor allem der (sich seit dem 16. und 17. Jahrhundert heraus bildende) moderne ‚Regierungsstaat' Bedeutung gewinnt. Diese Staatsform ist in erster Linie nicht mehr durch Territorialität bestimmt, sondern durch eine Masse: die Masse der Bevölkerung. Um diese Masse regieren zu können, bedarf es einer spezifischen ‚Regierungstechnologie' mit dem Ziel, die Herrschaft abzusichern. Der Liberalismus als Regierungsform moderner Staaten entwickelt diese Sicherungstechnologie, indem er die Bedingungen organisiert, unter denen die Individuen ‚frei' sein können. Man könnte auch sagen: Er ‚fabriziert' oder ‚produziert' die Freiheit (vgl. Lemke/Krasmann/Bröckling 2000, 14). Foucault rückt also unsere landläufige Auffassung vom Liberalismus zurecht: Der Liberalismus garantiert nicht einfach die rechtliche Freiheit von Individuen, sondern er regiert über sie. Diese Unterscheidung wird wichtig, um die aktuelle Transformation liberaler Strategien verstehen zu können: Während der traditionelle Liberalismus durch die Überwachung und Organisation der ‚Produktionsbedingungen der Freiheit' und damit auch des Marktes gekennzeichnet war, wird dieser (der Markt) nun selbst zum organisierenden und regulierenden Prinzip des Staates (vgl. Kessl 2001, 6).

Dieser Transformationsprozess ruft neuartige gouvernementale Strategien auf den Plan. Foucault zeigt, wie die Restrukturierung von Staat und Gesellschaft mehr denn je darauf abzwecken muss, Selbsttechnologien zu erfinden und zu fördern, die an Regierungsziele angekoppelt werden können. Im Rahmen neoliberaler Gouvernementalität signalisieren Selbstbestimmung, Verantwortung und Wahlfreiheit daher „nicht die Grenze des Regierungshandelns, sondern sind selbst ein Instrument und Vehikel, um das Verhältnis der Subjekte zu sich selbst und zu den anderen zu verändern. Der Abbau wohlfahrtsstaatlicher Interventionsformen wird flankiert von Regierungstechniken, die die Führungskapazität von staatlichen Apparaten und Instanzen weg auf ‚verantwortliche', ‚umsichtige' und ‚rationale' Individuen verlegen (vgl. Lemke/ Krasmann/Bröckling 2000, 30).

Im Zuge dieser Gewichtsverlagerung gewinnt Pädagogik eine immense Bedeutung: Schule und Weiterbildung, Erziehungseinrichtungen und Sozialarbeit werden eingebunden in einen strategischen Komplex, der darauf abzweckt, die gesellschaftlichen Verhältnisse auf der Grundlage einer neuen, neoliberalen Topographie des Sozialen zu recodieren. Die Bildungsreform erweist sich in dieser Perspektive als gouvernementale Strategie par excellence.

Sobald wir die aktuellen Reformprozesse durch die ‚gouvernementale Brille' betrachten, tritt die Ambivalenz der gehandhabten Verfahren mit aller

Deutlichkeit zutage. Gerade die ‚Informalisierung' der pädagogischen Verhältnisse – die Auflösung der ehedem monolithisch verfassten Schule mit starrem Selbstverständnis, die Abflachung von Hierarchien, ein neues Bürokratieverständnis, neue Steuerungsmodelle, die Autonomisierung von Teilbereichen, die Einbindung von Betroffenen in Entscheidungsprozesse – all dies führt zu einer neuen ‚Verhandlungskultur', die nicht das Verschwinden, sondern eine größere Diffusion von Machtwirkungen zur Folge hat.

Was derzeit unter den Stichworten ‚Selbstorganisation' bzw. ‚lernende Organisation' zur Schulreform diskutiert wird, präsentiert sich einerseits zwar als ‚Flexibilisierung', gar ‚Humanisierung' schulischer Verhältnisse, doch läuft es andererseits darauf hinaus, die Zumutungen an die in der Institution lebenden und lehrenden Menschen tiefer zu legen. Dafür sprechen eine Reihe von Indizien (vgl. Helsper 1990, 31, 85, 186 f.): Partnerschaftliche Ideale und die größere Zuschreibung von Eigenverantwortlichkeit an Schüler bedeuten, dass das, was ehemals unmittelbarer Fremdzwang oder internalisierte Autorität leisteten, jetzt durch Selbstzwang erreicht werden muss. „Diese Zwangsverhältnisse tarnen sich als egalitäre Kommunikation zwischen Schülern, Lehrern und Schulleitung, wobei häufig verwischt wird, dass den tatsächlichen Entscheidungsspielräumen (noch immer)...enge Grenzen gesetzt sind." (Boenicke 1998a, 178) Zugleich werden die Distanz gegenüber schulischen Prozessen und der Schutz des eigenen Selbst erschwert. Es entsteht eine inkonsistente Nähe, die Schüler wie Lehrer stärker in die Schule einbindet, verletzbarer und schutzloser macht. Diese Sogwirkung ist Teil des gouvernementalen Arrangements, das die Protagonisten der Bildungsreform allenthalben propagieren.

3. Bildungsreform: Ökonomisierung, Totalisierung, Selbstvermarktung

Die Verbindung von politischen Regierungsformen mit neuartigen (Selbst-)Führungs- und Kontrolltechniken – kurz: die ‚freiwillige Selbstkontrolle' der Individuen – lässt sich auf allen Ebenen des Bildungssystems (also: auf individueller, auf unterrichtlicher wie auch auf institutioneller Ebene) nachzeichnen (vgl. Pongratz 2004, 253 ff.):

- So wie aus Lohnempfängern heute ‚Arbeitskraftunternehmer' (vgl. Voß/Pongratz 1998), ‚Ich-AGs' oder ‚Intrapreneure' werden sollen, so werden Schüler umdefiniert zu Selbstmanagern des Wissens, zu autopoietischen ‚lernenden Systemen', denen vor allem dann Erfolg in Aussicht gestellt wird, wenn sie moderne Managementqualitäten an sich selbst entwickeln, also: sich die Produktionsmittel zur Wissensproduktion aneignen (Lernen des Lernens), sich unter den Selbstzwang permanenter Qualitätskontrolle und -optimierung setzen (Motivationsmanagement), sich gleichermaßen als Kunde wie als Privatanbieter auf dem Bildungsmarkt begreifen lernen (Selbstmanagement), sich permanenten Kontrollen, Prüfverfahren und Zertifizierungen aussetzen (Selbstoptimierung) usw. Jeder Schüler und jeder Lehrer wird zu seinem eigenen Kompetenzzentrum; entsprechend rückt der Kompetenzbegriff ins Zentrum pädagogischer Reflexion. Der Kompetenzbegriff kann seine Verwandtschaft mit ‚competition', mit Wettbewerb und Konkurrenz nicht verleugnen. (Verwundert es da noch, dass Kompetenzmessverfahren wie PISA die Bildungskonkurrenz unablässig anstacheln?) Kompetenzen sollen – wie Erpenbeck (einer der Protagonisten des aktuellen Systemumbaus) schreibt – „im Dschungel globalisierter Märkte" (Erpenbeck 2001, 206) die Möglichkeiten zum selbstgesteuerten Lernen sicherstellen. Selbstgesteuert aber sei das Lernen dann, wenn „die Lernziele und die zu ihnen führenden Operationen und Strategien vom lernenden System selbst bestimmt werden." (ebd., 204) Die subtile Transformation von Selbststeuerung in Selbstbestimmung verschleiert jedoch lediglich die sozio-technische Instrumentierung von Lernprozessen, die der Kompetenzdiskurs mittransportiert. Denn Selbststeuerung zielt nur auf ein Segment dessen, was einmal mit Selbstbestimmung gemeint war: auf funktionsgerechtes, effektives Verhalten (vgl. Boenicke 1998b, 2 f.).

- Unter der Hand macht der Begriff der Selbststeuerung klar, dass es nichts mehr gibt, woran das Selbst sich halten könnte – außer an sich. Angesichts der unkontrollierbaren Verhältnisse, die sich über ihm zusammenziehen, ist das herzlich wenig. Dass im Dschungel der Marktverhältnisse keine Sicherheiten mehr existieren, die garantieren könnten, mit den eigenen Strategien erfolgreich zu sein, findet seinen Widerhall in der konstruktivistischen These von der ‚Nichtplanbarkeit' und Kontingenz des Lerngeschehens. Dass dennoch jeder sein Letztes geben muss, um den Anschluss nicht zu verlieren, findet seinen Ausdruck in den Maximen der ‚Viabilität' und ‚Anschlussfähigkeit', an denen der Erfolg von Lernprozessen gemessen wird. Auf der Ebene des Unterrichtsprozesses wird so ein neues Vokabular in Umlauf gesetzt, dass Unterrichten als eine Art Lernmanagement begreift, als Arrangement und Steuerung von Lernsituationen, in denen es letztlich den einzelnen überlassen bleibt, das Beste daraus zu machen (oder zu scheitern). In unmittelbarer Übersetzung von Enabeling-Strategien des betriebwirtschaftlichen Managements propagiert die systemtheoretisch-konstruktivistische Pädagogik eine neuartige ‚Ermöglichungsdidaktik' (vgl. Arnold/Siebert 1995). Sie sanktioniert auf didaktisch-methodischer Ebene den ökonomisch fälligen Übergang von fordistischen Formen der Bildungsproduktion (wie ihn die Bildungsreform der 70er Jahre kannte: mit operationalisierten Zielvorgaben, definierten Curriculumelementen und einem entsprechenden Methodenset) zu postfordistischen Steuerungsmodellen, die auf kunden- und subjektorientierte mobile Anpassungsstrategien setzen. Ungewissheit bzw. Kontingenz werden dabei subjektiv umdefiniert: Sie sollen „nicht mehr ausschließlich als Bedrohung (wahrgenommen werden), ...sondern als Freiheitsspielraum und damit als Ressource, die es zu erschließen gilt." (Bröckling 2000, 133) Entsprechenden Lernarrangements fällt die Aufgabe zu, die erwünschten Subjektivierungspraktiken zu ermöglichen und zugleich funktional abzusichern. „Alle pädagogischen Elemente, die einmal zur autonomen Subjektbildung gedacht waren, Projektlernen, Situationslernen, komplexe Lernarrangements und vieles mehr tauchen als neue Mittel auf" (Röder 1989, 186), um die Individuen in gouvernementale Strategien einzubinden.

- Dem dient auf institutioneller Ebene die Reorganisation von Schule als marktorientiertem Service-Center. Ihr Zweck ist nicht mehr ‚Bildung', sondern die Privatisierung und Kommerzialisierung von Wissen; Bildungsprozesse werden umgewandelt in Eigentumsoperationen mit Wissen als Ware. Was ehemals als genuin pädagogische Aufgabe der Institution begriffen wurde (vom Unterrichten und Beurteilen bis hin zur Gewaltprävention oder zum Ausrichten von Schulfeiern), wird nun formal nach dem Muster betrieblicher Projektabwicklung gehandhabt.

Schulehalten wird zur Projektmanagementaufgabe, mit dem Ziel, neue Produkte einzuführen und betriebliche Umstrukturierungen anzuleiten. „Der Absolvent als Markenartikel – so könnte man das heimliche Programm der aktuellen Bemühungen zu einer Bildungsreform in eine knappe Formel fassen." (Fischbach 2002, 11) Entsprechend verschwindet der Lehrer, um als Projektberater oder Evaluationsmanager wieder aufzuerstehen (vgl. Schirlbauer 1998, 56) Die moderne Unternehmensführung im Unterricht soll eine ‚corporate identity' – ein unverwechselbares Schulprofil – entwickeln, dem auf der Handlungsebene ein ‚coporate behavior' und auf struktureller Ebene ein ‚coporate design' entsprechen. Die Effektivität und Effizienz des gesamten Unternehmens lässt sich allerdings nicht mehr durch isolierte Maßnahmen sicherstellen, sondern erzeugt einen manifesten Bedarf an Organisations- und Personalentwicklung. Es etabliert sich ein ‚permanentes Qualitätstribunal' (vgl. Simons 2003, 617 ff.), das die gesellschaftlich fabrizierten Gesetze der Ökonomie mit dem Schleier der Unvermeidlichkeit und Natürlichkeit umgibt. Zur Naturalisierung gouvernementaler Strategien gehört auch, die Mechanismen der Disziplinierung schönzureden. „Es gibt ein ganzes Spiel mit den Konnotationen und Assoziationen von Wörtern wie Flexibilität, Anpassungsfähigkeit, Deregulierung, das Glauben macht, die neoliberale Botschaft sei eine der allgemeinen Befreiung." (Bourdieu 1998, 50) Verschärfte Konkurrenz unter Lehrenden und Lernenden wird als ‚Leistungsgerechtigkeit' ausgegeben; die Einführung von Schul- und Studiengeldern wird zur ‚Kostenbeteiligung' und das Plädoyer für neue Führungsstrukturen kommt als ‚kooperative Autonomie' daher (vgl. Bennhold 2002, 293). Dazu passt der zynische Unterton, mit dem die Bertelsmann-AG – geistiger Vater und Promotor des CHE (Centrum für Hochschulentwicklung) – ihr Jahresmotto 1999 präsentierte: „Jeder ist unseres Glückes Schmied." Das Motto wirft ein Licht auf die Raffinesse produktiver Disziplinierung. Ihr vorrangiger Effekt besteht darin, das zu erzeugen, was Simons (in Anlehnung an Foucault) den ‚Willen zur Qualität' nennt. In ihm schürzt sich der Knoten von „advanced liberalism, the permanent economic tribunal and the enterprising self" (Simons 2002, 619), kurz: von Neoliberalismus, einem beständigen ökonomischen Tribunal und einem Verständnis des Individuums als Unternehmer seiner selbst bzw. – wie ich es nenne – als ‚Selbstvermarkter'.

- Das totale Qualitätsmanagement, das sich als treibender Motor der Transformation von Unterricht und Schule etabliert, wird seinem totalitären Anspruch durchaus gerecht: Indem es unaufhörlich Individualisierungsprozeduren (von einzelnen wie von Organisationen) einfordert, befördert es zugleich die „Totalisierung durch moderne Machtmechanismen" (Foucault 1987, 250). Die Freiheit der Firma „Ich & Co." (vgl. Bridges 1996) besteht in der freiwilligen Selbstkontrolle und Selbstunterwerfung unter ein permanentes und umfassendes ökonomisches Tribunal (als dessen Ausführungsorgane sich Unternehmensberatungen in Szene setzen). Dem korrespondiert eine beständige Selbstprüfung und Evaluation. Die zeitgenössische ‚Mikrophysik der Macht' lässt die alten Techniken des Überwachens und Strafens weit hinter sich; stattdessen setzt sie auf Benchmarking, Qualitäts-Audits, Empowerment und Test (vgl. Bröckling u.a. 2000, 35).

Diese Überlegungen rücken alle aufgeregten PISA-Debatten in ein anderes Licht: Die PISA-Untersuchungen ziehen ihre Attraktion und ihren Schrecken aus einem Gewaltzusammenhang, in dessen Netz PISA selbst als Schaltstelle fungiert. PISA kann mit Fug und Recht als ‚Machtverstärker' interpretiert werden, der Disziplinarprozeduren in einen endlos erscheinenden Zeithorizont verlängert. PISA etabliert nicht einfach eine normierende und normalisierende Praktik, die Standards setzt, die erreicht oder verfehlt werden können. Vielmehr handelt es sich um eine dynamische Form der Qualitätsmessung, die eine Jagd nach immer neuen Rekorden auslöst. Weil die eigene Position im Qualitäts-Ranking immer nur relational zu jener der Mitbewerber bestimmt wird, hört der Zwang zur Leistungssteigerung niemals auf. Jeder rückt gleichzeitig und gleichermaßen in die Rolle des Preisrichters und Wettbewerbers, des Gewinners und Verlierers, des Selbst-Unternehmers und Leibeigenen. Wo die Diktatur des Komparativs herrscht, da wird – in einer Variation Hegels – der Weltmarkt zum Weltgericht (vgl. Bröckling 2000, 162). Im Klartext: Der Weltmarkt und seinreformpädagogisches Instrumentarium – international implementierte Testbatterien – etablieren sich als Weltgericht. Die nächsten Tests sind bereits angekündigt und die OECD als ideeller Gesamtmanager wird alles daransetzen, den Prozess fortzuführen. Vor uns liegt die leere Transzendenz des ‚Willens zur Qualität'.

Angesichts dieses desillusionierenden Ergebnisses gäbe es gute Gründe, die Flinte ins Korn zu werfen. Doch besteht kein Anlass zur Resignation. Denn durch die Analyse zeitgenössischer Kontrollformen treten nicht nur Figuren der Unterwerfung ins Blickfeld, sondern auch gegenläufige Strategien: Erst jetzt nämlich zeigt sich, wie sehr die neuen Führungstechniken darauf angewiesen sind, erweiterte Spielräume der Selbstsetzung – genauer: vielfältige Subjektivierungspraktiken – nicht nur zuzulassen, sonder geradezu einzufordern. Tatsächlich sind gouvernementale Strategien in sich höchst ambivalent verfasst: Sie erfordern die aktive, selbst gewählte und gewollte Integration der Individuen in strategische organisierte Kontexte. Die neuen Führungsformen setzen die ‚freiwillige Selbstkontrolle' jedes einzelnen voraus. Sie müssen permanent Freiheitsspielräume eröffnen und dazu auffordern, sich ihrer auch zu bedienen. (Daher rührt die Dauerpropaganda der Bildungsreform, die Lehrerinnen und Lehrern unablässig nahe legt, die neuen Freiheiten auch anzunehmen.) So gesehen enthalten alle gouvernementalen Strategien eine ‚Sollbruchstelle', ein notwendiges Moment von Differenz, an dem sich die Kritik entzünden kann.

4. ‚Sollbruchstellen': Diskontinuität, Reflexivität, Kritik

Angesichts des Sogs, den die Reformmaßnahmen im Bildungssystem entwickeln, springen die ‚Sollbruchstellen' pädagogischer Praxis nicht immer sofort ins Auge. Daher scheint ein kurzer Umweg hilfreich: ein Seitenblick auf innovative Produktionssektoren der Industrie, vor allem auf das Feld der informatisierten Erwerbsarbeit. Wenn dort von ‚managementality', ‚employability' oder ‚entrepreneurship' die Rede ist, dann finden sich unter diesen Schlagwörtern besondere Subjektivierungspraktiken gebündelt, ohne die die neuen Produktionsanforderungen ins Leere liefen. Denn für die neuen, ‚subjektivierten Arbeitsformen' erweist sich (im Gegensatz zu früheren Produktionskonzepten) Subjektivierung nicht als Hindernis einer reibungslosen Produktion, sondern als Produktionsbedingung. Systemische Produktionskonzepte arbeiten mit Steuerungsmodellen, die sich in einem Spannungsfeld von Autonomie und Kontrolle bewegen (vgl. Schroeder 2002, 41 ff.). Informationstechnisch gesteuerte Produktionsketten erzeugen einen prinzipiellen Subjektivitätsbedarf: „Arbeit wird unter dem Eindruck ihrer systemischen Einbindungen reflexiv, sie macht sich zum Gegenstand ihrer selbst." (Baukrowitz/Boes 1996, 145) Sie erzwingt eine subjektive Verständigung über die Sinnstrukturen des Produktionsprozesses. Wer es an Reflexivität, an „Initiative, Anpassungsfähigkeit, Dynamik, Mobilität und Flexibilität fehlen lässt, zeigt objektiv seine ... Unfähigkeit, ein freies ...Subjekt zu sein." (Lemke/KrasmannBröckling 2000, 30) Freiheit wird ein unverzichtbares – aber auch risikoreiches – Moment der Produktionsbedingungen.

Entsprechend haben Unternehmensleitungen ein verständliches Interesse daran, die geforderte Reflexivität sowohl einzufordern, wie auch auf betriebliche Rationalisierungsziele einzuschränken. Doch lässt sich diese Selbstbegrenzung nicht mehr einfach dekretieren. Daher arbeiten moderne Unternehmen mit ‚weichen' Führungsformen, mit Animation oder Suggestion, kurz: mit einer „eingeflüsterten Emanzipation" (Fach 2000, 121). Sie rücken den Individuen so weit auf den Leib, bis sich das Netzwerk von Ein- und Ansprüchen verdunkelt. Ihr Ziel aber lässt sich klar dechiffrieren: nämlich Fremd- in Selbststeuerung zu überführen, die Menschen dazu anzuhalten, ihre ‚inneren Betriebsabläufe' zu optimieren, ihr eigener Qualitätsmanager zu werden – also nicht nur ‚Entrepreneur' sondern ‚Intrapreneur'. Doch lässt sich das reflexive Moment des Arbeitsprozesses nicht wie ein Geist in der Flasche unter Verschluss halten. Die neue Unternehmensführung bringt ihre eigenen Diskontinuitäten immer wieder selbst hervor: die Möglichkeit zur kritischen Bezugnahme auf die eigenen Voraussetzungen und Haltungen, die Möglichkeit zur Selbstdistanzierung, zur Selbstsetzung. In der Weise, wie die technologische Gesellschaft selbstreflexiv werden muss, bringt sie auch das Mittel hervor, um zum Gesamtzusammenhang auf Distanz zu gehen (vgl. Pongratz 2003, 23). Die ‚Gefahr' wächst nun objektiv, dass – wie es bei Heydorn heißt – das Subjekt „aus der Summe seiner Funktionen hervortritt und sie auf sich selber bezieht." (Heydorn 1980 b, 290)

Diese Ambivalenz (genauer: diese innere Widersprüchlichkeit) der neuen Produktionsbedingungen prägt jedoch nicht nur innovative Produktionsbereiche der Industrie. In gleicher Weise bestimmt sie auch Berufsfelder, in denen Subjektivierungspraktiken – also: Fragen der Selbst- und Fremdführung, der Selbstartikulation und -steigerung, kurz: der Bildung – den Kern des beruflichen Selbstverständnisses und Alltagshandelns ausmachen. Es kann so gese-

hen nicht verwundern, dass die Etablierung gouvernementaler Strategien vor allem über das Bildungssystems bewerkstelligt werden soll. Noch weniger aber kann verwundern, dass die Ambivalenzen dieses Implementationsprozesses im Bildungssystem besonders augenfällig zu Buche schlagen.
An der Funktion und Wirkung des PISA-Tests lässt sich das widersprüchliche Gefüge, in dem sich die aktuelle Reform vollzieht (und das den zerrissenen Schulalltag bestimmt), noch einmal vor Augen führen:

- PISA ist keine traditionelle Ergebnisprüfung; PISA testet auch keine Persönlichkeitsmerkmale von Schülern, sondern deren Performance zur Bewältigung zukünftiger Aufgaben. Daher orientieren sich die Test-Items auch überwiegend nicht an schulischen Curricula, sondern an allgemeinen, für das zukünftige Leben der Schüler als basal unterstellen (in gewissem Sinn könnte man auch sagen: virtuellen) Anforderungsprofilen. Grundlage ist ein enges, psychologisch bestimmtes Verständnis von ‚selbstreguliertem Lernen', das vor allem die Fähigkeit zum Aufbau von ‚Lernstrategiewissen' bzw. die ‚Strategienutzung' betrifft. Auf Grund der zukunftsorientierten Testkonstruktion lässt sich kein Ende des Testvorgangs mehr angeben; es gibt nur noch ‚Zwischenergebnisse', die zur Grundlage des nächsten Testdurchlaufs werden. Die einmal begonnene Erhebung erfordert Folgetests, aus denen jeweils neue Qualifikationsanforderungen erwachsen. Auf diese Weise wird die Biografie zum Dauertestgelände und geraten Schulen unter permanenten Reformzwang. Lernen ist nur noch als ‚lebenslängliches Lernen' zu haben.

- PISA testet keine vorweg definierten Idealnormen, sondern konzentriert sich auf statistische Durchschnittswerte: Zwischen ‚normal' und ‚abnormal' erstreckt sich ein Kontinuum, in dem sich die Getesteten verorten sollen. „Der statistische Durchschnitt ist nicht der Sollwert, dem sich die Testperson annähern, sondern die Norm, die überschritten werden soll." (Lemke 2004, 266) Daran zeigt sich, wie der PISA-Test diagnostische Erhebung und normierende Selektion strategisch verkoppelt. Was immer die Testergebnisse repräsentieren: Es wird zum Anlass korrigierender (Selbst-) Praktiken, zur unablässigen ‚Sorge um sich', zur fortgesetzten Selbstentzifferung. In diesem Sinn ließe sich auch sagen: PISA ist – wie jeder Test – eine ‚Wahrheitsmaschine', die nicht einfach eine bereits untergründig vorliegende, aber noch unerkannte Wahrheit ans Licht bringt, sondern die die ‚Wahrheit' der Testpersonen allererst produziert. PISA bringt das Wirklichkeitsfeld hervor, das dann zum Ansatzpunkt neuer Kontrollstrategien wird.

- PISA steht als ‚Wahrheitsmaschine' »in der Tradition der Aufklärung und teilt deren Dialektik« (ebd., 267): Dies zeigt sich z.b. am Zwiespalt, einerseits Normalitätsstandards ohne Unterlass einzufordern, andererseits jedoch laufend Abweichungen und Differenzen zu identifizieren. Auf diese Weise wird die Einmaligkeit des einzelnen ständig beschworen – zugleich aber systematisch verworfen; so wird die Einmaligkeit von Schule (ihr unverwechselbares Profil, ihre corporate identity) beständig eingefordert – zugleich aber ihre Orientierung an generalisierenden (Bildungs-) Standards zur Pflicht gemacht.

- Dass der PISA-Test die ‚Dialektik der Aufklärung' fortschreibt und im Rahmen seiner Normalisierungspraktiken gleichsam auf die Spitze treibt, zeigt sich aber auch an seinem gebrochenen Verhältnis zur Kritik: Auf der einen Seite fordert PISA zur permanenten Kritik (und Selbstkritik) heraus; PISA hinterfragt die Produktion eigens definierter ‚Kompetenzen' und überprüft deren Selbstverständlichkeit. Gleichzeitig aber wird die kritische Selbstreflexion im Rahmen des Untersuchungsverfahrens instrumentalisiert, um sich „gegen Einwände und Vorbehalte zu immunisieren. Kritik darf geübt werden an den konkreten Maßstäben eines Tests, nicht an der Praxis des Testens selbst. Die Ergebnisse mögen provisorisch sein, die Prämissen sind es nicht." (ebd., 268)

Gleichwohl lässt sich nicht verhindern, dass genau diese Praxis ins Zentrum pädagogischer Kritik gerät. Martin Wagenscheins autobiografische „Erinnerungen für morgen" (Wagenschein 1983) liefern dafür ein prägnantes Beispiel. Seine Kritik der Bildungsreform der 70er Jahre bringt er folgendermaßen auf den Punkt: Niemand, so schreibt er, habe damals ahnen können, wie sehr „eine ‚missratene' Reform die öffentliche Schule der Zwangsidee ausliefern könnte, Unmessbares als exakt Messbares zu mißhandeln ...Unaufhörliche Leistungs-Messung machte die Leistung zum Phantom." (Wagenschein 1983, 69). Morgen wird keiner mehr sagen können, er habe dies heute nicht gewusst.

Literatur

Arnold, R./Siebert, H.: Konstruktivistische Erwachsenenbildung. Von der Deutung zur Konstruktion der Wirklichkeit, Baltmannsweiler 1995.

Baukrowitz, A./Boes, A.: Arbeit in der ‚Informationsgesellschaft'. In: Schmiede, R. (Hrsg.): Virtuelle Arbeitswelten. Arbeit, Produktion und Subjekt in der ‚Informationsgesellschaft', Berlin 1996, S. 129–158.

Benner, D.: Die Struktur der Allgemeinbildung im Kerncurriculum moderner Bildungssysteme. In: Zeitschrift für Pädagogik, 48. Jg., Heft 1/2002, S. 68-90.

Bennhold, M.: Die Bertelsmann Stiftung, das CHE und die Hochschulreform: Politik der ‚Reformen' als Politik der Unterwerfung. In: Lohmann, I./Rilling, R. (Hrsg.): Die verkaufte Bildung, Opladen 2002, S. 279-299.

Bridges, W.: Ich & Co. Wie man sich auf dem neuen Arbeitsmarkt behauptet, Hamburg 1996.

Boenicke, R.: Bildung, absoluter Durchgangspunkt: H.-J. Heydorns Begründung einer kritischen Bildungstheorie. Habilitationsschrift TU Darmstadt, 1998a.

Boenicke, R.: Autopoiesis im Klassenraum? Begründungsprobleme von Konzepten selbstgesteuerten Lernens. Habil.-Vortrag, TU Darmstadt, Darmstadt 1998b, S.1-20.

Bourdieu, P.: Gegenfeuer, Konstanz 1998.

Bröckling, U.: Totale Mobilmachung. Menschenführung im Qualitäts- und Selbstmanagement. In: Bröckling, U./Krasmann, S./Lemke, Th. (Hrsg.): Gouvernementalität der Gegenwart. Studien zur Ökonomisierung des Sozialen, Frankfurt/M. 2000, S. 131-165.

Brügelmann, H./Heymann, H.W.: PISA 2000: Befunde, Deutungen, Folgerungen (Langfassung des Artikels aus Pädagogik, 54. Jg., Heft 3/2002, S. 40–43; Internet: www.uni-siegen.de/~agprim/inprint/pisa2000b.pdf.).

Deutsches PISA-Konsortium (Hrsg.): PISA 2000. Basiskompetenzen von Schülerinnen und Schülern im internationalen Vergleich, Opladen 2001.

Erpenbeck, J.: Selbstorganisiertes Lernen – Ausdruck des Zeitgeistes oder Ausdruck der Zeit? In: Hoffmann, D./Maack-Rheinländer, K.(Hrsg.): Ökonomisierung der Bildung, Weinheim 2001, S. 199–214.

Fach, W.: Staatskörperkultur. Ein Traktat über den ‚schlanken Staat' In: Bröckling, U./Krasmann, S./Lemke, T. (Hrsg.): Gouvernementalität der Gegenwart, Frankfurt/M. 2000, S. 110-130.

Fischbach, R.: Die Wissensgesellschaft. Maßstab oder Phantom der Bildungsdebatte? In: Widersprüche, 22. Jg, Heft 83/2002, S. 9-22.

Foucault, M.: Das Subjekt und die Macht. In: Dreyfus, H. L./Rabinow, P.: Michel Foucault – Jenseits von Strukturalismus und Hermeneutik, Frankfurt/M. 1987, S. 243-264.

Foucault: Dispositive der Macht. Über Sexualität, Wissen und Wahrheit, Berlin 1978.

Helsper, W.: Schule in den Antinomien der Moderne. In: Krüger, H.-H. (Hrsg.): Abschied von der Aufklärung? Perspektiven der Erziehungswissenschaft, Opladen 1990, S. 175-194.

Herzog, R.: Entlassen wir Schulen und Hochschulen in die Freiheit. In: Frankfurter Rundschau, 6.11.1997.

Heydorn, H.-J.: Zu einer Neufassung des Bildungsbegriffs. In: Bildungstheoretische Schriften, Bd. 3, Frankfurt/M. 1980a, S. 95-184.

Heydorn: Überleben durch Bildung. In: Bildungstheoretische Schriften, Bd. 3, Frankfurt/M. 1980b, S. 282-301.

Kessl, F.: Von Fremd- und Selbsttechnologien – mögliche Perspektiven einer Gouvernementalität der Gegenwart. In: Sozialwissenschaftliche Literaturrundschau, Heft 43/2001, S. 5-13.

Lange, B.: Produktmanager für Erziehung und Bildung? Was erwartet unsere Studentinnen und Studenten im Berufsleben? In: Strittmatter-Haubold, V./Häcker, Th.(Hrsg.): Das Ende der Erziehung? Lehren und Lernen für das nächste Jahrtausend, Weinheim 1998, S. 161-175.

Lemke, T./Krasmann, S./Bröckling. U.: Gouvernementalität, Neoliberalismus und Selbsttechnologien. Eine Einleitung. In: Bröckling, U./Krasmann, S./Lemke, T. (Hrsg.): Gouvernementalität der Gegenwart, Frankfurt/M. 2000, S. 7-40.

Lemke, T.: Stichwort: Gouvernementalität. In: Information Philosophie, 30. Jg./ Heft 3, 2002, S. 46-48.

Lemke, T.: Stichwort ‚Test'. In: Bröckling, U./Krasmann, U./Lemke, T.(Hrsg.): Glossar der Gegenwart, Frankfurt/M. 2004, S. 263-270.

Pongratz, L. A.: Zeitgeistsurfer. Beiträge zur Kritik der Erwachsenenbildung, Weinheim 2003.

Pongratz, L. A.: Freiwillige Selbstkontrolle. Schule zwischen Disziplinar- und Kontrollgesellschaft. In: Ricken, N./Rieger-Ladich, M. (Hrsg.): Michel Foucault: Pädagogische Lektüren, Wiesbaden 2004, S. 243-260.

Pongratz, L. A.: Subjektivität und Gouvernementalität, in: Hafeneger, B. (Hrsg.): Subjektdiagnosen. Subjekt, Modernisierung und Bildung, Schwalbach/Ts 2005, S. 25-38.

Röder, R.: Funktionalisierung von Bildung im Bereich informations- und kommunikationstechnischen Lernens. In: Gieseke, W./Meueler, E./Nuissl, E. (Hrsg.): Zentrifugale und zentripetale Kräfte in der Disziplin Erwachsenenbildung, Mainz 1989, S. 157-190.

Schirlbauer, A.: Vom Verschwinden des Lehrers in der ‚Neuen Lernkultur'. In: Giesecke, H. u.a. (Hrsg.): Der Lehrer – Hoffnungsträger oder Prügelknabe der Gesellschaft, Innsbruck 1998.

Schroeder, J.: Emanzipation durch informatisierte Erwerbsarbeit? Magisterarbeit, TU Darmstadt 2002.

Simons, M.: Governmentality, Education and Quality Management. In: Zeitschrift für Erziehungswissenschaft, 5. Jg., Heft 4/2002, S. 617–633.

Steinmetz, R.: Deutschlands Rückstand war absehbar. In: TUD intern 7, 2000, S. 4.

Sudmann, J.: Auf in den Wettkampf. In: DUZ 21, 1999, S. 8–10.

Voß, G.G./Pongratz, H. J.: Der Arbeitskraftunternehmer. Eine neue Grundform der Ware Arbeitskraft? In: Kölner Zeitschrift für Soziologie und Sozialpsychologie, 50. Jg., 1998, S. 131-158.

Wagenschein, M.: Erinnerungen für morgen, Weinheim 1983.

Lutz Koch

Bildungsevaluation, Bildungsstandards, Grundbildung und eine neue Lehrerbildung: Eine neue Bildungstheorie?

0. Einleitung

Mein Thema klingt kompliziert. Auf der einen Seite ist es das auch, weil so viele Dinge darin vorkommen: Evaluation, Standards usw., wobei die Aufzählung des Untertitels nicht einmal vollständig ist. Man könnte noch ergänzen: Schulmanagement, Qualitätsmanagement, Schulautonomie, Deregulierung, Profilbildung usw., alles Themen, die uns Pädagogen mittlerweile hinlänglich vertraut sind, auch wenn sie mit Pädagogik unmittelbar gar nichts zu tun haben. Also ein kompliziertes, vielschichtiges Thema, im Grunde genommen wegen seiner Vielschichtigkeit nicht einmal ein einheitliches Thema, sondern allem Anschein nach bloß ein Themenbündel, repräsentiert durch ein neues oder doch annähernd neues Vokabular, mit dem über Bildung gesprochen wird, jedoch auf eine Weise, die ahnen lässt, dass von Bildung selbst eigentlich gar nicht die Rede ist, sondern von etwas anderem.

Ich werde diese neue Sprache im folgenden nicht mit zusätzlichen Begriffen bereichern und überhaupt nichts Weiterführendes zu den fraglichen Sachen beisteuern, sondern etwas anderes tun, nämlich über den gesamten Komplex neuer Titel, Verfahren und Veränderungen nachdenken, um mir ein Bild von dem zu machen, was vorgeht. Immer dann, wenn wir über eine irgendwie zusammenhängende Mannigfaltigkeit von Phänomenen reflektieren, zu deutsch *überlegen*, dann suchen wir nach dem einheitlichen Begriff, der das Vielerlei im Zusammenhang verständlich werden lässt. Auch das ist „empirische Forschung", und zwar Reflexion dessen, was geschieht, in diesem Falle dessen, was empirische Wissenschaft und Administration tun, für wen sie agieren, mit welchen Zielen und Absichten, und was dabei herauskommt. Das Resultat solcher Forschung ist *Verstehen*, wie gesagt, ein Verstehen dessen, was in einem bestimmten Sektor, nämlich dem Bildungswesen, geschieht.

Jürgen Eckardt Pleines hat in zahlreichen Publikationen die Tradition der Bildungsidee und deren sachliche, wenngleich historisch sich wandelnde Bedeutung darzulegen versucht. Er könnte sich mit der neuen Phraseologie befreunden, weil darin so viel von Bildung die Rede ist, z.b. von Bildungsindikatoren, Bildungsstandards, Grundbildung und Elitebildung, ferner von Bildungsforschung oder Bildungswissenschaften. Würde man noch Bildungsmonitoring, Bildungsmanagement, Bildungsökonomie und Bildungsmarkt hinzusetzen, dann allerdings – spätestens dann – würde er erschreckt zurückzucken und wohl der Meinung sein, dass diese Ausdrücke etwas ganz anderes bedeuten als das, was er unter Bildung zu verstehen gewohnt war, dass sich *Sprache* und *Sache* der Bildung von einander wegbewegen, ja, dass die neue Bildungssprache einer ideologischen Irreführung und Schönfärberei gleichkomme, weil sie durch Benutzung des Ausdrucks „Bildung" etwas suggeriert, was in Wahrheit abgeschafft und längst beiseite gelegt ist.

Auf der einen Seite haben wir es also mit einer *Vielfalt* von Themen zu tun, die sich hinter den genannten Bildungs-Schlagwörtern verbergen, auf der anderen Seite könnte sich der Eindruck ergeben, dass diese Themenfülle einer *einheitlichen Tendenz* folgt oder dass das neue Vokabular für Oberflächenphänomene steht, die eine gemeinsame Unterströmung verdecken. Das ist meine Arbeitshypothese, der ich nachgehen möchte: nicht um Verschwörungen aufzudecken oder um das Abendland zu retten, sondern um Klarheit zu gewinnen über das, was geschieht bzw. um zu sehen, in welche Richtung die Strömung verläuft, in der wir mitschwimmen, vielleicht sogar mitagieren. Ich stelle mir also die Aufgabe, die Hintergründe und einheitlichen Tendenzen auf den Begriff zu bringen, die gegenwärtig unser „Bildungswesen" bis hin zu den Universitäten umkrempeln und auf eine Neuorientierung hinauslaufen, die manche bereits als „Revolution" bezeichnen, obwohl stets nur bescheiden von Reformen, häufig nicht einmal von Reformen, sondern „nur" von „Qualitätsentwicklung" des Bildungswesens die Rede ist.

Bevor ich beginne, möchte ich zwei Bescheidenheitserklärungen abgeben: Zuerst weise ich darauf hin, dass ich längst nicht der erste bin, der sich kritisch mit den angedeuteten Vorgängen beschäftigt hat, sondern dass sich die kritischen Stimmen mehren, mit denen ich in zahlreichen Details und Einschätzungen übereinstimme. Stellvertretend nenne ich an diesem Ort Jürgen

Rekus mit seinem Artikel „‚New Economy' als Leitbild der Schulreform?" (Rekus 2002), auf andere Autoren werde ich an den entsprechenden Stellen hinweisen. Die zweite Einschränkung betrifft die Sachlage selbst, die so ausgebreitet ist, dass ich in der zur Verfügung stehenden Zeit nicht alles zum Thema machen kann. Ich werde mich auf einen Zusammenhang konzentrieren, von dem ich meine, daß er die gesamte neuere Entwicklung im Kern beherrscht und deshalb von zentraler Bedeutung ist. Es handelt sich um den Zusammenhang von Qualitätsentwicklung, Evaluation, Neuem Steuerungsmodell und Standardisierung, das Ganze aber eingelagert in einen weltanschaulichen Horizont, der von der Grundüberzeugung ausgefüllt ist, daß in der Ökonomie nicht bloß eine begrenzte gesellschaftliche Teilpraxis zu sehen ist, sondern *die* menschliche Gesamtpraxis, die den anderen Praxen wie Kunst, Religion, Politik, Ethik *und* Pädagogik vor- oder sogar übergeordnet ist. „Ökonomie in diesem Sinne will nicht mehr unter anderem zu einem gelingenden Leben beitragen, sie begreift sich selbst als Vollzugsform eines gelingenden Lebens" (Rekus, J.: Bildungsstandards – Grundlage von Schulqualität? Manuskript).

1. Qualitätsentwicklung, Evaluation, Steuerung und Standards – ein Zusammenhang

Die folgenden Überlegungen wollen den oben angedeuteten Zusammenhang zwischen Qualitätsentwicklung, Evaluation, Steuerung und Standards etwas näher entwickeln. Das geschieht gewissermaßen aus der Beobachterperspektive. Nur aus ihr enthüllt sich, was geschieht, nicht aus der Perspektive derjenigen, die immanent an einem dieser Momente mit der zugehörigen internen Rationalität arbeiten und dafür eintreten.

1.1 *Qualitätsentwicklung*

Nachdem einige Jahre lang über „gute Schulen" diskutiert wurde und zahlreiche empirische Untersuchungen zu diesem Thema vorgelegt wurden (Aurin, Fend u.a.), wobei im Grunde genommen unausgemacht blieb, was eine „gute Schule" im Kern auszeichnet bzw. worin ihre Güte liegt (vgl. Dewe/Galiläer 2002, 167), ist seit einiger Zeit, spätestens seit dem 1991 in deutscher Sprache erschienenen OECD-Bericht „Schulen und Qualität", ein gewisser Umschwung eingetreten. Die Ziel- und Leitfrage nach dem „Guten" ist aufgegeben worden, an ihre Stelle ist der Qualitätsbegriff getreten. Wenn wir heute von Schulqualität sprechen, sind wir das Problem des „Guten" los. Jetzt geht es um die Erforschung, Evaluation und Entwicklung nicht von guten Schulen, sondern von Schulqualität, ohne sich darüber den Kopf zerbrechen zu müssen, was Schulen gut macht, was Lehrer gut macht und wodurch gute Schüler charakterisiert sind. Diese wesentliche „Erleichterung" verdanken wir der *Qualitätsentwicklung* und dem *Qualitätsmanagement*. Wie der letzte Ausdruck andeutet, entstammt dieses neue „Paradigma" dem privatwirtschaftlichen Sektor, d.h. der Betriebswirtschaftslehre. Von daher sind Termini wie Organisations- und Personalentwicklung, innerbetriebliche Leistungsvergleiche, Benchmarking, Zielvereinbarungen usw. in das erziehungswissenschaftliche Vokabular eingedrungen (vgl. Terhart 2002, 60 ff.). Der leitende Gesichtspunkt betrifft das Verhältnis von Aufwand und Ertrag. Dazu sage ich gleich noch etwas; zunächst aber zum Qualitätsbegriff.

Qualität wird nicht in einer substantiell zu definierenden „Güte" gesucht, sondern im Fahrwasser des angelsächsischen Forschungsinteresses an *effective schools* (vgl. Dewe/Galiläer 2002, 165). Allerdings ist der Begriff der Qualität nicht eindeutig, ebenso wenig wie der der Effektivität. Beides hängt aber zusammen und über beides hat Terhart sehr gut informiert. Zunächst noch einmal zum Qualitätsbegriff: Qualität hat in ökonomischer Verwendung des Begriffs etwas mit Normung und Standardisierung von Produkten zu tun, davon wird später noch die Rede sein. Als Qualität gilt dann „die Beschaffenheit einer Einheit bezüglich der Eignung, festgelegte und vorausgesetzte Erfordernisse zu erfüllen" (Deutsches Institut für Normierung, DIN 553550, Teil 11; vgl. Terhart 2002, 51). Qualität wird nicht an der Sache und ihren anhängenden oder innewohnenden Eigenschaften abgelesen, sondern gewissermaßen „von außen" festgelegt. Im erziehungswissenschaftlichen „Qualitätsdiskurs" kann man nach Terhart zudem mehrere Auffassungen bzw. Verwendungsweisen des Qualitätsbegriffes unterscheiden. Entscheidend sind in den „Bildungswissenschaften" (a.a.O, 54) der empirische und der operative Gebrauch, da mit ihrer Hilfe nicht nur die tatsächliche Wirkung von Bildungs- und Sozialeinrichtungen erfasst sowie mit ihrem Auftrag und ihren Zielen verglichen, sondern auch so etwas wie Qualitätssteigerung („Qualitätsoptimierung") betrieben werden kann. Im einen wie im anderen Fall geht

es aber um Effektivität, und zwar teils um Effektivitätsmessung, teils um Effektivitätssteigerung, so dass man Qualitätsbeurteilung mit Effektivitätsmessung und Qualitätssteigerung mit Effektivitätssteigerung gleichsetzen kann.
Allerdings ist zwischen *Effektivität*, d.h. dem Verhältnis zwischen Ziel und Zielerreichung, sowie *Effizienz* oder dem Verhältnis von Aufwand und Ertrag zu unterscheiden. Wenn es um „Qualitätsmanagement" geht, auch auf dem schulischen Sektor, spielt beides eine Rolle: die Steigerung der Ziel- und Absichtsrealisierung und die Verbesserung des Verhältnisses von Aufwand und Ertrag. Im Begriff der Effizienz versteckt sich also die alte *lex parsimoniae*, das Gesetz der Sparsamkeit, nämlich mit geringem Aufwand große Wirkung zu erzielen. In *beiden* Fällen wird aber so gut wie durchgängig „Qualität als Steuerungsproblematik" behandelt (Dewe/Galiläer 2002, 176). Hinzuzusetzen ist, dass es sich bei der Qualitätsentwicklung stets um eine Daueraufgabe handelt, denn da man es nur mit Relationen (Ziel-Zielerreichung, Aufwand-Ertrag) zu tun hat, ist die „Qualitätsentwicklung" stets nur ein relativer, d.h. prinzipiell unabschließbarer Vorgang. Das Programm enthält also die Triebkraft für seine eigene permanente Fortsetzung in sich, so wie es der erwähnte OECD-Bericht ausgesprochen hatte: „Die Sorge um die Qualität der Bildung hat heutzutage höchste Priorität in den OECD-Staaten. So wird es ohne Zweifel auch in absehbarer Zukunft bleiben" (OECD 1991, 175).
Ich halte jetzt für die folgenden Referatteile fest: Qualitätsentwicklung erfordert erstens so etwas wie permanente evaluative Kontrolle, zweitens Normung und Standardisierung, drittens eine an Effektivität und Effizienz orientierte Bildungssteuerung. Ehe ich auf diese Punkte eingehe, möchte ich meinen Abschnitt über das Qualitätsmanagement mit einem längeren Zitat abschließen. Es stammt aus einem Artikel des Freiburger Soziologen Ulrich Bröckling mit dem Titel „Totale Mobilmachung. Menschenführung im Qualitäts- und Selbstmanagement" (Bröckling 2000). Gefunden habe ich es in einem Vortrag des Wiener Pädagogen Alfred Schirlbauer mit dem Titel „Menschenführung durch Evaluation und Qualitätsmanagement" (Schirlbauer 2004). Das Zitat, dessen Inhalt beweist, dass die Qualitätsmanagementpädagogik auf der Höhe des Zeitgeistes ist, findet „eine Hegemonie des managerialen Denkens in nahezu allen Lebensbereichen [...]"; gehe man nach dem Sprachgebrauch, „werden inzwischen nicht nur Wirtschaftsunternehmen ge-

managt, sondern auch die Karriere, der Familienalltag und Beziehungsprobleme, Behörden ebenso wie Bürgerinitiativen. Kein Krankenhaus ohne Pflegemanagement, keine Theatergruppe ohne Kultur-, keine Hochschule ohne Bildungs- und keine Volkshochschule ohne Weiterbildungsmanagement; selbst die militärische Fortsetzung der Außenpolitik firmiert nicht als Krieg, sondern als Krisen- oder Konfliktmanagement [...]" Mit Management verbinden sich nach Bröckling „positiv besetzte Assoziationen wie Klarheit, Unkompliziertheit, Sachlichkeit, Kompetenz und Effizienz." Management präsentiere sich „als Kategorie des kalkulierten Fortschritts [...]". So weit Bröckling (a.a.O., 131 f); man kann durchaus die Vermutung wagen, dass die Betriebswirtschaftslehre mit ihren Management-Theorien die kulturelle Leitwissenschaft und dass der Manager die Leitfigur unserer Zeit ist, die den Heiligen, den Helden, den Künstler oder den Weisen ersetzt hat.

1.2. Qualitätskontrolle/Evaluation

Qualitätsmanagement benötigt Qualitätskontrolle. Sie trägt den Namen der Evaluation. Wir haben uns seit den 90er Jahren an Evaluationen, Selbstevaluationen und Fremdevaluationen, innere und äußere, einfache und vergleichende Evaluationen im Schul- und Hochschulsystem gewöhnt. Evaluation hat sich sogar zu einer eigenen Forschungsrichtung entwickelt. Schon besitzen wir ein gewichtiges Evaluationshandbuch. Man forscht bereits, wenn man andere evaluiert. Und schon sind wir es auch gewohnt, evaluiert zu werden und finden nichts daran auszusetzen. Evaluation ist ein Bestanteil der modernen Kontrollgesellschaft (Deleuze) geworden. Kritischen Stimmen wird entgegnet, dass Produkt-Kontrolle in der Industrie überall üblich sei und auf dem Markt ständig über die Nachfrage erfolge. Im betriebswirtschaftlichen Qualitätsmanagement ist die Evaluation ein unumgänglicher Faktor. Gewöhnt sind wir auch – besonders in den Hochschulen – an die Wandergruppen von Evaluationsexperten, die uns von Zeit zu Zeit heimsuchen und deren Personal auffallend konstant bleibt. Gewöhnt sind wir ferner an die TIMS-, PISA- und IGLU-Studien. Sie haben – besonders die PISA-Studien – in der öffentlichen Diskussion in Deutschland den Rang von Beschwörungsvokabeln gewonnen, gewissermaßen die Macht magischer Worte, deren Nennung eine Fülle von Überzeugungen wachruft, die man mit jedermann wie eine gemeinsame Weltanschauung teilt: unsere (deutschen) Schüler – jedenfalls ihre Leistungen

– sind schlecht, freilich nicht absolut, sondern nur vergleichsweise schlecht, deshalb sind unsere (deutschen) Lehrer schlecht (ein eigentlich unerlaubter Schluß von schlechten Schülern auf schlechte Lehrer), unsere (deutschen) Schulen sind schlecht, unsere (deutsche) Lehrerbildung ist schlecht, unsere (deutsche) Pädagogik ist schlecht, der Wirtschaftsstandort (Deutschland) ist bedroht. Das sind die negativen Assoziationen, die PISA beim Zeitungsleser, aber auch bei Lehrern, Wissenschaftlern, Wirtschaftsfachleuten und Politikern hervorruft und hervorrufen soll, denn dafür sorgt eine intensive mediale Meinungsbeeinflussung schon Wochen vor der öffentlichen Bekanntgabe, und zwar im Stil von *marketing*-Ereignissen, vergleichbar mit der Enthüllung von Formel I-Rennwagen, wie Olaf Radke in einem kritischen Artikel über die Erziehungswissenschaft der OECD bemerkt hat (Radtke 2003, 279, Anm. 7).

Wir haben uns also an Evaluationen, vor allem an die Evaluationsstudien der OECD gewöhnt. Sie werden im übrigen auch auf die Lehrerbildung ausgedehnt. In einer großen Wochenzeitung war als Überschrift zu lesen: „Autodidakten vor der Klasse", mit dem Untertitel: „Niemand weiß, ob das Pädagogikstudium tatsächlich gute Lehrer hervorbringt" (Die Zeit Nr. 27 vom 24. Juni 2004, 28). Um hier Klarheit zu schaffen, plant die internationale Forschungsorganisation IEA eine „Teacher Education Study", also eine PISA-Studie für Lehramtsstudenten. Auch bei dieser Untersuchung wird der leitende Gesichtspunkt ein an Effektivität interessierter ökonomischer Gesichtspunkt sein. Hören wir die OECD selbst: „By directly testing for knowledge and skills [...] the OECD/PISA examines the degree of preparedness of young people for adult life and, to some extend, the effectiveness of education systems" (OECD 1999, 11). Man kann sich in diesem Zusammenhang fragen, wie es eigentlich kommt, daß alle Welt seit Jahren nach Erfolgsüberprüfungen schreit, wie es zu erklären ist, dass gegenwärtig das Evaluationsgespenst umgeht, so wie wir es vor dreißig Jahren mit dem Curriculum-Gespenst zu tun hatten. Die Antwort ist schon gegeben worden: Wo das betriebswirtschaftliche Modell der Qualitätsentwicklung die Schulpolitik und die Schulforschung („Bildungsforschung") beherrscht, tritt notwendig die Evaluation auf.

Ehe ich weitergehe, möchte ich daran erinnern, dass es nicht bei den bloßen Resultaten von PISA geblieben ist. Mit der Kritik am deutschen Schulsystem, die PISA auslösen sollte, ausgelöst hat und in Zukunft auslösen wird (denn wir haben es ja mit permanenter Evaluation) zu tun, ist zugleich eine Flut von Reformvorschlägen und wirklichen Reformen verbunden, die uns mittlerweile auch ohne jedes Nachdenken bei der bloßen Nennung von PISA automatisch in den Sinn kommen: das „G8" in einigen Bundesländern, die Herabsetzung des Einschulungsalters auf vier Jahre (gefordert von Dieter Lenzen), Erleichterung des Schulübertritts, 10jährige Einheitsschule, Ganztagsschule, eine neue Form von Allgemeinbildung, die sich am angelsächsischen *literacy*-Konzept, deutsch „Grundbildung" orientiert, Evaluationsagenturen (z.B. „EVALAG" in Baden-Württemberg seit 2001), nationale Bildungsstandards und ein länder-übergreifendes Institut für Qualitätsentwicklung im Bildungswesen (IQB) usw. Das alles reicht vermutlich nicht, um das deutsche Schulsystem zu „modernisieren", wobei es allerdings die Frage ist, was denn unter „Modernisierung" zu verstehen ist. Vermutlich alles das, was geeignet ist, die deutschen Schüler aus dem Mittelmaß heraus- und an die internationale Spitze heranzuführen. Denn die PISA-Studien sind ja international vergleichende Schulwirksamkeitsstudien, die durch ihre *rankings* indirekt den nationalen Wettbewerb inszenieren und dadurch die ökonomische Wettbewerbsfähigkeit der OECD-Länder fördern sollen. Wettbewerbsfähigkeit ist im übrigen ein eigentümlich zukunftsorientierter Begriff. Von ihr hängt die künftige Ertrags- und Beschäftigungslage ab. Daher wird Wettbewerbsfähigkeit häufig mit „Zukunftsfähigkeit" gleichgesetzt. In der sog. Wissensgesellschaft, in der Wissen ein Produktionsfaktor ist und daher selbst auch von „Wissensproduktion" abhängt, ist Zukunftsfähigkeit bedingt durch Wissen und die Fähigkeiten, Wissen zu beschaffen, zu organisieren und anzuwenden. Daher wird häufig von „Wissensmanagement" gesprochen. Zukunftsfähigkeit beruht also zu einem wesentlichen Teil auf der Fähigkeit – jetzt würde man wohl sagen müssen, auf der Kompetenz – des Wissensmanagements. Mit deren Aneignung hat es Schule zu tun, und so wird eine gut funktionierende Schule zur wesentlichen Bedingung der „Zukunftsfähigkeit". Es war daher konsequent, als sich das österreichische Schulministerium in „Zukunftsministerium" umbenannte.

1.3. Qualitätssteuerung

PISA ist nicht Selbstzweck, vielmehr besteht die primäre Aufgabe des PISA-Programms nach dem eigenen Selbstverständnis darin, Indikatoren zur Verfügung zu stellen, „die für politisch-administrative Entscheidungen zur Verbesserung der nationalen Bildungssysteme brauchbar sind" (PISA 2000, 15). Die damalige Präsidentin der Kultusministerkonferenz, Annette Schavan, weist im Vorwort von PISA darauf hin, dass von der Untersuchung u.a. Aufschlüsse über „Verfahren der Steuerung im Bildungswesen" erwartet werden. Die PISA-Forschung versteht sich also als Dienstleistung für die Ministerialbürokratien, der sie *Steuerungswissen* zur Verfügung stellt. Die von der OECD ausgehende international vergleichende empirische Bildungsforschung ist eine mit Politik und Wirtschaft gekoppelte Auftragsforschung und damit von den Erwartungen ihrer Auftraggeber – vorsichtig ausgedrückt – nicht ganz unabhängig. Auf der anderen Seite ist sie aber nicht nur willfähriger Diener, sondern Mitgestalter. Denn die Evaluationsforschung ist, wie ich es vor kurzem ausgedrückt habe, *normative Empirie* (Koch 2004). Sie setzt durch die Standards („Basiskompetenzen"), die sie ihren Vergleichsuntersuchungen zugrunde legt, selbst transnationale („globale") Standards im Sinne normativer Vorgaben, die dann wiederum in nationale „Bildungsstandards" übersetzt werden müssen. Dieses globale Vorgabendiktat wird sehr deutlich am *literacy*-Programm von PISA, das jetzt zunehmend auch die Standardisierungskampagne in Deutschland beherrscht. Man kann sehen, wie hier die *benchmarks* (Orientierungspunkte; der Begriff stammt aus der Landvermessung, die Fixpunkte im Gelände markiert, von denen aus Entfernungen gemessen werden) der Vergleichsforschung kanonbildende Wertigkeit annehmen und die Richtung auf ein „Weltcurriculum" vorgeben.

Ich will aber bei diesem Punkt nicht länger verweilen, sondern hervorheben, worum es mir zuletzt ging. Eine der Leitvokabeln des Zeitgeistes ist *Steuerung*. Und das ist genau der Terminus, der die *Funktion* der vergleichenden Bildungsforschung beschreibt. Vordergründig handelt es sich um Evaluation, d.h. um Kontrolle („Controlling"), hintergründig (wenn man so sagen darf) dienen die gewonnenen Daten der Steuerung des Bildungswesens. Spätestens seit der von dem ehemaligen Hamburger Staatsrat Hermann Lange propagierten *empirischen Wendung der Bildungspolitik* (Lange 1999) spielt die mit psychologischen und sozialwissenschaftlichen Forschungsmethoden arbeitende empirische Bildungsforschung die Hauptrolle in der deutschen Politikberatung. Andere Länder sind darin längst vorausgegangen. Insofern holt Deutschland auf dem Bildungssektor die viel beschworene *Internationalisierung* nach; Internationalisierung bedeutet Angleichung an internationale Bildungssteuerung durch angewandte Wissenschaft, in der Hauptsache durch empirische Psychologie und sozialwissenschaftliche Statistik, vereint im Terminus der empirischen Bildungsforschung, deren diverse Spezialisierungen jetzt „Bildungswissenschaften" heißen, ein Ausdruck, der die traditionelle und besonders für Deutschland charakteristische Pädagogik, insbesondere die philosophische und historisch-geisteswissenschaftliche Pädagogik, ersetzt.

Noch ein letztes Wort zur *Steuerung*. Wort und Sache spielen in der kommunalen Verwaltung, aber auch in der Unternehmensführung naturgemäß eine große Rolle. Seit einigen Jahren dominiert das sog. neue Steuerungsmodell (NStM) – andere sprechen von *New Public Management* –, bei dessen Entwicklung die „Kommunale Gemeinschaftsstelle für Verwaltungsvereinfachung Köln" (KGSt) durch diverse Gutachten (1991 ff) mitgewirkt hat (vgl. KGST 1993). Dieses Modell zeichnet sich durch Umstellung von Zielvorgaben der Verwaltung auf Erfolgssteuerung aus, d.h. es wird weniger von den Zielen ausgegangen – die Zielsetzung wird den Verwalteten weitgehend selbst überlassen (Autonomie!) – als vielmehr von der Überprüfung (Evaluation) der Erfolgsquote (*outcome*), mit der die Ziele realisiert werden. Diese neue Steuerung wird als Qualitätssteuerung verstanden und häufig als Qualitätsmanagement ausgelegt. Auch sie ist, wie ich vermute, aus der Ökonomie abgeleitet, denn nur dort spricht man von *input* und *output*, eine Redeweise, die das neue Steuerungsmodell aufgenommen hat. Es beruht, noch einmal gesagt, auf der Umstellung der administrativen Lenkung von Zielen und Programmen auf Resultate und Erfolg. Das klingt belanglos, ist es aber nicht. Das Verfahren führt nämlich zu einer Relativierung der Ziele und Leitideen, in unserem Bereich zur Relativierung der Bildungsidee. Die Idee wird durch den Erfolg relativiert, im günstigen Falle aber auch bestätigt. So oder so gilt jedoch, dass ihr Wert vom Erfolg her beurteilt wird. Das umgekehrte Verfahren, das den Erfolg durch die Idee bestätigen oder relativieren lässt, ist *ad acta* gelegt. Die Umstellung von *input* auf *output* vertraut der Rationalität der Erfolgskontrolle und Erfolgsmessung. Evaluation hat hier die Funktion einer Schaltstelle, das neue Modell ist in sich evaluativ. Von daher empfiehlt es sich dem an Effizienz orientierten Qualitätsmanagement. Für beide – Steuerung und Qualitätsmanagement – spielen Evaluationen die gleiche wichtige Rolle.

Das neue Steuerungsmodell führt aber nicht nur zur Relativierung der Zielideen, sondern auch zur Relativierung der bereichsspezifischen Tätigkeiten. Man kann nicht mehr unabhängig vom Erfolg sagen, ein Lehrer habe seine

Eine neue Bildungstheorie?

Sache gut gemacht; auch praxisinterne Gütekriterien sind abhängig vom *outcome*. Bleibt der Erfolg aus, muss sich der Lehrer, unter Umständen eine Schule oder sogar ein ganzes Schulsystem umstellen. Inhalte, Methoden und Formen der persönlichen Zuwendung werden ausgetauscht. Die Umstellung erfordert Flexibilität. Das Modell erleichtert und fördert solche Geschmeidigkeit. Es räumt Autonomie ein und gibt Funktionen nach unten ab, setzt sie aber zugleich dem erhöhten Druck der Erfolgskontrolle aus. In der autonomen, aber erfolgsorientierten Flexibilität besteht jetzt die Haupteigenschaft der Professionalität. Auch Professionalität bekommt eine neue Bedeutung.

Die Konsequenzen des neuen Modells reichen aber noch weiter, denn neben die Relativierung der Ziele und Tätigkeiten, neben die Evaluation vom Ende her, neben die erfolgsorientierte Flexibilität tritt wenigstens noch ein fünftes Moment, vielleicht das folgenreichste. Da das Modell ökonomischen Anstrich hat, nämlich nicht nur das Verhältnis von Ziel und Zielerreichung (Effektivität) thematisiert, sondern auch den Einsatz von Mitteln und Personal (die Kosten) mit dem Resultat (dem Ertrag) konfrontiert (Effizienz), ist es automatisch *wettbewerbsorientiert*. Denn Systeme, die mit gleichem Aufwand höhere Erträge oder gleiche Erträge mit niedrigerem Aufwand erwirtschaften, sind auf dem Markt wirtschaftlicher (effizienter) positioniert. Die Erfolgsmessung gewinnt damit die Gestalt des *rankings*. Nur das *ranking* kann den Erfolg *als Marktposition* messen. So relativiert sich das Ganze aus Ziel, Mitteleinsatz und Zielerreichung noch einmal an den Vergleichssystemen. Die erforderliche Evaluation ist Vergleichsevaluation. Vergleichsevaluationen benötigen vergleichbare Standards. Sie werden zunächst für die Evaluation entwickelt, gewinnen aber bald normierende Funktion für die verglichenen Bereiche (Länder). Damit werden die jeweiligen Unterrichts- und Schulziele noch einmal relativiert, genau genommen, dadurch, dass sie gegen Standards ausgetauscht werden. Die Standards werden selbst Ziele. Es erfolgt also eine rekursive Zielsetzung vom Ende her.

Alles in allem kann man wohl sagen, daß wir es hier wie, an so vielen anderen Stellen auch, mit der *Übertragung ökonomischer Denkmodelle auf den Bildungsbereich* zu tun haben (so lautet ein Kapitel in Terharts Buch „Nach PISA"). Bei der Anwendung auf den Bildungsbereich bedeutet das, dass nicht so sehr die durch Pädagogik und Bildungspolitik vorgegebene Zielsetzung das entscheidende Steuerungsmittel ist, als vielmehr die Zielerreichung. Bei der überkommenen „*input*-Steuerung" durch die Ziele blieb die

Wirkung der Investitionen auf Wirtschaft und Bildungswesen weitgehend unkontrollierbar; unbefriedigende Resultate von Bildungsmaßnahmen konnten nur mit neuen Forderungen nach neuen Mitteln – kleineren Klassen, mehr Lehrern, längerer Schulzeit – beantwortet werden. Jetzt soll durch die Umstellung auf *output* die direkte Wirkungs- und Kostenkontrolle möglich werden (nach Radke 2003, 278 f). Was das zur Folge haben kann, wurde angedeutet.

1.4. Qualitätsstandards

An Stelle der drei bisher behandelten Stichworte „Qualitätsentwicklung", „Qualitätskontrolle" und „Qualitätssteuerung" hätte ich auch von „Entwicklung von Bildungsqualität", „Bildungsevaluation" und „Bildungssteuerung" sprechen können, ebenso gut hätte ich „Qualitätsstandards" durch „Bildungsstandards" ersetzen können, so wie es sich nach dem Muster der vom Bundesministerium für Bildung und Forschung in Auftrag gegebenen Expertise „Zur Entwicklung nationaler Bildungsstandards" (BMBF 2003) eingebürgert hat, von „Bildungsstandards" zu sprechen. Ich habe es vorgezogen, den Bildungsbegriff zu vermeiden, weil mir das als zu hoch gegriffen erscheint. Zwar ist in diesen Zusammenhängen nur von *Schulbildung* die Rede und nicht von den eigentümlichen Merkmalen, die einen gebildeten Menschen charakterisieren und die, in einen Begriff zusammengefasst, die Idee der Bildung darstellen, aber Schulbildung kann durchaus nach dieser Idee im Umriß entworfen werden, wie es in Preußen um 1810 der Fall war. Da aber alles, wovon bisher die Rede war, von dieser Idee abweicht oder sogar bewusst sich davon abkehrt, ziehe ich es vor, nicht von Bildung zu sprechen und konsequenterweise auch nicht von *Bildungs*standards, höchstens in Anführungszeichen, sondern von Schulqualitätsstandards, wobei der hier verwendete Qualitätsbegriff auch nur ein sekundärer ist, für den nicht die wesentlichen und charakteristischen Eigenschaften einer Sache (*qualitas*) eine Rolle spielen, sondern Indikatoren, nach denen die *Effizienz* von Schulen gemessen werden kann. Für den bisher analysierten Zusammenhang zwischen Qualitätsentwicklung (2.1), Evaluation (2.2) und Steuerung (2.3) scheint ja generell das erkenntnis- und praxisleitende Interesse an Effizienz charakteristisch zu sein. Effizienz wird nach dem ökonomischen Aufwand(Kosten)-Ertrag-Modell berechnet. Die Investitionen sollen sich rentieren. Über Rentabilität

Eine neue Bildungstheorie?

entscheidet primär nicht die Beschaffenheit des Produkts (Qualität im primären Sinne), sondern das Preis-Leistungsverhältnis und die Wettbewerbsposition auf dem Markt (Qualität im marktwirtschaftlichen Sinne). Dazu bedarf es der wettbewerbsorientierten Qualitätsentwicklung. Diese wiederum benötigt eine eigene Produktkontrolle (Evaluation), am besten eine vergleichende, um nicht nur die Rentabilität des Produkts, sondern auch dessen Marktstellung zu eruieren. Schließlich bedarf es der *output*-orientierten Steuerung, um rückwirkend die ermittelten Schwächen zu minimieren und die erkannten Stärken zu optimieren. In diesem sehr rationalen und wissenschaftsgestützten Zusammenhang fehlt noch ein charakteristisches Moment, das der *Standards*. Sie sind jetzt das Thema. Standards braucht man, wenn man evaluieren, steuern und mit beidem Qualität entwickeln will. Man muss ja wissen, was in der Evaluation verglichen werden soll, denn zu jedem Vergleich gehört ein *tertium comparationis*. Und man muss wissen, welche „Kompetenzen" man entwickeln will und wie zu diesem Zweck das Bildungswesen selbst verändert werden soll. So nimmt es nicht wunder, wenn die effizienzorientierte und von Evaluation beratene Bildungsadministration die Einführung von Standards für eine entscheidende Reformmaßnahme hält. Hier herrscht allerdings eine gewisse terminologische Unklarheit.

„Standards bilden den Maßstab für den Ausprägungsgrad von Kompetenzen" heißt es in einer Beschlußvorlage vom 6.10.04 der KMK (Standards für die Lehrerbildung: Bildungswissenschaften, S. 4). Hier ist das Definiens der Kompetenzbegriff, über den ebenfalls keine Eindeutigkeit erreichbar ist. Manchmal kann man lesen, Standards seien nicht etwa Bildungsziele, sondern Kriterien für nachweisbare Leistungen. In der Vereinbarung über Bildungsstandards für den Mittleren Schulabschluss (Jahrgangsstufe 10) der KMK (Beschluss vom 04.12.2003) werden Bildungsstandards als „Bestandteile eines umfassenden Systems der Qualitätssicherung, das auch Schulentwicklung, interne und externe Evaluation umfaßt", definiert (S. 3). Und weiter heißt es: „Bildungsstandards beschreiben erwartete Lernergebnisse. Ihre Anwendung bietet Hinweise für notwendige Förderungs- und Unterstützungsmaßnahmen. – Bildungsstandards greifen allgemeine Bildungsziele auf und benennen Kompetenzen, die Schülerinnen und Schüler bis zu einer bestimmten Jahrgangsstufe an zentralen Inhalten erworben haben sollen. Sie konzentrieren sich auf Kernbereiche eines Faches. – Bildungsstandards formulieren fachliche und fachübergreifende Basisqualifikationen, die für die weitere schulische und berufliche Ausbildung von Bedeutung sind und die anschlussfähiges Lernen ermöglichen. Die Standards stehen im Einklang mit dem Auftrag der schulischen Bildung. Sie zielt auf Persönlichkeitsentwicklung und Weltorientierung, die sich aus der Begegnung mit zentralen Gegenständen unserer Kultur ergeben" (S. 3). Man kann noch fortlaufend weiter zitieren, was ich mir aber versage, weil die Kernmannschaft der aktuellen Qualitätsentwicklungsterminologie nahezu vollständig aufmarschiert ist, ohne dass sich eine definitive Klarheit über die Sache ergäbe (je länger eine Definition ist, desto mehr nimmt der Grad ihrer Klarheit ab).

Was z.B. bedeutet es, dass Bildungsstandards allgemeine Bildungsziele aufgreifen? Was sind Kompetenzen, die an zentralen Inhalten erworben werden? Ist das die formale Bildung früherer Zeiten, und soll damit gesagt werden, dass die Inhalte selbst nur Dienstleistungscharakter hätten, an sich selbst aber, unabhängig vom Kompetenzerwerb, uninteressant seien? Dann wäre man die Herbartsche Zielbestimmung des Unterrichts, Interesse zu „erwecken", von vornherein los. Auf der anderen Seite aber sollen die Standards mit dem „Auftrag der schulischen Bildung" harmonieren, Persönlichkeitsentwicklung und Weltorientierung ermöglichen. Mit diesen Begriffen melden sich die Hüter der Bildungstradition in der KMK zu Wort, die nicht bemerkt haben, dass Bildung und Kompetenzerwerb nur sehr bedingt unter ein Dach passen. Wer endlich, benennt die „zentralen Inhalte" und „Kernbereiche eines Faches" sowie die „zentralen Gegenstände unserer Kultur"? Aus der Begegnung mit ihnen sollen sich ja Persönlichkeitsorientierung und Weltorientierung ergeben, auf die Bildung „zielt". Wer also soll diese Zentralfragen lösen? Der Fachwissenschaftler, der Fachdidaktiker, der Pädagoge, der Bildungsminister oder, wenn nichts mehr hilft, eine „Expertenkommission"? Hat man nicht gemerkt, dass in diesem Zusammenhang das Kanonproblem, das man doch auch vermittels der Standardisierung loswerden wollte, wiederkehrt? Und weiter: Wie unterscheiden sich Kompetenzen von Basisqualifikationen, oder sind das nur zwei Wörter für die eine und selbe Sache, die also überdefiniert wäre? Ich breche ab, denn offenkundig haben wir es mit einem Kompromisspapier der KMK zu tun.

Vielleicht werden wir aber von den Fachleuten selbst etwas besser informiert. Im Klieme-Gutachten lesen wir in der Zusammenfassung: „Nationale Bildungsstandards formulieren verbindliche Anforderungen an das Lehren und Lernen in der Schule." Der nächste Satz lässt ihre Position im Qualitätsmanagement erkennen: „Sie stellen damit innerhalb der Gesamtheit der Anstrengungen zur Sicherung und Steigerung der Qualität schulischer Arbeit ein zentrales Gelenkstück dar" (Klieme u.a. 2003, 9). Ferner benennen sie „präzise, verständlich und fokussiert (?) die wesentlichen Ziele der pädagogischen Arbeit". Diese Ziele seien „als erwünschte Lernergebnisse" ausgedrückt worden, womit sie den Bildungsauftrag der Schulen „zu erfüllen haben". Immerhin kann der Bildungsfreund aufatmen: Es ist noch von Bildung die Rede. Aber die Freude wird getrübt, wenn er über die „Bildungsziele" liest: „Sie legen fest, welche Kompetenzen die Kinder oder Jugendlichen bis zu einer bestimmten Jahrgangsstufe mindestens erworben haben sollten". Und nun der nächste Satz: „Die Kompetenzen werden so konkret beschrieben, dass sie in Aufgabenstellungen umgesetzt und prinzipiell mit Hilfe von Testverfahren erfasst werden können" (a.a.O.). Ich gehe nicht näher auf diese Studie ein, die das allerdings in vielfacher Hinsicht verdiente. Nur so viel: Was zum Standard erhoben wird, ist das Testbare, das Prüfbare. Und noch etwas: Wer oder was hier getestet werden soll, ist auf den ersten Blick evident, die Schüler natürlich. Auf den zweiten Blick aber ist es ebenso die Schule, die mitgeprüft wird. Eigentlich ist für *sie* der Test entworfen, um mit seiner Hilfe Qualitätsmanagement zu betreiben. So haben die Schülertests die Funktion von Schulkontrollen, – auch eine sublime Instrumentalisierung der Lernenden.

Nun wird man aber noch genauer nach der Beschaffenheit der Standards fragen wollen. Auch auf diese Frage gibt die Klieme-Expertise eine Antwort. Danach sind Standards Zielkonkretisierungen in Form von *Kompetenzanforderungen* (Klieme u.a. 2003, 21). Das macht die „pragmatische" Antwort aus, mit der die Standards „auf die Konstruktions- und Legitimationsdebatten traditioneller Bildungs- und Lehrplandebatten" reagieren (a.a.O.). Was den *Kompetenzbegriff* angeht, so hält sich das Gutachten an die Definition Weinerts, Kompetenzen seien „die bei Individuen verfügbaren oder durch sie erlernbaren kognitiven Fähigkeiten und Fertigkeiten, um bestimmte Probleme zu lösen, sowie die damit verbundenen motivationalen, volitionalen und sozialen Bereitschaften und Fähigkeiten, um Problemlösungen in variablen Situationen erfolgreich und verantwortungsvoll nutzen zu können" (a.a.O., 21). Ich will nicht beckmesserisch mit dieser Erläuterung umgehen. Man sollte wohl auf jeden Fall festhalten, dass es darin um ein Ensemble von Fähigkeiten, Fertigkeiten und Bereitschaften der situationsvariablen Problemlösung geht. Das ist auf der einen Seite wichtig, weil es u.a. daran erinnert, dass Problemlösen noch mehr erfordert als Kenntnis und Rationalität, auf der anderen Seite aber ist es auch nicht unbedenklich, weil mit der Festlegung auf den Kompetenzbegriff eine Verkürzung der Leistungskraft von Schule einhergeht, die uns ja nicht nur *Problemlösungskompetenz* „beibringen", sondern auch so etwas wie Verständnis und Einsicht ermöglichen kann, woraus dann sogar *Problemsicht* zu entspringen vermag.

2. Schlussbemerkung

Ich hatte im Titel die Frage gestellt: Eine neue Bildungstheorie? Natürlich bin ich nicht der Meinung, dass wir es mit einer Bildungstheorie, folglich auch nicht mit einer neuen zu tun haben, selbst wenn in den Standardisierungspapieren gelegentlich von Bildung die Rede ist, offenbar um die Anhänger der Bildung (was immer sie darunter verstehen mögen) zu beruhigen. Auch wenn das Klieme-Gutachten mehrfach betont, es gehe bei Standards und Kompetenzen um Konkretisierungen allgemeiner Bildungsziele und insofern stets auch um allgemeine Bildung, bin ich der Meinung, dass das Qualitätsentwicklungskonzept durch Evaluation, Standards und Neues Steuerungsmodell alles andere als ein Bildungsmodell ist. Allgemeine, d.h. für jedermann brauchbare Kompetenzen, wird es vielleicht „vermitteln" können. Das mag man dann Bildung, und zwar Schulbildung nennen. Aber mit Bildung in einem weniger vordergründigen Sinne, die mehr ist als die Vermittlung von „Basiskompetenzen", hat das Konzept nichts zu tun. Das erhellt schon daraus, dass es zwei bestimmten Funktionen gerecht werden will, die man auch völlig unabhängig von der gesamten Bildungsthematik verfolgen kann.

Es handelt sich um den Effizienzgesichtspunkt und um die Orientierung am pragmatischen Charakter der „Kompetenzen". Nichts gegen Effizienz und Pragmatik, besonders dann nicht, wenn es gelingt, Bildung (ich unterstelle vorübergehend, dass wir wissen, was das heißt) effizient und zur Problemlösung anwendbar zu „vermitteln". Das ist ja alles andere als anstößig, sondern ganz im Gegenteil höchst brauchbar und nützlich. Aber man kann *dann* an Effizienz und Pragmatik Anstoß nehmen, wenn beides die leitenden Gesichtspunkte abgibt, von denen aus gedacht, geplant und realisiert wird. Denn der Effizienzgesichtspunkt *als Kriterium* wirkt *selektiv,* er sondert alles das aus oder setzt es als zweitrangig zurück, was keine berechenbare und dem Aufwand entsprechende Ertragssicherheit mit sich führt, z.b. historisches Verständnis, mathematische und philosophische Einsicht, Ideen als wesentliche Gesichtspunkte, Horizonte, den Geist des Prüfens, Interesse am Wissen und Liebe zur Sprache, Neugier und die Gewöhnung, mit dem Gelernten Umgang zu pflegen (was etwas anderes ist, als die pragmatische Funktionalisierung des Wissens zum Problemlösungswerkzeug), Sinn für Witz und vielleicht sogar für das Schöne und Erhabene, Redekultur, zivilisierten Umgang und ein wenig Geselligkeit. Von all dem kann die Schule ja in engen Grenzen ein bißchen „vermitteln", in bescheidenem Maße dazu einige Anstöße leisten, für einiges davon hin und wieder die Augen öffnen. Das geschieht bereits in der normalen Schule, in „guten" Schulen etwas intensiver und „nachhaltiger". Hierfür mag das evaluierbare und abprüfbare, standardisierbare und trainierbare Wissen und Können das technische Mittel sein, in der Bildungsschule ist es freilich „nur" Mittel, in der standardisierten und dauerevaluierten Schule hingegen exklusiver Selbstzweck, der das andere, was unter den (zugegeben recht vagen) Begriff der Bildung fällt, ausschließt und entthematisiert.

Natürlich muss man einräumen, dass der Bildungsbegriff als treffliches Asyl der Ignoranz und bequemes Polster der faulen Vernunft missbraucht werden kann, dass sich sein innewohnendes „kulturelles Gedächtnis" an Griechenland, Faust und Zauberberg gut zu einem an der Realität vorbeiführenden „deutschen Sonderweg" eignet und ein beliebtes Stichwort für erbauliche Sonntagsreden liefert, ja, dass er auf geradezu notorische Art unoperationalisierbar und unstandardisierbar ist. Für die an Qualitätsentwicklung arbeitenden empirischen „Bildungswissenschaften" ist er deshalb ein Greuel, so dass sich jemand, der ihn auch heute noch argumentativ gebraucht, in ihren Augen disqualifiziert.

Die „Systembetreuungswissenschaft" (Luhmann) hat ganz andere Sorgen als sich ausgerechnet um Ideen zu kümmern. Sie misstraut den großen Formeln und will lieber aus schlechten Erfahrungen lernen und die konkreten Probleme von Schule, Unterricht und Lehrerbildung kleinarbeiten. Aber die Bildungsformel ist die Chiffre für ein diffuses Programm, das den Köpfen nicht auszutreiben ist und mit unterschiedlichen Bewusstheitsgraden das Denken und Tun jedes „guten" Lehrers ebenso bestimmt wie die professionelle Technik, mit der er sein standardisierte Wissen an den Mann bringt. Es ist das Programm, den einzelnen zu locken, ihn aufzuschließen, seine Neugier zu erwecken, ihn anzuregen, sich Gedanken zu machen, ihn überhaupt spüren zu lassen, dass er selbst denken kann, ihn so mit sich selbst bekannt zu machen, ihm eine Ahnung von dem zu vermitteln, was groß und bedeutend ist, denn danach sehnen sich die Jüngeren; es ist auch das Programm, das Vergangene gegenwärtig zu machen und so die Einkerkerung ins Aktuelle und Alltägliche aufzubrechen, die Jugend überhaupt Distanz zum Wirklichen gewinnen zu lassen, denn nur aus solcher Entfernung können wir den Sinn für das Mögliche ausbilden ... Ich breche hier ab, denn diese Andeutungen, die sich noch lange fortsetzen ließen, zeigen zur Genüge, wozu die Chiffre „Bildung", die mehr oder weniger bewusst und deutlich im Denken und Handeln jedes Lehrers liegt, der nicht nur Profi, sondern auch *Pädagoge* ist, anstachelt: nämlich dazu, den brotlosen Versuch in den engen Grenzen der Institution und der eigenen Kräfte zu wagen, die ihm anvertrauten jungen Menschen mit sich selbst, mit der Welt der Tatsachen und der Welt Ideen in einer Weise bekannt zu machen, die weit über das hinausgeht, was man in der Bildzeitung oder in der Tagesschau vernehmen kann. Dies ist nicht das Programm der standardisierenden, kontrollierenden und auf Problemlösungskompetenzen setzenden Systembetreuungswissenschaft, sondern das Programm einer von der Bildungschiffre inspirierten „Personenbetreuungswissenschaft". Sie kann ihr Programm freilich nicht mit Garantien einlösen. „Dann wenigstens wollen wir das garantiert machbare Minimum sicherstellen", werden die Anwälte des Systems entgegnen. Indem sie dieses zur Norm erheben, stellen sie aber das andere, was nicht garantiert werden kann, jedoch viel wichtiger ist, in den Schatten und leisten so ihren Beitrag zu jener Verdunklung, die Kritiker unter die Titel der „vermessenen" oder gar „verkauften Bildung" (v. Hentig 2003, Lohmann 2001) gebracht haben.

Literatur

BMBF – Bundesministerium für Bildung und Forschung (Hrsg.): Zur Entwicklung nationaler Bildungsstandards. Eine Expertise, Berlin 2. Aufl. 2003.

Bröckling, U.: Totale Mobilmachung. Menschenführung im Qualitäts- und Selbstmanagement. In: Bröckling, U./Krasmann, S./Lemke, Th. (Hrsg.): Gouvernementalität der Gegenwart. Studien zur Ökonomisierung des Sozialen, Frankfurt/M. 2000, S. 131-165.

Eine neue Bildungstheorie?

Deleuze, G.: Postskriptum über die Kontrollgesellschaften. In: Deleuze, G.: Unterhandlungen 1972-1990, Frankfurt/M. 1993.

Deutsches PISA-Konsortium (Hrsg.): PISA 2000. Basiskompetenzen von Schülerinnen und Schülern im internationalen Vergleich, Opladen 2001.

Dewe, B./Galiläer, L.: Qualitätsentwicklung – eine neue Herausforderung? In: Otto, H.R./Rauschenbach, Th./Vogel, P. (Hrsg.): Erziehungswissenschaft in Studium und Beruf. Eine Einführung in vier Bänden. Bd. 3: Erziehungswissenschaft: Professionalität und Kompetenz, Opladen 2002, S. 163-182.

Hentig, H. v.: Die vermessene Bildung. Die ungewollten Folgen von TIMMS und PISA. In: Neue Sammlung, 43. Jg., Heft 2/2003, S. 211-233.

KGST – Kommunale Gemeinschaftsstelle für Verwaltungsvereinfachung Köln: Das neue Steuerungsmodell. Begründung, Konturen, Umsetzung. Bericht 5/1993.

Klieme, E. u.a.: Zur Entwicklung nationaler Bildungsstandards. Eine Expertise. Deutsches Institut für internationale pädagogische Forschung, Frankfurt/M. 2003.

KMK: Vereinbarung über Bildungsstandards für den Mittleren Schulabschluss (Jahrgangsstufe 10). Beschluss der Kultusministerkonferenz vom 04.12. 2003.

Koch, L.: Normative Empirie. In: Böhm, W., u.a. (Hrsg.): Kritik der Evaluation von Schulen und Universitäten, Würzburg 2004, S. 39-55.

Koch, L.: Eine neue Bildungstheorie? In: Frost, U. (Hrsg.): Unternehmen Bildung. Sonderheft zur Vierteljahrsschrift für Wissenschaftlichen Pädagogik 2006, S. 126-139.

Lange, H.: Qualitätssicherung in Schulen. In: Die Deutsche Schule, Heft 91, 1999, S. 144-159.

Lohmann, I./Rilling, R. (Hrsg.): Die verkaufte Bildung. Kritik und Kontroversen zur Kommerzialisierung von Schule, Weiterbildung, Erziehung und Wissenschaft, Opladen 2001.

OECD (Hrsg.): Schulen und Qualität: ein internationaler OECD-Bericht, Frankfurt/M. 1991 (engl. 1989).

OECD (Hrsg.): Measuring Student Knowledge and Skills – A New Framework for Assessment, Paris 1999.

Radtke, F.-O.: Die Erziehungswissenschaft der OECD. Aussichten auf die neue Performanzkultur. In: Nittel, D./Seitter, W.: Die Bildung der Erwachsenen. Erziehungswissenschaftliche und sozialwissenschaftliche Zugänge, Bielefeld 2003.

Rekus, J.: „New Economy" als Leitbild der Schulreform? In: Rekus, J. (Hrsg.): Schule und Wirtschaft. Auf der Suche nach einem Verhältnis (Münstersche Gespräche zur Pädagogik, Bd. 18), Münster 2002, S. 59-69.

Rekus, J.: Bildungsstandards – Grundlage von Schulqualität? In: Rekus, J. (Hrsg.): Bildungsstandards, Kerncurricula und die Aufgabe der Schule (Münstersche Gespräche zur Pädagogik, Bd. 21), Münster 2005, S. 77-90.

Schirlbauer, A.: Menschenführung durch Evaluation und Qualitätsmanagement. In: Böhm, W. u.a. (Hrsg.): Kritik der Evaluation von Schulen und Universitäten, Würzburg 2004, S. 57-67.

Terhart, E.: Nach PISA, Hamburg 2002.

II. Institutionelle Fragen

Ulrich Herrmann

Die nationale Testservice-Agentur IQB: der Abgesang auf pädagogische Schulentwicklung

DIDACTA 2005 in Stuttgart. FORUM BILDUNG. Angekündigt ist Professor Olaf Köller vom Berliner Institut zur Qualitätsentwicklung im Bildungswesen (IQB). Thema: „Was macht eine gute Schule besser, Herr Köller? Kriterien für eine Beurteilung der Schulqualität". Da muss man genau zuhören, denn Herr Köller leitet das neu gegründete KMK-Institut an der Berliner Humboldt-Universität, das jene „Bildungsstandards" entwickeln soll, die die deutsche Kultusbürokratie aus dem PISA-Tal der Tränen herausführen soll. Wird Herr Köller also das Arbeitsprogramm des Instituts vorstellen?

Leider wurde nichts draus: Herr Köller sprach gar nicht zum angekündigten Thema, sondern über „Was macht Unterricht besser?", aber auch darüber nicht wirklich, sondern – nach einem „oder" – über „Wann verlaufen Lernprozesse erfolgreich?" Erstens ist dieses „oder" irrig, denn „erfolgreiche Lernprozesse" sind zwar ein wünschenswerter Effekt von Unterricht, charakterisieren diesen aber nicht als solchen; und zweitens sind die *Verläufe* von Lernprozessen einstweilen neurowissenschaftlich so wenig aufgeklärt, dass von diesen nur sehr bedingt auf „gute Schule" oder auf „besseren Unterricht" geschlossen werden kann, abgesehen davon, dass Herr Köller diesem Aspekt überhaupt keinen Gedanken gönnte. Das ist auch nicht verwunderlich: Herr Köller ist – ausweislich seiner Vita und seiner Veröffentlichungen – Fachmann fürs Testen von Schulkindern. Deshalb wurde ihm – ganz richtig – auch die Leitung dieses KMK-Instituts übertragen, denn dieses Institut soll gar keine „Bildungsstandards" entwickeln, sondern Schulleistungstests (so steht es jedenfalls in wünschenswerter Klarheit in den Anforderungsprofilen der Stellenausschreibungen des Instituts für die gesuchten Mitarbeiter). In diesem Sinne ist auch die Bezeichnung des Instituts irreführend (mal von „zur" statt „für" abgesehen): Es geht gar nicht um „Qualitätsentwicklung" und auch nicht „im Bildungswesen" (wo ist „im"?), sondern um Leistungskontrolle in den öffentlichen staatlichen allgemeinbildenden Schulen (dort ist „im"). Das kann man ja wollen und machen (obwohl die Länder derzeit doch so eifersüchtig auf Eigenständigkeit pochen), aber dadurch wird nur von den Problemzonen der PISA-Befunde, die die PISA-Konsortien selber herausgestellt haben, abgelenkt.

An diesem Ablenkungsmanöver beteiligte sich auch Herr Köller in Stuttgart. Eingangs betonte er gleich mehrmals, die Schulstrukturdebatte über das dreigliedrige Schulsystem (in Wahrheit ist es wenigstens viergliedrig) stünde nicht an, weil „das System" – im nationalen und internationalen Vergleich – keine Qualitätsaussagen oder -garantien hergäbe. Die Strukturdebatte war seinerzeit vom PISA-Konsortium selber zurückgestellt worden, um eben nicht von den näherliegenden Problemen abzulenken. Aber deswegen bleibt es doch bei dem Befund, dass die Sortierung der Kinder nach der Grundschule offensichtlich zu massenhaften Fehlplatzierungen führt, dass wir viele Potentiale nicht ausschöpfen, weil immer noch gefragt wird „Paßt das Kind zur Schule" und nicht: „Paßt die Schule zum Kind". Das pädagogische Motiv der Strukturdebatte ist denn auch seit den 50er Jahren gar nicht die durchschnittlich erwartbare oder wünschenswerte Schulleistung, sondern die Minderung der Zerstörung von Entwicklungspotentialen bei Kindern und die Senkung des Erwartungsdrucks, den Eltern und Kinder hinsichtlich der Schullaufbahnentscheidung bereits im dritten Grundschuljahr erzeugen und erleiden.

Strukturdebatte findet also nicht statt. Herr Köller musste sich dazu gar nicht äußern, aber sicherheitshalber wohl (oder übel?) an die Adresse der Mehrheit seiner Brötchengeber ein politisches Glaubensbekenntnis ablegen. Geschenkt. Aber das dicke Ende kommt noch erst: Die Qualität von erfolgreichen Lernprozessen – so Köller – hängt nach allem, was wir „empirisch" wissen, von „Instruktionsvariablen" und weniger von „Klimavariablen" ab. Das wundert ja niemand. Das Variablenmodell (von Weinert/Helmke aus ihrer Münchner Grundschulstudie) soll als PISA-Rahmenmodell also maßgeblich sein: Kästchen beinhalten „Daten", Pfeile signalisieren „Wirkungen", „Folgen" bzw. „Effekte". Nun ist bekanntlich ein Modell aber keineswegs „empirisch", sondern heuristisch bzw. hypothetisch und sagt wenig darüber aus, was in der „Wirklichkeit" „wirklich" oder „wirksam" ist (nachzulesen für jene, denen Philosophen zu „schwammig" sind, bei Planck und Einstein). Über die Wirksamkeit von „Klimavariablen" besteht in einer „evidenzbasierten" Argumentation gar kein vernünftiger Zweifel (bei keinem

Betriebs- oder Schulforscher; Schulen z.B. können so etwas direkt am Krankenstand der Lehrkräfte ablesen), aber im „empirischen" Sinne lässt sich das nicht „feststellen", wenn man Kausalitäten „feststellen" und nach den Regeln der Forschung belegen will, wo es sich z.b. um emergente Prozesse und Wechselwirkungen handelt. Das Insistieren auf „Empirie" ist also durchaus geeignet, die „Wirklichkeit" zu verfehlen. Das Abweisen von reflektierter Wirklichkeitserfahrung der Schulpraktiker hat für „Empiriker" peinliche Folgen: Handlungssysteme (wie „Unterricht"), die aus intersubjektiv-interaktiver Praxis hervorgehen, folgen der Natur der Sache nach nicht den Techniksystemen, die eine Logik und Technik der Beherrschung bzw. der Herstellung von Objekten befolgen. Schulleistungen lassen sich nicht herstellen, in einem gewissen Maße wohl bewirken, in der Regel allenfalls hervorrufen – wenn die Schüler/innen denn auch mitspielen. Woraus folgt, dass kluge Lehrkräfte über das Kräfte- und Wirkungsfeld „Unterricht" (und seine Kontexte) allemal mehr wissen als die sog. Empiriker, von denen sie sich weder verstanden noch unterstützt fühlen. Franz E. Weinert hat daher der enorm ausgeweiteten und ausdifferenzierten empirischen pädagogisch-psychologischen Forschung der letzten Jahrzehnte ihre völlige Wirkungslosigkeit im schulisch-unterrichtlichen Kontext bescheinigt, weil sie unter Laborbedingungen und eben nicht unter Alltagsbedingungen vorgehe und ihre Einsichten demzufolge auch kaum Alltagstauglichkeit besitzen könnten. Die Lehrerschaft, so Weinert, bleibt angewiesen „auf gesunden Menschenverstand, praktische Vernunft und plausible Erfahrungsgeneralisierung", und woran es fehle, sei die „Entwicklung pädagogisch orientierter Lernmodelle" aufgrund unterrichtsbezogener „anwendungsorientierter Fragestellungen".

Da aber Unterricht ein praktisch-kommunikatives und kein technisches „Beibring"-Geschehen ist, dessen Ergebnisse nicht kausal hergestellt, sondern immer nur experimentell herbeigeführt werden können, ist die Ausgangserwartung, „Unterrichtsmerkmale" und „Instruktionsvariablen" – so Köller – ermöglichten die Vorhersage von Leistungen und Lernerfolgen, einigermaßen kühn, es sei denn, wir reden von Memorierdrill. Jeder, der sich im Trainieren von Lernen und Leisten auskennt, schüttelt den Kopf, vor allem deshalb, weil – wie in Köllers Ansatz nicht anders zu erwarten – der Schüler als „Adressat" von und „Agent" im Unterricht, als individueller Lerner, als alleiniger (!) „Leistungserbringer", als die alles entscheidende „Variable" des Lernens (nämlich wegen der Individualität seines Gehirns!) gar nicht vorkommt. Mithin wird die PISA-Last mal wieder auf dem letzten und schwächsten Glied der Kette abgeladen: auf den Schülern, anstatt mal vorn anzufangen: Klassengröße, Lehrerqualifikation, moderne Selbstinstruktionsmaterialien, moderne Arbeitsformen, gezielte Stützung und Förderung durch entsprechend geschultes zusätzliches Personal im Ganztagsbetrieb.

Jetzt erfahren wir, was guter Unterricht ist, aber nicht von Herrn Köller, sondern mit 10 Merkmalen aus der Didaktik von Hilbert Meyer (Was ist guter Unterricht? Berlin 2004), Merkmale, die einen *idealen* Unterricht beschreiben in *idealen* Unterrichtssituationen. Die versammelte Lehrerschaft war stumm, erstaunt, verärgert: Was hat das mit einem Berufsalltag zu tun, wo meist nicht einmal die Rahmenbedingungen für „normalen" Unterricht gegeben sind, vom ungestörten, geförderten, gelingenden Selbstorganisierten Lernen der Schüler ganz zu schweigen? Die künftigen Tests aus dem Hause Köller gehen davon aus, dass „guter Unterricht" stattgefunden hat, dass alle Schüler/innen zu einem bestimmten Zeitpunkt ihres Lebens- bzw. Schulbesuchsalters gemeinsame Kompetenzen erreicht haben können, dass dies auf langfristig wirksamem und kumulativem Lernen beruht und auch noch schulformübergreifend festgestellt werden kann – allesamt Unterstellungen und Hypothesen mit wenig Realitätsgehalt. Was „guter Unterricht" unter Alltagsbedingungen sein könnte, wäre erst einmal zu klären; die Auf-den-Punkt-Messung verschärft den jetzigen Schulunfug „Lernen und Vergessen" und desavouiert die modernen Formen der (kooperativen) Leistungserbringung, das kumulative Lernen tritt demzufolge gar nicht ein, und gerechterweise müsste die Schulleistung doch wohl – siehe Glaubensbekenntnis – schulformspezifisch erhoben werden?

Herr Köller hatte auch noch 8 „Prinzipien effektiver Klassenführung" zu bieten (von Jacob S. Kounin; vgl. Kouin 1970), bei denen Lehrkraft in ihrem überlasteten und überfordernden Arbeitsalltag schwarz vor Augen werden muss: „Reibungslosigkeit und Schwung", „Störungsprävention", „phantasievoll gestaltete Einzelarbeitsphasen", „passgenaue Formulierung und angemessenes Anspruchsniveau" von Aufgaben usw. Herr Köller referierte in Baden-Württemberg: Dort ist der Klassenteiler aufgehoben worden; eine Lehrkraft hat 5 oder 6 Schulklassen an einem Vormittag, im 8jährigen Gymnasium auch meist noch 2 am Nachmittag; Ausbildung der Lehrkräfte in modernen Lehr- und Moderationsmethoden, für Prävention und Diagnostik: Null. Eine Lehrerin hat denn auch mit bewegenden Worten Herrn Köller klarzumachen versucht, dass seine Ausführungen ins Reich der Träume gehören – wenn die Konsequenzen nicht eher zu Alpträumen Anlass geben würden.

Abgesehen davon: Die Schüler/innen kamen auch hier nicht vor. Wie effektives Lernen in Modell- und Reformschulen aussieht, das hat Herr Köller vermutlich in seinem Berufsleben in Forschungsinstituten nicht zu sehen bekommen, und als Testpsychologe hätte er vermutlich vieles gar nicht wahrgenommen, was diese Schulen zu guten Schulen macht: unter Umständen weniger durch guten Unterricht, sondern durch gute Anleitung zum Selberlernen, durch das Schulleben, durch Freude am Gelingen durch Selbstwirksamkeit. „Man sieht nur, was man kennt" – Goethes Kommentar zur Differenz von „Empirie" und „Wirklichkeit".

Die Frage, woher die Leistungsmotivation kommen soll, die die Schüler/innen zu entsprechendem Leistungsverhalten anspornt, lässt auch Köller außen vor. Aber genau diese Frage ist es, die beantwortet werden muss, wenn die Masse der Schüler/innen aus ihrer Lethargie und die riesige Zahl der „ausbrennenden" Lehrkräfte aus ihrer Sisyphus-Arbeit herausgeholt werden sollen. Jetzt reden alle von *output* (gemeint ist *outcome*), vergessen aber anscheinend den erforderlichen *input* und auch die „Mediationsprozesse" (Helmke), durch die eine Disposition oder Haltung sich in aktives Leistungsverhalten umzusetzen vermag. Die Gehirnforschung hat im letzten Jahrzehnt wichtige Faktoren und Sachverhalte herausgefunden, die im Gehirn jene Prozesse, die wir lernen, erinnern, verknüpfen, denken nennen, begünstigen oder unterbinden – und zwar unabhängig von unserer willentlichen Beeinflussung (die meist gar nicht gegeben ist) und erst recht jenseits von Lernmodellen der Pädagogischen Psychologie, die dies noch gar nicht zur Kenntnis genommen hat. Köllers Aussagen über Unterricht und Lernen sind daher nicht nur realitätsblind, sondern gemessen am Stand unseres gleichwohl noch sehr vorläufigen Wissens, wie das Gehirn lernt, von gestern. Gerhard Roth, Gehirnforscher in Bremen, formuliert das so: Der Grundirrtum der Pädagogischen Psychologie des Lehrens und Lernens besteht in der Annahme von Lernen als Informationsverarbeitung aufgrund von Instruktion. Das Gehirn ist aber kein passiver Speicher, den man optimieren könnte, sondern das Gehirn generiert von sich aus, ohne unsere willentliche Beeinflussung und für uns unbewusst, Bedeutungen und Bedeutungszusammenhänge, und wenn das nicht gelingt, laufen die synaptischen Übertragungen entweder ins Leere, ins

Chaos oder werden schließlich elektro-chemisch gelöscht (was bildgebende Verfahren zu visualisieren vermögen). Fazit: „Wissen kann nicht übertragen werden; es muss im Gehirn eines jeden Lernenden neu geschaffen werden." Daraus folgt, dass im Prinzip jedes einzelne Gehirn für seine schon vorhandenen Schaltungen und neuronalen Repräsentationen sein spezifisches Anregungspotential braucht. Alte Schulweisheit. Von der könnte wider Erwarten auch das IQB profitieren, denn: Das Institut ist zwar noch gar nicht arbeitsfähig, aber schon – so Köller – hat man für Mathematik 1000 Aufgaben eingesammelt, die jetzt zu testgerechten Aufgabenpools umgearbeitet werden sollen. Zum Beispiel: Die Schüler sollen ausrechnen, ob es eine Zeitersparnis bringt, wenn ich auf einer Hauptstraße von A nach B mit 50 km/h fahre oder einen abkürzenden Schleichweg mit 30 km/h. Dass man so etwas ausrechnen können sollte, mag ja sein, aber die Schüler/innen sollten doch wohl etwas anderes lernen: nicht ausgerechnet mal wieder nach dem Faktor Zeit gucken (Eile und Stress!), sondern ob der Verkehr glatt läuft (Rücksichtnahme), ob der Schleichweg durch ein Wohngebiet führt (Gefährdung von spielenden Kindern!), welche Fahrweise am wenigsten Treibstoff verbraucht (Umweltbewusstsein). Diese Aufgabe kann man so oder so oder noch anders anbieten und einsetzen. Aber eines sollte klar sein: Es darf nicht in Vergessenheit geraten, wozu Schulunterricht stattfindet, was erziehender und bildender Unterricht ist. Außerdem würden uns die Gehirnforscher darüber belehren, dass eine so für sich genommen langweilige Aufgabenstellung, die für die Kinder ja keinen „Sitz im Leben" hat, das Gehirn deaktiviert, weil keine Geschichte erzählt wird, die die Alternative der Wegwahl spannend macht. Nein, ohne modernes Wissen darüber, wie das Gehirn lernt, lassen sich vielleicht Testaufgaben konstruieren, aber die Entfernung von „Bildungsstandards" und „gutem Unterricht" nimmt dramatisch zu. Könnte es sein, dass das eingeschlagene Verfahren die Verschärfung des Falschen darstellt? Die katholische Deutsche Bischofskonferenz hat denn auch mit wünschenswerter Deutlichkeit klargemacht, dass sie nicht davon ausgeht, dass Schulen in katholischer Trägerschaft sich ihre Bildungsarbeit durch diese Art von Leistungsstandards demolieren lassen. (Was ja nicht bedeutet, dass sie bei den Abschlüssen nicht vergleichbare Leistungsniveaus belegen müssen.)

Am Beginn dieser „Bildungsstandards"-Debatte hatte es mal geheißen (im Klieme-Gutachten), man benötige ca. 10 Jahre, um erstens Kompetenz-"Modelle" und zweitens darauf bezogene Aufgaben vor allem mit Hilfe der

Fachdidaktiker zu erfinden und zu erproben, und - so wäre zu ergänzen - drittens müssten wie in der Schweiz erst einmal „Lernstandserhebungen" durchgeführt werden, denn die PISA-Ergebnisse sind ja nicht zuletzt darauf zurückzuführen, dass die Lehrkräfte bei der Absegnung der deutschen Aufgaben die Leistungen ihrer Schülerschaft sehr falsch eingeschätzt (nämlich überschätzt) hatten. Nichts von alledem. Die KMK will jetzt „Erfolge" und „Ergebnisse" sehen, also sollen Lehrer und Schüler sich mal kräftig an die neuen Aufgabenpools halten. Na wunderbar, dann können wir uns alle anderen Investitionen - für Gebäude und Personal, Aus- und Fortbildung, individuelle Förderung, Arbeitsmaterialien und Motivation, Elternarbeit und kooperative Schulentwicklung (Zusammengehen von Haupt- und Realschulen bzw. Realschulen und Gymnasien, schon aus demographischen Gründen!) - schenken. Die Schulen bekommen vom Institut Aufgabensammlungen für zentrale Tests und für Vergleichsarbeiten - so die „Kernaufgaben des IQB" nach Köller -, und das war's dann wohl. Laufzeit der Mitarbeiterverträge: 2 (3) Jahre, Laufzeit des Instituts: vorerst 5 Jahre. Das ist eine gute Nachricht: das Ende ist absehbar.

Literatur

Helmke, A./Weinert, F.E.: Bedingungsfaktoren schulischer Leistungen. In: Weinert, F.E. (Hrsg.): Psychologie des Unterrichts und der Schule. Enzyklopädie der Psychologie, Serie Pädagogische Psychologie, Bd. 3, Göttingen 1997, S. 71-176.

Meyer, H.: Was ist guter Unterricht? Berlin 2. Aufl. 2004.

Kounin, J.S.: Discipline and Group Management in Classrooms, New York 1970.

Weinert, F.E./Helmke, A.: Schulleistungen - Leistungen der Schule oder der Kinder? In: Bild der Wissenschaft, 24. Jg., Heft 1/1987, S. 62-73.

Erstabdruck in: Neue Sammlung, 45. Jg., Heft 2/2005, S. 299-306.

Jürgen Rekus

Qualitätssicherung durch nationale Bildungsstandards

Schulaufsicht vor neuen Aufgaben?

Das Thema hat zwei miteinander verschränkte Fragen zu klären: Zum einen das Verhältnis von Bildungsstandards und Schulqualität und zum anderen die damit verbundene neue oder auch nur erneuerte Aufgabe der Schulaufsicht. Zunächst wird es um die Begründung und Zielvorstellung von Bildungsstandards im Gesamtkonzept der Schulreformbewegung der letzten Jahre gehen. Denn nur vordergründig lassen sie sich als Reflex auf PISA ausgeben. Sie stehen vielmehr in einem größeren globalen Kontext, der zu bedenken ist, wenn man die eigentliche Zwecksetzung der Bildungsstandards verstehen und sich als Schulaufsicht dazu verhalten will.

Um den Zusammenhang des Bildungsstandard-Konzepts mit der pädagogischen Qualität der Schule zu klären, soll im zweiten Schritt herausgearbeitet werden, was Bildungsstandards ihrer Struktur nach eigentlich sind. Dabei wird die begrenzte Sicherungsfunktion von Bildungsstandards deutlich, aber ebenso auch ihre pädagogische Ergänzungsnotwendigkeit, die im dritten Schritt entfaltet wird. Im vierten Schritt wird die Schulprogrammarbeit als der eigentliche Ort einer pädagogischen Bildungsreform markiert, worauf im abschließenden fünften Schritt die Aufgabe der Schulaufsicht bezogen wird.

1. Bildungsstandards im Kontext der Globalisierung

Das bildungspolitische Konzept „Nationale Bildungsstandards" reiht sich in den Duktus der Schulreform-Diskussionen der letzten Jahre nahtlos ein. Diese sind vorwiegend an ökonomischen Leitbildern orientierte Reformen gewesen. Schon das Programm zur „Weckung der Begabungsreserven" in den sechziger Jahren des letzten Jahrhunderts, das man als Auftakt zur Modernisierung des bundesrepublikanischen Bildungswesens betrachten kann, war vom Interesse an ökonomischem Wachstum motiviert. Mit dem Wirtschaftswachstum sollten die Ressourcen gewonnen werden, die zur sozialen und demokratischen Modernisierung der verschiedenen gesellschaftlichen Praxisbereiche erforderlich waren.

Das Leitbild neuerer ökonomischer Vorstellungen betrachtet die Ökonomie nicht mehr als eine gesellschaftliche Teilpraxis, die in bestimmter und begrenzter Weise zur existenziellen Sicherung des Lebens beiträgt und in dieser Aufgabenbestimmung den anderen gesellschaftlichen Praxen nebengeordnet ist. Vielmehr versteht sich die Ökonomie heute als eine Form menschlicher Gesamtpraxis, die den anderen Praxen, etwa Kunst, Politik, Religion, Ethik und Pädagogik vorgeordnet oder sogar übergeordnet ist. Ökonomie in diesem Sinne will nicht mehr bloß zu einem gelingenden Leben beitragen, sie begreift sich heute selbst als Vollzugsform eines gelingenden Lebens. Es geht also nicht mehr um die Befriedigung von Grundbedürfnissen, um sich in anderen Lebenspraxen bewähren zu können, sondern um die permanente Erzeugung und Erfüllung von Bedürfnissen. Dies erscheint heute nicht mehr nur als ein Zweck menschlichen Handelns unter anderen, sondern als ganzer Zweck der menschlichen Existenz.

Auch die Schule wird gegenwärtig überwiegend unter dem Leitbild der neueren Ökonomie betrachtet. Die Schulreforminitiativen und -offensiven der jüngeren Vergangenheit können als Exempel dafür angeführt werden: Notebooks statt Schulbücher, um schneller ans Wissen zu gelangen; Schulen ans Netz, um mit der Wissensexplosion Schritt zu halten; Fremdsprachenunterricht ab Klasse 1, um mit unseren Nachbarn leichter ins Geschäft zu kommen; die Einschulung schon mit vollendetem dritten Lebensjahr, um die besten Jahre nicht ungenutzt verstreichen zu lassen; Einführung der Ganztagsschule, um die Berufstätigkeit von Frauen zu fördern; Abitur nach Klasse 12, damit unsere Elite im Wettbewerb nicht zu alt ist, und neuerdings auch nationale Bildungsstandards, um in der Globalisierung mithalten zu können.

Hinter der Totalität eines solchen Ökonomieanspruchs steht die Leitidee der Globalisierung, die sich als umfassender Reformanspruch auf dem Weg zur Modernisierung aller Lebensbereiche versteht. „Globalisierung" ist also mehr als eine bloße geographisch gemeinte Ausweitung. Sie meint vielmehr die Ausweitung ökonomischen Denkens in alle Handlungsdimensionen hinein.

Das neuere ökonomische Denken wird von zwei komplementären Prinzipien beherrscht: *Deregulierung und Autonomisierung* auf der einen und *Qualitätssicherung und Evaluation* auf der anderen Seite. Sie sind Ausdruck der so genannten „Neuen Steuerungsmodelle" im öffentlichen Sektor (New Public Management), bei denen die Entscheidungskompetenzen und Verantwortlichkeiten „nach unten" verlagert werden (top down, wie es in der Betriebswirtschaft heißt) und zugleich die Standards für die zu leistende Arbeit „von oben" vorgegeben werden (bottom up) (vgl. Schedler/Proeller 2000).

Die Forderung nach *Deregulierung* bezieht sich auf den Abbau von staatlicher Lenkungsmacht und der Stärkung des freien Spiels der Marktmechanismen – auch in den Bereichen, die dem Risiko der Märkte aus sozialen oder politischen Gründen bisher entzogen waren, wie etwa die Gesundheits-, Alters- und eben auch die Bildungs-Sicherungssysteme. „Wir brauchen mehr Wettbewerb!" ist das durchgängige Credo der Reformatoren. Mit der Deregulierung gewinnen zugleich die Individualkräfte an Bedeutung und die sozialen Bindungskräfte nehmen ab. Dies wird als Prozess der *Autonomisierung* bezeichnet und programmatisch als „Stärkung der Eigenverantwortung" ausgewiesen.

Das Deregulierungspostulat darf freilich nicht als Forderung nach Anarchie missverstanden werden. Es geht vielmehr um eine neue Ordnung. Deshalb muss das Deregulierte neuen Regeln unterworfen werden, was als *Qualitätssicherung* bezeichnet wird. Die Abschaffung der bisherigen „Spielregeln" gesellschaftlicher Institutionen erfordert die regulierte Sicherung gewisser Mindeststandards, die für eine vergleichbare Qualität der verschiedenen Angebote sorgen sollen. Jede Krankenversicherung muss eine Mindestversorgung anbieten. Bei den verschiedenen Alterssicherungssystemen wird die Einführung einer Mindestversorgung diskutiert, für die verschiedenen Hochschulen sind global vergleichbare B.A. und M.A.-Studiengänge vorgesehen. Da es in deregulierten, wettbewerbsorientierten Systemen keine letztgültigen Gütekriterien geben kann, bedeutet Qualitätssicherung nur das permanente (wettbewerbsorientierte) Vergleichen der verschiedenen (Markt-)Angebote. Das Verfahren des qualitätssichernden Vergleichens heißt *Evaluation*.

Auch in der gegenwärtigen Schulreform-Diskussion spielen die beiden Leitidee-Paare *Deregulierung und Autonomisierung* sowie *Qualitätssicherung und Evaluation* eine bedeutende Rolle. Sie entfalten ihre bildungspolitische Wirkungsmacht insbesondere durch die beiden – der Pädagogik sehr geläufigen und von ihr hoch geschätzten – Begriffe *Autonomisierung* und *Evaluation*.

Erst in diesem Kontext wird der komplementäre Zweck der nationalen Bildungsstandards deutlich. Auf der einen Seite finden wir das Postulat der *Schulautonomie*. Die Schule wird heute als autonome, zumindest teilautonome Handlungseinheit betrachtet, die mit erweiterter Entscheidungskompetenz versehen wird, thematisch in der Entwicklung schuleigener Lehrpläne, methodisch in der Entfaltung schuleigener Profile und organisatorisch in der Konzeptionierung eigener Schulprogramme. Dieses Zugeständnis an Selbstregulierungsmöglichkeiten geschieht durch die Rücknahme von normativen Vorgaben und Vorschriften und wird auch hier mit dem Schlagwort „Stärkung der Eigenverantwortung" verknüpft. In dieser Hinsicht ist der Verzicht auf eine Input-Steuerung, wie sie bisher durch die Vorgabe zentraler Lehrpläne geschah, konsequent. Vielmehr sollen nun die regionalen Besonderheiten die inhaltliche Schularbeit bestimmen.

Wir wissen aber, dass Schulen auch bei zentralen Lehrplänen ihre Schüler zu ganz unterschiedlichen Ergebnissen führen. Wir sprechen von „guten Schulen" und „Brennpunktschulen". Die Unterschiede entstehen durch die unterschiedlichen Organisationsbedingungen, die die Schulen selbst beeinflussen können, z.B. eigene Lehrpläne oder methodische Profile, aber auch durch externe, nicht beeinflussbare Faktoren wie z.B. die Zusammensetzung der Schülerpopulation im Pflichtschulbereich. Die vorhandenen Unterschiede zwischen den Schulen werden beim Autonomisierungsprozess noch größer, denn die gestärkte schulische Eigenverantwortung führt zu den durchaus erwünschten auseinanderstrebenden Qualitäten und zu der damit verbundenen regionalen Wettbewerbssituation. Salopp formuliert: Unter Wettbewerbsbedingungen werden gute Schulen besser und Brennpunktschulen brenzliger. Um bei der größeren Varianz der einzelnen Schulprogramme am Ende doch die Vergleichbarkeit der Angebote und des Niveaus sicherzustellen, sind interne und externe Maßnahmen der *Qualitätssicherung* erforderlich.

Zu den Maßnahmen der Qualitätssicherung gehören die fortwährende Selbst- und Fremdevaluation der Ergebnisse. Evaluation ist – so gesehen – die Schwester der Schulautonomie. Durch fortwährende Leistungserhebungen und -vergleiche, wie wir sie bei TIMSS, PISA und IGLU kennen gelernt haben, soll die Vergleichbarkeit der Schulleistungen gesichert werden. Solche Evaluationen werden künftig von einem nicht-staatlichen Qualitätssicherungsinstitut regelmäßig durchgeführt werden und die Schulen, Schulträger oder Länder werden dafür bezahlen müssen. Auch das Outsourcing dieser Kontroll- und Beratungsaufgaben, wie sie traditionell die staatliche Schulaufsicht wahrnahm, gehört zu den Globalisierungsphänomenen.

Jede Bewertung setzt allerdings – logisch gesehen – einen Maßstab voraus. Man braucht ein Drittes, ein tertium comparationis. Denn A und B sind nur im Hinblick auf C zu vergleichen. In einem wettbewerbsorientierten System kann das Tertium aber nicht durch den Wettbewerbsprozess selbst entstehen, sondern muss ihm als Ziel voraus liegen. Deshalb gehört zu jeder Evaluation die Definition von Standards als Vergleichsmaßstab. Mit den von der KMK vorgelegten *Bildungsstandards* sollen die Leistungen der Schulen gemessen und vergleichbar werden. Schulqualität ist dann das, was sich für alle auf einem vergleichbaren Niveau und unbeschadet der regionalen Besonderheiten als Kompetenz sichern lässt.

Der hier nur grob skizzierte Globalisierungskontext der Einführung nationaler Bildungsstandards lässt sich wie folgt veranschaulichen:

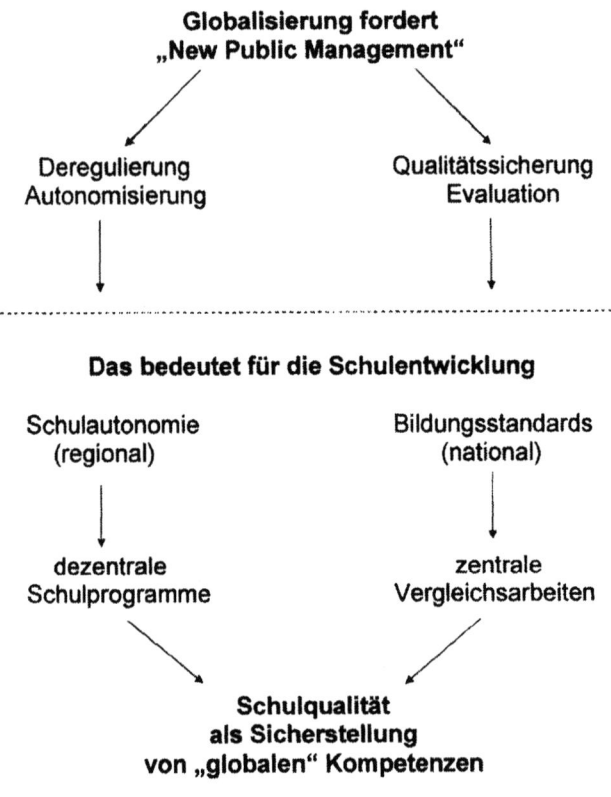

2. Welche Schulqualität wird von den Bildungsstandards gesichert?

Da nationale Bildungsstandards die Qualität des deutschen Bildungswesens repräsentieren sollen, muss die Frage gestattet sein, was denn eigentlich genau unter Schulqualität verstanden wird. Im sog. Klieme-Gutachten heißt es dazu folgendermaßen: „Die Bildungsstandards legen fest, welche Kompetenzen die Kinder oder Jugendlichen bis zu einer bestimmten Jahrgangsstufe erworben haben sollen. Die Kompetenzen werden so konkret beschrieben, dass sie in Aufgabenstellungen umgesetzt und prinzipiell mit Hilfe von Testverfahren erfasst werden können" (BMBF 2003, 19). Deutlich wird in dieser Definition das grundlegende Postulat der Messbarkeit durch Testverfahren. Nur das, was man mittels eines Tests nachweisen kann, darf als „Bildungsstandard" gelten. Schulqualität ist also zunächst einmal nur das, was sich messen lässt. Das scheint plausibel, zumindest so plausibel, wie Öchsle-Grade die messbare Qualität des Weines bezeichnen. Aber schmeckt er deswegen auch gut?

Ein Blick zurück auf PISA: Diese Studie war implizit davon ausgegangen, dass man den Leistungsstand von 15-jährigen Schülern im internationalen Vergleich messen kann, indem man ihnen gleichartige Aufgaben stellt. Das ist sicher richtig, da Vergleichen ja ein Drittes voraussetzt, und richtig ist auch, dass das Ziel des Messens in der Feststellung von Differenzen liegt. Man konnte also, was eigentlich schon im Voraus zu erwarten war, mit Hilfe identischer Aufgaben für alle Jugendlichen feststellen, dass das Vermögen, die vorgegebenen Aufgaben zu lösen, in den verschiedenen Kulturen und Bildungstraditionen auch unterschiedlich ausgeprägt ist. Das hätte niemanden überraschen dürfen. Schließlich werden Kinder in dem einen Land mit fünf Jahren eingeschult, in dem anderen im siebten Lebensjahr. In einem Land gibt es eine institutionalisierte vorschulische Erziehung, die im Alter von drei Jahren beginnt und zu fast 100% wahr genommen wird, im anderen Ländern gibt es das nicht.

Dass man mit einem Messverfahren Differenzen feststellt, liegt auf der Hand. Es wäre genauso wenig eine Überraschung gewesen, wenn man mit einem Zollstock die Körpergröße der 15-Jährigen gemessen hätte und dabei als Ergebnis herausgekommen wäre, dass sie in den verschiedenen geographischen und kulturellen Lebensräumen unterschiedliche Körperlängen aufweisen. Allerdings wäre es doch mehr als überraschend gewesen, wenn als Folge des Messens jemand auf die Idee gekommen wäre, den Zollstock zum Größenstandard zu erheben und zu fordern, alle müssten sich in ihrem Wachstum danach richten. Niemand käme wohl auf eine solche absurde Idee. *Ein Maßstab ist schließlich keine Maßgabe!*

Erstaunlicherweise fand aber nach PISA (nicht nach TIMSS!) eine solche Transformation statt. Was zunächst nur als Testaufgaben fungierte, wandelte sich unter der Hand zu Bildungszielen. Das Lösen-Können der Testaufgaben, ursprünglich noch als Indikator gemeint, um bestimmte, im Lernen erworbene Fähigkeiten und Fertigkeiten nachzuweisen, wurde kurzerhand zum Standard erklärt. Exemplarisch kann dazu weiter aus dem Klieme-Gutachten zitiert werden: „Bildungsstandards stellen ... (durch die grundsätzliche Messbarkeit, J.R.) innerhalb der Gesamtheit der Anstrengungen zur Sicherung und Steigerung der Qualität schulischer Arbeit ein zentrales Gelenkstück dar. Schule und Unterricht können sich an den Standards orientieren. Den Lehrerinnen und Lehrern geben Bildungsstandards ein Referenzsystem für ihr professionelles Handeln. Die Kompetenzanforderungen einzulösen, so gut dies unter den Ausgangsbedingungen der Schülerinnen und Schüler und der Situation in den Schulen möglich ist, ist der Auftrag der Schulen" (ebd.).

Wie kann es dazu kommen, dass die empirischen Messinstrumente, nämlich die standardisierten Testaufgaben, normativ umschlagen und zu Bildungsstandards erhoben werden? Wie lässt sich ein solches Sollen begründen und legitimieren? Dazu findet man in der Literatur zwei Begründungsansätze, einen politisch-legislativen und einen bildungstheoretisch-konzeptionellen.

Den *politischen Begründungsansatz* muss man „nicht lange weiter erläutern, sondern kann einfach auf das verweisen, was als Erinnerung in unserer Verfassung schon mehrfach gesagt worden ist. Natürlich können Bildungsstandards nicht von Wissenschaftlern mit folgenreicher Wirkung in die Welt gesetzt werden, sondern sie bedürfen der politischen Entscheidung und auch der Prozess ihrer Entstehung und der Implementation ist natürlich ohne politische Legitimation vollständig unmöglich. Wir arbeiten nicht an Wissenschaftsallmachtsphantasien, sondern sind Teil von politischen Prozessen" (Tenorth 2003, 157).

Der *bildungstheoretisch-konzeptionelle Ansatz* fokussiert sich um den Kompetenzbegriff herum. Er bildet einen Schlüsselbegriff zum Verständnis des mit den Bildungsstandards eingeleiteten Schulsteuerungs-Konzeptes. Denn mit dem Kompetenzbegriff scheint das Problem der Normativität, das allen Lehrplanentscheidungen anhaftet, aufgehoben. Soll man lieber die „Ansichten eines Clowns" von Böll oder besser „Die Blechtrommel" von Grass lesen? Solche Frage stellen sich im Kompetenz-Konzept der Bildungsstandards nicht mehr. Denn Kompetenzen sind formal gemeinte *Fähigkeiten* und

Bereitschaften, die sich sachneutral formulieren und gegenstandsgleichgültig abtesten lassen.

Die Standards für Deutsch sehen im Bereich „Lesen – mit Texten umgehen" als Kompetenz z.B. vor, „literarische Texte verstehen und nutzen". Dazu gehört u.a.: „Wesentliche Elemente eines Textes erfassen" oder auch „eigene Deutungen des Textes entwickeln" (Kultusministerkonferenz 2003, 18 f.). Das muss weder an Böll noch an Grass, sondern kann genauso gut auch an einer Handy-Gebrauchsanleitung überprüft werden. Weitergehende Bildungsziele, etwa Wertschätzung von Literatur, was immer auch zu den Bildungszielen des Literaturunterrichts gehört hat, fällt nicht mehr in den Bereich der Bildungsstandards, da Einstellungen und Haltungen keine überprüfbaren Kompetenzen darstellen.

Das Kompetenz-Konzept erhebt den Anspruch, aus den „normativ-konflikthaften Situationen" bisheriger Lehrplanarbeit herauszuführen, gerade weil es inhaltliche Festlegungen meidet. Werte und Normen werden mit den regional festzulegenden Inhalten verknüpft, aber nicht mit den Verhaltenserwartungen. Kompetenzen machen einen weiten Bogen um die konkreten Inhalte und bleiben absichtlich im Formalen. Kompetenzmodelle stellen lediglich „die Grundlage für Operationalisierungen von Bildungszielen dar, die den Output des Bildungssystems über das Erstellen von Testverfahren ... empirisch zu überprüfen erlauben" (BMBF 2003, 71).

Unter Kompetenzen werden dabei im Anschluss an Franz Weinert „die bei Individuen verfügbaren oder von ihnen erlernbaren kognitiven Fähigkeiten und Fertigkeiten, bestimmte Probleme zu lösen, sowie die damit verbundenen motivationalen, volitionalen und sozialen Bereitschaften, die Problemlösungen in variablen Situationen erfolgreich und verantwortungsvoll nutzen zu können" verstanden (BMBF 2003, 72). Kompetenzen haben also per definitionem keinen Eigenwert, sondern einen Nutzwert. Die Beschäftigung mit Literatur hat deshalb nicht zu erbauen, soll gar nicht zur Wertschätzung oder Kritikfähigkeit, sondern zu einem Nutzen führen. Mathematikunterricht dient nicht der Einführung in eine bestimmte Denkungsart, ist nicht die Beschäftigung des Menschen mit seinen eigenen abstrakten Denksystemen im Sinne der reinen Anschauung (Kant), sondern ist nutzbringend anzuwenden. Kompetenzen sind nützlich, aber nicht zwangsläufig sinnvoll.

Dahinter steht das schon bei der PISA-Leistungsvergleichsuntersuchung zugrunde liegende angelsächsische „literacy-concept", das eine „funktionale

Sicht auf muttersprachliche, mathematische und naturwissenschaftliche Kompetenzen als basale Kulturwerkzeuge" beinhaltet. „Bereits der mathematisch-naturwissenschaftliche Grundbildungstest von TIMSS folgte dieser Konzeption. Im Rahmen von TIMSS wurde allerdings noch versucht – und dieser Versuch war durchaus strittig –, einen Kompromiss zwischen Anwendungsorientierung und curricularer Anbindung der Testaufgaben an Standardstoffe der Sekundarstufe I zu erreichen. PISA dagegen lässt Fragen der curricularen Validität weiter in den Hintergrund treten und setzt entschieden auf die Erfassung von Basiskompetenzen in variierenden Anwendungssituationen" (Baumert/Stanat/Demmrich 2001, 19).

Der Verzicht der nationalen Bildungsstandards auf verbindliche inhaltliche Konkretisierungen erscheint nicht nur im Rahmen des empiristischen Forschungsparadigmas konsequent. Er wird auch von den beiden Grundsätzen der Globalisierung, *Autonomie und Deregulierung* auf der einen und *Qualitätssicherung und Evaluation* auf der anderen Seite, gefordert. Wenn Bildungsstandards eine vergleichbare Qualität der Schule sichern und globale Evaluationen ermöglichen sollen, dann sind inhaltliche Normierungen allenfalls in regionalspezifischer Ausprägung denkbar, aber nicht in globalisierter Form standardisierbar. Die inhaltliche Ausfüllung der Standards muss deshalb dem Schulträger oder den Schulen in Form von Kerncurricula und schuleigenen Curricula überlassen bleiben.

Das Auswahl- bzw. Entscheidungskriterium ist dabei nicht die mögliche Bedeutung und Bedeutsamkeit der Inhalte für die Schülerinnen und Schüler, sondern die Eignung der Inhalte als Mittel für den Kompetenzerwerb. Denn hier gilt: Nicht der Wert der Inhalte spielt eine Rolle, sondern ihr Nutzen. Bildungsstandards sind demnach sachindifferente, d.h. wert- und normleere Verhaltensweisen, die als Kompetenzen in situativen Handlungskontexten zur Disposition stehen. Streng genommen handelt es sich also um Verhaltensstandards, die es ermöglichen, in verschiedenen inhaltlichen Kontexten eine Leistung zu erbringen.

Da es um potentielle Leistungen geht, die im Fall des Lernerfolgs erbracht werden können, erscheint es nicht angebracht, statt von Bildungsstandards von Leistungsstandards zu sprechen, wie gelegentlich vorgeschlagen worden ist. Die in den Standards definierten Kompetenzen enthalten wegen ihrer Potentialität nicht nur einen *Fähigkeitsaspekt*, d.h. ein definiertes vorzeigbares bzw. testbares Können, sondern auch einen *Bereitschaftsaspekt*, d.h. eine

Motivation, dieses Können in inhaltlichen Kontexten tatsächlich auch zu zeigen. Insofern kommt mit den Bildungsstandards unter der Hand auch etwas Erzieherisches ins Spiel, was allerdings – wegen des unkritischen empiristischen Kontexts – nur auf die Affirmation der gewünschten Verhaltensstandards hinauslaufen kann (vgl. Benner 1982). Es geht um die Bereitschaft, das, was man kann, nicht nur in den geforderten Evaluationszusammenhängen, sondern – global gesprochen – in beliebigen Kontexten zu zeigen. Am Beispiel des Fremdsprachenunterrichts zeigt sich das etwa „in der Intention und Motivation, sich offen und akzeptierend mit anderen Kulturen auseinander zu setzen (Motivation)" (BMBF 2003, 73). Aber warum *soll* man sich „akzeptierend" mit anderen Kulturen auseinandersetzen?

Die gewünschte Affirmation ist – betriebswirtschaftlich gesehen – zweckmäßig. Denn Kompetenzen verstehen sich als individuell und gesellschaftlich akkumuliertes Humankapital, das in ganz verschiedenen Wettbewerbskontexten investiert werden soll, damit ein möglichst großer Nutzen erzielt wird. Individuelle Interessen stören dabei nur. „Literacy" meint genau dieses: „Using printed and written information to function in society" (OECD 1995, 14).

Und daran ist zunächst nichts Falsches! Denn jede Gesellschaft muss ein vitales Interesse daran haben, die nachwachsende Generation so zu qualifizieren, dass sie sich in die verschiedenen Praxisfelder der Gesellschaft integrieren kann. Zur Existenzsicherung gehören ohne jeden Zweifel pragmatische Kompetenzen, die – losgelöst von den Kontexten ihres Erwerbs – in den verschiedenen Lebenszusammenhängen eine Leistungserbringung ermöglichen. Die Standards, denen solche Kompetenzen genügen müssen, sind heute in der Tat global. Die Welt ist verkehrstechnisch und medientechnisch so weit erschlossen, dass es sich keine Nation mehr leisten kann, ihre Ausbildungsprozesse nur von den regionalen Erfordernissen her selbst zu bestimmen. In dieser Hinsicht ist es zweckmäßig, wenn eine Zentralstelle bestimmt, was denn Schüler nach Abschluss bestimmter Klassenstufen mindestens können sollen.

In diesem Kontext erscheint es auch pragmatisch vernünftig, wenn alles daran gesetzt wird, dass jede einzelne Schülerin, jeder einzelne Schüler die gesetzten Bildungsstandards erreicht. Gerade im Ausdruck „Standard" wird deutlich, dass es nicht um individuelle Lern- oder gar Bildungsleistungen geht, sondern um die Leistungen eines Bildungssystems. Wenn Bildungsstandards definieren, über welche Kompetenzen am Ende von Bildungslaufbahnen verfügt werden soll, dann wird von den Individuen ausdrücklich abstrahiert. Wenn die Standards nicht erfüllt werden, dann trägt das Bildungssystem dafür die Verantwortung, nicht die einzelne Schülerin, der einzelne Schüler.

Die funktionale Qualität einer Schule hängt also von der Art und Weise ab, wie sie den Erwerb der existentiell notwendigen Kompetenzen *für alle* sichert. Dies zu messen, wird künftig die Aufgabe einer Qualitätssicherungsagentur in Berlin sein, die die Kultusministerkonferenz mit 2,5 Millionen Euro jährlich finanzieren wird.

3. Bildungsstandards als Beitrag zur pädagogischen Schulqualität?

Deutlich ist bisher geworden, dass Bildungsstandards zwar das Wort Bildung enthalten, sich aber nur auf einen pragmatischen Teilaspekt beziehen, der für alle in identischer Weise definiert werden kann. Dies ist der Globalisierungsaspekt der Bildung. „Auf Pädagogik, insbesondere Allgemeine Pädagogik, kann das Konzept zugunsten angewandter Psychologie, darauf basierender Fachdidaktik und empirischer Sozialforschung verzichten. Es fügt sich in die moderne Konsumgesellschaft ein, betrieben von global wirksamen Expertengruppen, die ihre normative Empirie mit betriebswirtschaftlichen Kategorien (Qualitätsentwicklung, Outcome-Orientierung, Benchmarking u.a.m.) unterlegen. Internationale Anschlussfähigkeit ist garantiert. Durch Vernachlässigung des Subjekts verschafft es sich die nötige Distanz, die man für Standardisierung, Kontrolle und Steuerung benötigt" (Koch 2004, 190).

In einem traditionellen Bildungsverständnis wird menschliche Bildung aber nicht durch die bloße Beherrschung von Fähigkeiten und Fertigkeiten erschöpft, sondern stellt sich erst dann ein, wenn subjektive Haltungen und Einstellungen hinzukommen, die sich nicht unkritisch-affirmativ, sondern wertend-kritisch zum eigenen Vermögen verhalten und so erst situativ angemessene Handlungsentscheidungen ermöglichen. *Bildung in einem solchen Verständnis meint gerade nicht die jederzeit und überall vorführbaren standardisierten Verhaltenskompetenzen, sondern das Vermögen, in den unvor-*

hersehbaren Situationen des Lebens vernünftig handeln und dieses Handeln verantworten zu können. Bildung ist also unser wichtigstes „Lebensmittel". Ein solches zukunftsbezogenes Bildungsverständnis ist nicht auf ein bloßes Kompetenzmodell reduzierbar. Denn wir dürfen ruhig davon ausgehen, dass das, was wir heute als Bildungsstandards für die Bewältigung der Zukunft ausgeben, längst überholt sein wird, wenn die Zukunft tatsächlich eintritt. Man denke doch nur einmal an die Kompetenzen zurück, die die Schule früher unter dem Aspekt der Vorbereitung auf das zukünftige Leben vermittelt hat. Viele der heute in Schlüsselpositionen der Gesellschaft Tätigen haben in ihrer Schulzeit gelernt, mit dem Rechenschieber umzugehen. Das war einmal ein Bildungsstandard! Wer das heute noch gut kann, könnte in einem Schulmuseum die Asservate zum Erstaunen der Besucher vorführen. Oder man erinnere sich an die Computersprache „basic", die die Schulkinder in den späten achtziger Jahren als informationelle Basiskompetenz lernen mussten. Diese Sprache versteht schon lange kein PC mehr. Standards von heute sind oft die Kuriositäten von morgen.

Zukunft ist niemals das, was die alte Generation für die junge festzulegen versucht. Deshalb kann die Schule ihre Schüler auch nicht auf *die* Zukunft vorbereiten. Das pädagogische Bildungsziel der Schule besteht vielmehr darin, die Jugend zu einer selbständigen und verantwortlichen Gestaltung der Zukunft zu befähigen. *Zukunft ist immer das, was die nachfolgende Generation daraus macht.*

Stimmt man diesem Gedanken zu, dann benötigt man ein zukunftsweisendes Bildungskonzept, das über die heute erkennbaren Kompetenzanforderungen hinausweist. Ein solches Konzept wird die drei unterscheidbaren Aspekte der Bildung, unter denen sich der Mensch ins Verhältnis zur Welt setzen kann, miteinander verknüpfen müssen, nämlich Erkenntnis, Interesse und Handlung:

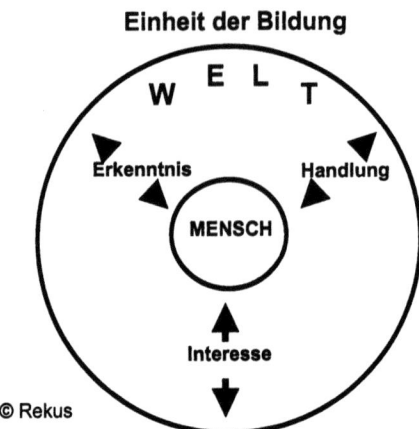

Einheit der Bildung

Geht man von einem solchen einheitlichen Bildungsbegriff aus und unterstellt, dass es vernünftig ist, in der Schule unter anderem auch die nationalen Bildungsstandards zu gewährleisten, dann ergeben sich folgende Grundsätze für die künftige Gestaltung schulischer Lernprozesse:

a) Humanes (!) Wissen ist nicht auf eine pragmatische Kompetenz reduzierbar, die auf Verlangen vorgeführt werden kann. Mit „Benchmarking" lässt sich menschliches Wissen also nicht vollständig erfassen (vgl. Baumert u.a. 2001, 19). Wissen ist in pädagogischer Hinsicht vielmehr eine methodisch gegliederte Struktur des Bewusstseins, die nicht nach „mehr" oder „weniger" quantifiziert, sondern nur nach dem Grad der Differenzierung qualifiziert werden kann. Wissen ist also subjektiv gebunden, d.h. an ein erkennendes bzw. lernendes Subjekt und an die Konstitutionsbedingungen des Erkenntnis- bzw. Lernprozesses selbst. Wegen dieser Subjektbindung des Wissens und der es begründenden Lernverfahren und -methoden, kann es keine Standardwege zur Bildung geben (vgl. Rekus 2003). Wenn schon alle Schülerinnen und Schüler am Ende der Lernprozesse über standardisierte Kompetenzen verfügen sollen, dann setzt das voraus, dass die Wege zu den identischen Zielen unterschiedlich sein müssen. Nationale Bildungs-

standards fordern regionalisierte Schulprogramme, die eine Individualisierung des Lernens erlauben.
b) Mit einem ganzheitlichen Bildungsbegriff, der die Subjektbindung betont, ist zugleich der Gedanke verknüpft, dass der Kompetenz-Erwerb, d.h. die Aneignung von Fähigkeiten und Fertigkeiten allein nicht ausreicht, um verantwortlich in der Welt handeln zu können. Das fachlich bestimmte Wissen, wie es im Unterricht angeeignet wird, gibt aus sich heraus noch keine verantwortbare Antwort auf die Frage, was man damit anfangen soll. Darüber kann auch die in den Bildungsstandards betonte „volitionale" Dimension nicht hinwegtäuschen, da sie von einer gewünschten Motivation ausgeht, aber nicht das Sich-selber-motivieren als Aufgabe formuliert.

Wenn es bei den Bildungsstandards um eine (ganzheitliche) Bildung gehen soll, dann müssen die Schülerinnen und Schüler auch lernen, die Vielseitigkeit ihrer Kompetenzen mit ihren Werturteilen und Anschauungen so zu verbinden, dass sie selber zukunftsweisende Handlungsinteressen ausprägen können. Das kann man als Aufgabe eines erziehenden Unterrichts bezeichnen. Das ist nichts Neues, hat sogar eine lange Tradition in der Pädagogik, wird aber bei der gegenwärtigen Dominanz psychologischer und neurophysiologischer Paradigmen leicht übersehen. Johann Friedrich Herbart hatte diese Aufgabe vor rund 200 Jahren in großer Präzision für die beginnende Moderne formuliert. Er forderte eine Form des Unterrichts, die den Schülern hilft, das jeweils neu Gelernte mit dem eigenen Werturteil zu verknüpfen, um in den vielfältigen und unvorhersehbaren Situationen des Lebens entscheidungs- und handlungsfähig zu werden.

In pädagogischer Hinsicht besteht also das Ziel von Unterricht und Erziehung nicht in der Affirmation von herrschenden Verhaltensstandards, sondern in der Ermöglichung von künftigen Handlungsentscheidungen. Man kann dieses Ziel auch mit dem Begriff „Entscheidungskompetenz" belegen. Man kann es aber auch plakativer formulieren: Wenn eine Volkswirtschaft im Zeitalter der Globalisierung mithalten will, dann muss sie ein Interesse daran haben, dass ihre Schule innovative, kreative, flexible, spontane, ideenreiche, non-konformistische, zukunftsbereite und gestaltungsfähige junge Menschen heranbildet. Unsere Gesellschaft benötigt Menschen, die nicht nur Standards erfüllen, sondern Standards selber setzen können.

c) Erst beides zusammen genommen ermöglicht eine Antwort auf die Frage „Was soll ich tun?" Sie kann zwar im Unterricht hypothetisch „gelöst" werden, aber die Lösungen müssen sich in der außerschulischen Realität noch einmal bewähren können, weil jede Handlungsentscheidung von situativ zu treffenden persönlichen Güterabwägungen abhängt. Der pädagogische Sinn der Bildungsaufgabe liegt gerade nicht darin, standardisierte Verhaltenskompetenzen zu vermitteln, sondern die eigenen sittlichen Handlungsmotive zu klären und sie disponibel zu machen. Moralität ist nicht ein Zweck unter anderen Schulzwecken, sondern der ganze Zweck der Schule.

4. Schulische Programmarbeit

Die drei genannten grundlegenden Aspekte pädagogischer Arbeit sind miteinander verknüpft und gehen auseinander hervor. In ihrem Zusammenhang können sie der schulischen Programmarbeit einen Rahmen geben. Das bedeutet u.a. Folgendes:

Nationale Bildungsstandards sind wie die Räder an einem Wagen. Da sie zentral geliefert werden, muss die Einzelschule das Rad nicht neu erfinden. Aber Design und Aufbau von Chassis und Karosserie müssen von den Schulen selbst entwickelt werden, da nur sie die Wege kennen, auf denen gefahren werden kann. Schulprogramme sollen dazu beitragen, dass der richtige Antrieb entsteht und in eine richtige Richtung führen kann.

Wenn sich Bildung in der *Art und Weise* der Auseinandersetzung mit Aufgaben ereignet, dann ist die Lernprozessgestaltung so vorzunehmen, dass die drei Aspekte der Bildung in ihrem Zusammenhang zum Zuge kommen: Erkennen-Können, Werten-Können und Entscheiden-Können. Dies geschieht am ehesten durch eine Unterrichtskultur, in der vielfältige Unterrichtsformen vorkommen. Lehrgangsorientierte Unterrichtsformen, projektorientierte Unterrichtsformen, selbst gesteuerte Unterrichtsformen, Wochenplanarbeiten, Betriebs- und Sozialpraktika usf. sind geeignet, einen Bezug zum Erfahrungs- und Erlebnishorizont der Schüler zu eröffnen, ihr fachüberschreitendes Werturteil herauszufordern und das Zusammenführen von Wissen und Handeln im Sinne von Entscheidungskompetenz anzubahnen (vgl. Rekus 2003, 96 ff.).

5. Die neue (alte) Aufgabe der Schulaufsicht

Durch die Einführung von Bildungsstandards wird der instrumentelle Lernerfolg weniger vom Zufall der Schulwahl und Schülerzusammensetzung abhängig. Wer sein Kind zu einer x-beliebigen Schule schickt, muss sich darauf verlassen können, dass bestimmte Standards eingehalten werden. In dieser Hinsicht kommt der Schulaufsicht die Aufgabe zu, eben diese Gleichwertigkeit sicherzustellen. Diese Aufgabe ist nicht neu. Sie findet sich bereits in Artikel 7 Abs. 1 unserer Verfassung. Dort heißt es: Das gesamte Schulwesen steht unter der Aufsicht des Staates.

Dieser staatlichen Schulaufsicht wird es also zukommen, in einer zunehmend pluralisierten Schullandschaft die Einheit der Bildung in den verschiedenartigen Schulen mit ihren hochdifferenzierten Profilen zu gewährleisten. Das Institut zur Qualitätsentwicklung im Bildungswesen (IQB) in Berlin, das für die bundesweite Einhaltung und Erfüllung der nationalen Bildungsstandards sorgen soll, ist bereits ein deutlicher Schritt in diese Richtung. Es ist allerdings keine eigene wissenschaftliche Einrichtung der Humboldt-Universität, sondern ein An-Institut, das von einem Verein getragen wird, der von der Kultusministerkonferenz gegründet wurde. Zu den Gründen für diese rechtliche Konstruktion gehört u.a. der Aspekt der Drittmittelbewirtschaftung.

Mit einem gewissen Erstaunen nimmt man dabei zur Kenntnis, dass der Staat seine Aufsichtsaufgabe an private Vereine delegiert. In England ist sogar die Schulaufsicht vor einigen Jahren privatisiert worden und auch in Deutschland finden diese Public-Private-Partnerschaften schon lange etwa beim TÜV, DEKRA usf. statt. Man findet sie heute auch schon bei den so genannten Akkreditierungsagenturen, die ebenfalls einen Vereinsstatus haben und den staatlichen Universitäten bescheinigen sollen, dass ihre Studiengänge wissenschaftlichen Standards genügen. Entsprechendes erleben wir heute in vielen staatlichen Bereichen, etwa bei der Delegation hoheitlicher Aufgaben an private Einrichtungen, z.B. im Polizeibereich, in der Flugsicherung, bei Bewachungsaufgaben und sogar beim Betrieb von Gefängnissen. Die Privatisierung öffentlicher Kontrollbereiche (nicht mit Dienstleistungen zu verwechseln) wirft sicher eine Reihe von Fragen auf und sollte im Bildungsbereich gerade auch von den Lehrerverbänden nicht ganz arglos beobachtet werden.

Schulaufsicht ist in jedem Falle mehr als bloße Kontrolle. Denn der Beitrag der Schule zur Bildung der Menschen liegt nicht in der Transmission der

Standards in die Köpfe der Schüler, sondern in der Art und Weise, wie die Standards erreichbar werden. Dies ist die programmatische Aufgabe der Einzelschule, und sie bedarf einer schulfachlichen Begleitung. Schulprogramme gewinnen gerade im Zusammenhang mit dem Bildungsstandard-Konzept deutlicher als bisher an Bedeutung, da sie Schülern und Eltern eine begründete Schulwahl ermöglichen, die sich eben nicht mehr auf die Standardaspekte der Bildung zu beziehen braucht, weil man davon ausgehen muss, dass alle Schulen sie ohnehin erfüllen. Aber *wie* sie tatsächlich erfüllt werden, darin können und sollen sich die Schulen profilieren und voneinander unterscheiden. Hierzu bedürfen die Schulen einer pädagogisch fachlichen Begleitung. Dies ist der Kern der veränderten Aufgabe der Schulaufsicht, die viel stärker als bisher eine pädagogische Legitimation erhält. Schulaufsicht wird sich künftig von einer regelorientierten Kontrollfunktion hin zu einer profilbildenden Beratungsaufgabe wandeln.

Literatur:

Baumert, J./Stanat, P./Demmrich, A.: PISA 2000: Untersuchungsgegenstand, theoretische Grundlagen und Durchführung der Studie. In: PISA-Konsortium (Hrsg.): PISA 2000. Basiskompetenzen von Schülerinnen und Schülern im internationalen Vergleich, Opladen 2001.

Benner, D.: Bruchstücke zu einer nicht-affirmativen Theorie pädagogischen Handelns. In: Zeitschrift für Pädagogik, 28. Jg., Heft 6/1982, S. 951-967.

BMBF – Bundesministerium für Bildung und Forschung (Hrsg.): Zur Entwicklung nationaler Bildungsstandards. Eine Expertise, Bonn 2003 (als PDF-Datei unter http://www.bmbf.de/pub/zur_entwicklung_nationaler_bildungsstandards.pdf).

Koch, L.: Allgemeinbildung und Grundbildung, Identität oder Alternative? In: Zeitschrift für Erziehungswissenschaft, 7. Jg., Heft 2/2004, S. 183-191.

Kultusministerkonferenz (Hrsg.): Bildungsstandards im Fach Deutsch für den Mittleren Schulabschluss. Beschluss der Kultusministerkonferenz vom 04.12.2003, Bonn 2003 (als PDF-Datei unter http://www.kmk.org/schul/Bildungsstandards/Deutsch_MSA_BS_04-12-03.pdf).

OECD: Literacy, Economy and Society. Results of the first international adult literacy survey, Paris 1995.

Rekus, J.: Die Aufgabe der Didaktik. Eine Neubestimmung nach PISA. In: SEMINAR – Lehrerbildung und Schule. Hrsg. v. Bundesarbeitskreis der Seminar- u. Fachleiterinnen e.V. (BAK), Heft 3/2003, S. 131-139.

Rekus, J.: Braucht die Ganztagsschule eine spezifische Schultheorie? In: Rekus, J.(Hrsg.): Ganztagsschule in pädagogischer Verantwortung. Münster 2003, S. 86-100.

Schedler, K./Proeller, I.: New Public Management, Bern/Stuttgart/Wien 2000.

Tenorth, H.-E.: Bildungsziele, Bildungsstandards und Kompetenzmodelle – Kritik und Begründungsversuche. In: Recht der Jugend und des Bildungswesens. Zeitschrift für Schule, Berufsbildung und Jugenderziehung, Heft 2/2003, S. 156-164.

III. Vergleichende Perspektive

Linda Clarke/Christopher Winch

Vocational Education: conceptual differences between Britain and Germany

Introduction

The development of a European Framework for the classification of vocational qualifications (ECVET), recently endorsed by the EU, inevitably begs consideration of differences between the VET (vocational education and training systems) in different European countries. It is not just paper certificates that will be compared, but the underlying systems of vocational education and their conceptual and epistemic bases. Where these are very different, meaningful comparison will also be difficult; when the differences are ignored in favour of uniformity, there is a serious risk that valuable features of national VET systems will be put at risk. Germany is only now becoming aware of the possible dangers that may lie in the adoption of UK presuppositions within a European qualification comparison system (Rauner 2005).

In this paper we discuss the key conceptual and epistemic differences between the British and continental training and vocational qualification systems, paying particular attention to the German case. We first look at the field of application of practical vocational knowledge, then at the kinds of *Ausbildung* most appropriate to the acquisition of that knowledge and, finally, at the implications of the differences between the British and European systems for the classification of qualifications in a common European framework.

Concepts and Definitions

One of the problems with discussions of the relationship between education, training and work is the fluid nature of the terminology employed. The term *task* refers to specific activities that someone may undertake, such as sawing wood or assembling a frame. *Job*, on the other hand, refers to the individual specific employment contract to work for a particular firm. To say that so and so's *job* is to install kitchens is to specify a range of *tasks* to perform as part of their employment contract for a particular firm. '*Occupation*' refers to the category of labour that carries out such work; a kitchen fitter will also belong to the *occupation* of carpenter or joiner. The English term is not however equivalent to the German 'Beruf'. In turn, an occupation is embedded in an '*industry*' with the social partners – employers and trade unions – organised at this level and key to regulation the conditions under which those in different occupations operate.

A person may be employed in a series of different jobs within the same occupation and the same industry, each of which involves an array of tasks, for instance, in the case of a carpenter/joiner as a suspended ceiling fitter, a first or second fix carpenter, a furniture maker, shop fitter, or exhibition erector—to name but a few. It is important not to leap to the conclusion that someone has moved through more than one occupation merely because they have changed jobs on successive occasions. In this sense, an occupation is a formally recognised social category, with a regulative structure concerning training, qualification, promotion and the range of knowledge, both practical and theoretical, that is required to undertake the range of tasks that fall within it. Occupations such as teaching and nursing are occupations in this sense in the UK context because their recognition is rooted in the regulative structure of society. Some such occupations gain the status of *professions* for social and political reasons pressure, requiring a qualification at least at degree level.

These distinctions imply three levels of skill. 'Skill' in the English sense is often used in an ambiguous way, but usually refers to ability based on some permutation of dexterity, practical knowledge, theoretical knowledge and social ability. However, its core meaning resides in the idea of dexterity and hand-eye co-ordination and has been expanded, not without protest from some quarters, to include social abilities. The problem with the term in this new use is that it inappropriately refers to virtues or character traits, a problem also eveident with the German term '*Kompetenz*'.

Skill at a *task* is the ability to carry out that particular task. Skill in the context of a firm is the ability to do a particular *job* as specified by the employer or by a contract to carry out a commission. Skill at the level of an *occupation*, on the other hand, concerns the ability to fulfil all the tasks associated with or negotiated for an occupation. In this sense, an occupational skill is more akin to the German *Fähigkeit,* tat is industrial ability, in the sense that it implies the potential to carry out a range of related tasks rather than one specific task. However, at least in the British context, it also differs from a *berufliche Fähigkeit* in the sense that it need not imply either any significant degree of underpinning theoretical knowledge or anything like the *personale und soziale Kompetenzen* specified in the German context.

There are different levels of complexity associated with skills in each of these senses. Although a skill in the task sense may, although it usually does not, involve theoretical as well as practical knowledge, skill in the job sense often involves an array of skills in the *task* sense. What is more, skill in this latter sense requires a specification of the broader context into which the individual tasks are integrated, together with an awareness of how the job is related to other jobs. Skill at the occupational level on the other hand, involves a degree of awareness of the aims, values and social significance of the occupation as well as a knowledge of the range of tasks involved, the different ways in which these may be organised in different firms and how the occupation may alter as a result of social, economic and technological developments. In other words, skill in an occupational sense entails significant transferability between different jobs within an industry. It is also generally skill in this transferable sense that is propagated by employees, it being in their interest to acquire skills of a more long-term nature, to equip them over a working life. Employers, on the other hand, are more interested in skills in the task sense, for the immediate job in hand. Finally skill at the industry level involves knowledge of the interface with skills of other overlapping occupations, progress to higher skill levels in the industry, regulations such as health and safety, and developments in the industry.

This hierarchy of complexity in the sense of 'skill' is important because the more the concern with skill formation in the industrial and occupational sense, the more there is to learn that is non-task specific and independent of the context of the particular task in hand or even of the particular job for which one is employed. It follows that initial skill formation is likely to be a very different process according to whether one is concerned with task, job, occupation or industry. Any form of skill formation that is undertaken partly outside the workplace and that has as an outcome some form of socially recognised qualification is inevitably going to be concerned with an occupation and industry, that is a context broader than that of the individual task or job.

In comparisons across different European countries the levels of initial skill formation and training and the existing skill of the workforce in the UK are inevitably found to be lower (e.g. Clarke and Wall 1996 1998a; Crouch *et al.* 1999; Brown *et al.* 2001). At the same time, the quality of the final product and productivity levels appear also to be lower in the UK, giving rise to the low-skill equilibrium, commonly described commonly ascribed to the British economy (HM Treasury 2000; Ashton and Green 1996). The implication is that there is no absolute relation between a job or occupation and the level of skill across different countries. A carpenter in Germany, for example, may through extensive initial training or skill formation be highly 'skilled' and expected to undertake a range of different jobs and tasks. In Britain in contrast a carpenter is likely to be less 'skilled' in the sense of having received lower levels of training and expected to carry out a much narrower range of activities. Further encouragement to learning on the job at the expense of initial skill formation may actually serve to continue to prop up a low-skill equilibrium.

In the British construction industry low skills and job insecurity are clearly associated. Casual and self-employment of the majority of the workforce, low levels of initial training and the reliance on the goodwill of individual contractors – many of whom do not even employ labour directly – to take on trainees, all serve to reinforce a generally low level of skills and to militate against their further development (Clarke and Wall 1998b). In these circumstances learning on the job is often the only way to acquire skills, unlike in other countries with comprehensive and intense programmes of initial skill formation covering almost all new entrants into the industry and taking place in colleges and workshops and on sites. The result in Britain is that skills remain job- or firm-specific and therefore difficult to transfer, while people with a broad-based initial programme of skill formation, who are well versed in the more abstract skills of, for instance, mathematics, are able to set out, plan and control on their own work without supervision (Steedman 1992; Clarke and Wall 2000; Lauder 2001).

A critical issue for the progressive development of skill for workers who have moved beyond initial qualification is the provision of qualifications that allow for progression onto courses where theoretical demand is greater. England makes extensive use of the National Vocational Qualification (NVQ) Framework, which is a form of accreditation, very often on the basis of Accredited Prior Experiential Learning (APEL) and assessed largely in behavioural, task or job specific terms, rather than in terms of underpinning theoretical knowledge or occupationa/industrial awareness. NVQ Level 3, for example relies on the ability to practise in a limited number of situations rather than on the ability to apply knowledge acquired except in a very limited sense. It is thus compromised by a lack of theoretical rigour. If work-based qualifications cannot lead to progression to qualifications at higher technician and graduate level, their value as a form of career development is severely limited. For example, someone may achieve NVQ Level 3 without displaying significant mathematical knowledge (Steedman 1992). Yet in many occupations, progression to the technical or subdegree level vocational qualification of Higher National Certificates (HNC) or Diplomas (HND) is contingent upon a reasonable standard of mathematical ability.

The recently introduced theoretical vocational qualification seeks to address the lack of theoretical rigour in NVQs at Level 3 and below. However, the issue for vocational qualifications is whether or not they are capable of ensuring the integration of theoretical and practical elements. An additional qualification does little or nothing to address this issue, which would involve a much more radical restructuring of the vocational education qualification structure. However, no large-scale rethink of these lower and intermediate National Vocational Qualifications seems to be currently considered.

How to develop skills?

If applied theoretical knowledge consists both of applicable theory and practice appropriately informed by theory, what is the most effective way of developing technical skills? Applicable theory is perhaps best taught in a classroom environment where the key propositions and the logical structure of the theory can be clearly laid out and mastered. This in turn means that the NVQ APEL –based system can never be adequate for the development of such knowledge. Enough continuous time needs to be devoted to the applied theoretical elements of occupational knowledge for it to be learned and assessed systematically, rather than on a piecemeal basis. This entails that, in many cases, block rather than day release will be the appropriate allocation for college-based parts, at least for the theory elements.

Knowing applicable theory does not, however, entail that students know either when or how the theory is to be applied. This cannot be learned through instruction alone, since relevant situations need to be recognised and certain circumstances obtaining to them. At the very least, informed perception and the ability to make judgements 'in the field' is required. On the other hand, if, after having learned the elements of theory, the student is immediately put in a situation where these recognitional and judgemental abilities are required, the danger is that novices will not have a chance to fully develop their skill. The consequences of failure or less than optimum performance can be serious and damaging especially where the time-constrained flow of an operational situation and the health and safety risks attached leave little room for reflection, correction or a margin of error. Spectacular failure with ensuing damage may well wreck the student's confidence.

There is, therefore, a very good case to be made for simulation, prior to engagement in the workplace, involving the setting up of scenarios whereby the student has the opportunity to recognise situations and circumstances within which the relevant theory applies and which require a certain operation in order to achieve the desired result. Simulation allows the novice to recognise a situation, investigate the circumstances and make a theoretically informed judgement without operational pressures. It has the further virtue of allowing students to face situations and use equipment that is not yet commonly in use within the workplace, giving them a range of skills that will be relevant to operational and technical advance. Having gained the perceptual, judgemental and manipulative confidence that a simulated situation brings, the student should be ready to work in a controlled operational environment, where operational pressures are gradually brought into play. Probationary practice allows novices to build up operational confidence and to gradually expand the range of their performance into more demanding situations in which an increasing element of independent judgement is required.

Vocational education involving the acquisition of applied theoretical knowledge should therefore contain substantial elements of college-based work in which both the theoretical and the simulatory elements of the experience are introduced, followed by controlled practice in operational conditions guided and monitored by a senior worker. This suggests a model of work-based learning that differs significantly from both the traditional and the modern apprenticeship of the kind used in England. This model clearly implies an element of block rather than day attendance for the theoretical elements, a substantial amount of simulated technical practice and a structured and assessed introduction to workplace pressures. There is in addition a substantial amount of occupational and industrial as well as task knowledge to be addressed in the curriculum of the modern technical worker to do with the role of any occupation and industry in society and in its dealing with the public. The model of learning proposed is one familiar in many European countries, including Germany, the Netherlands and Denmark.

Both conceptually and in practice, the old craft-related model of learning in Britain, as reintroduced with the Modern Apprenticeship (a government subsidised scheme, usually leading to an NVQ at level 2 or level 3) is out of tune with this continental model. However any new model of learning requires that theoretical knowledge be applied in a different way, given the changes in the production process that are required or have already taken place. It can no longer rest on generalisation through induction on the basis of a range of practical experiences. A system of learning relevant theories and instances of theoretical propositions in practical situations, the deductive method, is proposed as an alternative. This could be built around three methods: block release for abstract and theoretical knowledge; simulation to understand how this is applied; and work experience. But to be effective it needs to become a combined responsibility of those who regulate it (the state and social partners), those who train, those trained, and those in the workplace who accommodate the trainee through work experience and subsequent employment, both employees and employers. Thus it can no longer be a system resting on the goodwill of the individual employer.

Searching for German equivalence

The German equivalent of 'know-how', *Können,* is not a correlate of 'skill' or 'technique' in an industrial or economic context. The Anglo-Saxon distinction between skill and qualification does not exist, a 'skilled' worker being *ein qualifizierte Arbeiter*. By implication *ein qualifizierte Arbeiter* has abilities and a recognised wage. In Britain, in contrast, a 'skilled worker' is someone whose operational ability to carry out particular tasks is recognised by the immediate employer but who is not necessarily formally trained, with the potential to carry out a wider range of tasks than those immediately confronted, and legally entitled to claim the collectively agreed rate. In this respect this Anglo-Saxon notion of skill is embedded in the particular job in hand and has a certain equivalence with 'competence'.

These differences in the ways in which work-related abilities are described and inscribed in the labour process are not merely matters of terminology. We have identified the concept of 'skill' as it is used in the English-speaking world primarily with a manipulative and/or physical ability and only secondarily with social and industrial abilities. However, *Können* is personified in the economic context by a term that indicates that the possessor of the ability is 'qualified', implying recognition at a social and legal level rather than just in relation to a particular job. It is important to realise that this is not merely a matter of having a skill certified in the Anglo-Saxon sense, but implies that a worker has the recognised and relevant knowledge to work, not only on a task or within a job, but within an industrial context. Such knowledge cannot be adequately described as a skill that just happens to have received official certification. The knowledge so certificated is propositional knowledge capable of use in a practical context in which, though manipulative and physical abilities may be required, complex judgments with a theoretical rationale are at the same time implicit.

According to Streeck, in Germany the concept of 'occupation', or *Beruf*, signifies 'a body of systematically related theoretical knowledge [*Wissen*] and a set of practical skills [*Können*], as well as the social identity of the person who has acquired these. Achievement of such an identity is certified by a diploma upon passing an examination and is on this basis recognised legally and without question by all employers and goes together with a particular status and wage grade (Brown et al. 2001, 79; Streeck 1996, 45). Analogous to this social-legal status in Germany is the situation in France:

The word *qualification* exists in both English and French but with different meanings, and in the continental countries conveys a notion that has no direct equivalent in the Anglo-Saxon countries. While in the latter the word, in its formal sense, relates to the accreditation of training, in the continental countries it expresses the articulation between credential (certificate, diploma or degree), job and wage. This articulation ...is linked ...to the functioning of the labour market in these countries. (Shore 2004, 22-23)

The German *Wissen* and *Können* – *knowing that* and *knowing how* – in this context refer jointly to applied theoretical knowledge that is specific to a *Beruf*. One may, of course, possess such knowledge outside an industrially-determined qualification structure, but it is significant that knowledge certification is related to industry rather than to job or task, being agreed by the industrial social partners – the employers and the trade unions. The more general point is that many abilities in fact embody applied theoretical knowledge and have done so for thousands of years (Clarke and Winch 2004). For example, carpentry ability depends on knowledge of geometry and an ability to apply it. In such a *Beruf*, involving the application of theoretical knowledge to the successful execution of tasks, not only does practical ability depend on the possession and use of theoretical knowledge, but both the practical and theoretical aspects of the worker's capability, which includes more than specific task competence, are systematically taught and assessed. The use of a term such as *'qualifizierte'* reflects that fact. A *Beruf* is, therefore, not really the same thing as an *occupation*, as the latter does not have the epistemic, social and legal attributes that help to make it a central part of an individual's personal and social identity as well as having a central place in the economic organisation of Germany.

There is therefore no German equivalent to the Anglo-Saxon concept of skill. Indeed in searching for equivalence of a 'skilled' worker we find that *ein qualifizierter Arbeiter* whilst possessing technical competence also has the very different characteristics of a particular social and legal status and the ability to apply theoretical knowledge in a practical industrial context.

Contrasting concepts of 'qualified' labour

In a German context a relevant *Qualifikation* is the criterion of industrial ability (*'Fähigkeit'*) and represents a socially-recognised and legally-binding guarantee that someone possesses certain kinds of knowledge (propositional, practical or both) associated with a specific *Beruf*. The nature and content of this knowledge is negotiated and agreed on by the industrial social partners, the trade unions and the employers. Acquiring it equips individuals with specific abilities to carry out a recognised range of activities, representing their readiness or *'Fertigkeit'*. Both *Fähigkeit* and *Fertigkeit* are acquired through a recognised system of vocational education provision and a recognised curriculum, certified on the basis of assessment. The ensuing *Qualifikation* guarantees that the individual bearing it is remunerated accordingly. It is awarded by a body in which employer and employee representatives of the industry concerned together with the state are involved. The *Qualifikation* thus brings with it a right to a certain position within the labour market if one is employed within the relevant industry.

The knowledge embodied in a vocational qualification in this sense is usually far greater in extent than that associated with the term 'skill' in its primary application as a physical or manipulative ability, because the *Qualifikation* is not based on task or job skill, but on a legally-controlled status and on industrial knowledge. A *Beruf*, such as electrician or carpenter, is distinct but also an integral and indissociable part of the industrial structure. In Germany, each new *Qualifikation* is subjected to lengthy negotiation with social partners at industry level in order to be recognised officially. The knowledge needed as a precondition to be admitted into a *Beruf* is assessed in the context of the industry as a whole and incorporated into the system of provision and curriculum and assessment procedures. It will typically encompass: knowledge of the industry as a socio-economic entity, including the structure and organisation of firms; relevant theoretical knowledge, such as mathematics and physics, and understanding of how it is applied; technical and practical knowledge needed to practise a particular *Beruf* in its current, likely future and even past state of development; knowledge of its relation to the rest of the industry and to other *Berufe*; legal aspects such as liability, employment and labour law; economic aspects such as cost; as well as general knowledge, civic awareness, health and safety, and environmental protection. Those, for instance, with the newly recognised *Beruf* of *Spezialtiefbauer* (civil engineering specialist) in the German construction industry are described as: carrying out tasks on the basis of technical information and instruction, both independently and in cooperation with others. They plan their work in cooperation with others on site, set up construction sites, determine the individual work steps required and take the measures required for health and safety at work and to protect the environment. They check their work for defects, measure the quantities done and hand over the site after clearing up. (BIBB 1999).

A 'qualified' worker is, therefore, someone with a much broader range of knowledge and responsibility than is necessarily the case for a skilled worker in the UK context.

One of the key aims of programmes of vocational education in Germany is to prepare workers who are able to take responsibility for a considerable range of *Arbeitsaufgaben* (crudely translated as work demands) that need to be undertaken within the parameters of the *Beruf* . Germany has long explicitly moved away from the traditional apprenticeship through its 'dual training system', set up in the 1970s under which *Lehrlinge* (apprentices) were transformed into *Auszubildene* (trainees). The *Arbeitsaufgaben* of the trainee typically include planning and organising the work, sometimes jointly with colleagues training in related activities and in other *Berufe*. The planning and organisational requirements are themselves of a more abstract nature, involving the use of ICT, calculation and the drafting of plans and diagrams. These in turn require a certain degree of applied theoretical knowledge (of geometry, for example) that is put into effect also in the execution of the work. For this reason, ICT, mechanics, geometry and algebra are often central to the curriculum of trainees in industries such as engineering or construction. Such planning and organisational skills are also, however, to be found in the curriculum for trainees in many service industries, for example the hotel business (Prais et al 1989).The knowledge involved in a recognised programme of *Berufsbildung* will embrace the range of knowledge, attitudes, virtues and skills required to be a practitioner, including the ability to negotiate and to work in teams with colleagues. This is the *Fähigkeit* associated with an occupation. But the qualification also guarantees that a worker has certain highly specific abilities or *Fertigkeiten* which are exercised in the overall context of the occupational field of activity. The English notion of 'skill' thus covers only a small part of a much more wide-ranging and complex capacity which is linked to an established occupation within an industrial structure and enjoys social and legal recognition.

This is apparent from the definition of *Beruf* in terms of its learning content drawn up by the Federal Institute of Vocational Education (BIBB) in cooperation with social partner representatives. The educational aims of learning in the *Berufschule* are clearly laid down in the three-fold *Kompetenz*, including:

- *Fachkompetenz* bezeichnet die Bereitschaft und Fähigkeit, auf der Grundlage fachlichen Wissens und Könnens Aufgaben und Probleme zielorientiert, sachgerecht, methodengeleitet und selbständig zu lösen und das Ergebnis zu beurteilen.

- *Personalkompetenz* bezeichnet die Bereitschaft und Fähigkeit, als individuelle Persönlichkeit die Entwicklungschancen, Anforderungen und Einschränkungen in Familie, Beruf und öffentlichem Leben zu klären, zu durchdenken und zu beurteilen, eigene Begabungen zu entfalten sowie Lebenspläne zu fassen und fortzuentwickeln. Sie umfasst personale Eigenschaften wie Selbständigkeit, Kritikfähigkeit, Selbstvertrauen, Zuverlässigkeit, Verantwortung und Pflichtbewusstsein. „Zur ihr gehören insbesondere auch die Entwicklung durchdachter Wertvorstellungen und die selbstbestimmte Bindung an Werte."[1]

- *Sozialkompetenz* bezeichnet die Bereitschaft und Fähigkeit, soziale Beziehungen zu leben und zu gestalten, Zuwendungen und Spannungen zu erfassen, zu verstehen sowie sich mit anderen rational und verantwortungsbewusst auseinanderzusetzen und zu verständigen. Hierzu gehört insbesondere auch die Entwicklung sozialer Verantwortung und Solidarität." (KMK 2002)[2]

Ein qualifizierter Arbeiter is, therefore, in possession of industrial knowledge, that is, the ability to apply theoretical knowledge in a practical context. In contrast, the 'skilled' worker in an Anglo-Saxon sense has skills or competence, that is, practical ability. How do we understand the difference? One key difference between the Anglo-Saxon and German systems is the process of recognition itself and the way in which new areas of activity are negotiated and valued. In Britain this occurs at an individual trade rather than industrial level, with the result that many areas of activity within an industry remain unrecognised as 'skills'. This is not new; both Marx (1976) and Smith (1910) pointed out that many occupations that require considerable degrees of mental

---

[1] These partly correspond to what the German philosopher of education, Georg Kerschensteiner, called the 'bourgeois virtues' (*bürgerliche Tugenden*) associated with a *Fähigkeit* and partly to what he called 'civic virtues' (*'staatsbürgerliche Tugenden'* – Kerschensteiner 1901).

[2] These are Kerschensteiner's 'civic virtues'.

and manual ability, not to mention the ability to form judgments from complex data, have historically been classified as 'unskilled'.

In the more recent past, involvement of the social partners in negotiating particular trades in Britain did result in their recognition as 'skilled' in the collective agreement categories. In construction, for example, in the 1970s, scaffolding was one such area. With the demise of the Joint Industry Councils and tripartite industrial training boards, however, such social partner involvement in the process of skills recognition no longer exists. Indeed, recognising particular areas of activity for NVQs has largely become employer-led. To take again the case of construction, recognition today follows lobbying of the Construction Industry Training Board by individual employer trade associations to have their area accredited for NVQs. In this employer demand-led system many activities remain unrecognised and untrained, particularly in the area of groundworks and civil engineering. Even if recognised for the purpose of NVQs, they are not then remunerated as 'skilled' occupations through collective agreements nor do they hold the guarantee that training provision is in place (Clarke and Wall 1998b). In this respect the 'skill' associated with industrial practice and a particular collectively-agreed status has increasingly become separated from 'qualification'. Attempts by the construction trade unions to negotiate the linking of wage skill grades with NVQ levels fell on deaf ears. Indeed, not only do 'skill' and 'qualification' remain distinct, but so too do 'qualifications' and 'training' provision, there being no guarantee that someone with an NVQ has had a formal training.

Conclusions

Such qualitatively different understandings of skill, practical knowledge and qualification imply different concepts of labour, as shown by Biernacki in his historical investigation into the difference between labour in Britain and Germany (Biernacki 1995). In the continental sense 'qualification' is bound up with the value of labour under legal obligation and protection and is negotiated. It represents in effect '*Arbeitskraft*' or labour power, the potential of labour (*Fähigkeit*) to fulfil particular tasks or activities (*Fertigkeit*) in an industry, a potential that is known and recognised through the *Berufsordnung*.

Training is in turn a system of 'qualification' to provide a given quality of labour. Thus in the continental setting where wage levels are linked to qualifications, the employer buys the right to deploy for a given time 'labour power' whose potential or quality is recognised and protected by law.

In the UK, in contrast, the employer pays for a particular (customary) output assessed through *in-situ* performance unrelated to the potential or quality of the labour involved. This means that the British concept of skill remains, as it was in the nineteenth century, that of 'property in skill', attached to particular tasks, with labour employed from project to project or from job to job, recruited on the basis of experience rather than qualification and rewarded on the basis of output rather than labour power or potential (EC consortium 2003).

The implication is that to develop a European framework to compare different levels of skills or qualifications requires an understanding of and indeed a transformation in the production system (Burchell *et al* 2003). This involves, as we indicate, the recognition of skills as representing the quality of labour, a quality associated with subsets of industrial activity and a particular qualification, negotiated by the industrial social partners, remunerated as such, and imparted through a system of formal vocational education. The upshot of this analysis is that an EU qualification framework that fails to take account of the fact that 'qualification' has different meanings in different languages will be extremely difficult, if not impossible to implement unless transnational categories are developed and a much clearer understanding is made available of the different uses of terms. The promulgation of the EU framework is the time to bring this problem to the attention of potential users. The danger for some of the Western European economies is that the English NVQ notions of skill and qualification will be adopted continent wide, with devastating consequences for the vocational education systems of countries such as Germany.

References

Ashton, D./Green, F.: Education, Training and the Global Economy, Cheltanham, David Elgar, 1996.

BIBB (Bundesinstitut für Berufsbildung), AWEB 'Berufliche Qualifikationen – Spezialtiefbauer/bauerin', 1999. http:/www.bib.de/redaction/aweb/1999/sptief.htm (consulted February 20th 2005).

Biernacki, R.: The Fabrication of Labour: Germany and Britain 1640-1914, University of California Press, 1995.

Brown P./Green A./Lauder H.: High Skills: globalization, competitiveness and skill formation, Oxford, Oxford University Press, 2001.

Burchell, B./Deakin, S./Michie, J./Rubery, J.: Systems of Production: markets, organisations and performance, London: Routledge, 2003.

Clarke L./Wall C.: UK construction skills in the context of European developments, Construction Management and Economics, 16, pp. 553–567, 1998a.

Clarke, L./Wall, C.: A Blueprint for Change: construction skills training in Britain, Bristol, Policy Press, 1998b.

Clarke L./Wall C.: Craft versus industry: the division of labour in European housing construction, Construction Management and Economics, 18, pp. 689–698, 2000.

Clarke L./Winch C.D.: Apprenticeship and Applied Theoretical Knowledge, Educational Philosophy and Theory, 36, 5, pp.509-521, 2004.

Crouch C./Finegold D./Sako M.: Are Skills the Answer? The political economy of skill creation in advanced industrial countries Oxford, Oxford University Press, 1999.

EC Consortium: Overcoming Marginalisation: structural obstacles and openings to integration in strongly segregated sectors, University of Westminster, Final Report to the European Commission, 2003.

HM TREASURY: Productivity in the UK: the Evidence and the Government's Approach, www.hm-treasury.gov.uk/pdf/2000/productivity7 11.pdf., 2000.

Kerschensteiner, G.: ‚Staatsbürgerliche Erziehung der deutschen Jugend' [1901]. In: Ausgewählte Pädagogische Texte, Band 1, Paderborn, 1964.

KMK – Rahmenlehrplan für den Ausbildungsberuf Industriekaufmann/Industriekauffrau. Beschluß der Kultusministerkonferenz vom 14.06.02

Lauder H.: Innovation, skill diffusion, and social exclusion. In: Brown P./Green A./Lauder H. (eds): High Skills: Globalization, Competitiveness and Skill Formation Oxford: Oxford University Press, 2001.

Marx, K.: Das Kapital, Erster Band, Europäische Verlagsanstalt, 1976.

Prais S. J./Jarvis V./Wagner, K.: 'Productivity and Vocational Skills in Services in Britain and Germany: Hotels', National Institute Economic Review, November 1989, 52-74.

Rauner, F.: ‚Rettet den Facharbeiter!', Die Zeit, Nr. 49, 1. Dezember 2005.

Shore, M.: 'Questions of Terminology' In: Clasquin B./Moncel N./Harvey M./Friot B.(eds.): Wage and Welfare: New Perspectives on Employment and Social Rights in Europe, P-I-E.-Peter Lang, 2004.

Smith, A.: The Wealth of Nations, Vols 1, 2, London: Smith, A.: The Wealth of Nations, Vols 1, 2, London: Everyman's Library, 1910.

Steedman H.: Mathematics in vocational youth training for the building trades in Britain, France and Germany, NIESR Discussion Paper No. 9, London, 1992.

Streeck, W.: 'Lean Production in the German Automobile Industry: A Test Case for Convergence Theory' In: Berger, S./Dore, R. (eds): National Diversity and Global Capitalism, New York, 1996, 138-70.

Geoff Hayward

Vocationalism and the decline of vocational learning in England

Introduction

Over the last thirty years the English Government has undertaken a series of policy initiatives that aimed to improve the vocational learning system and increase participation in it in order to meet the perceived labour market demand for intermediate and technical skills. These policies embrace a number of purposes, are directed at different age groups, and are intended to support delivery of vocational learning programmes in a broad variety of institutions. One consequence is that the English vocational learning system is still in a state of flux, as recent changes in the institutional architecture and new policy initiatives are still being implemented, and new ones, as suggested by the Tomlinson Review, are forthcoming.

In part the current concern with vocational learning can be attributed to the expansion of the education and training system that took place throughout the twentieth century. The 'education gospel' (Grubb & Lazerson, 2004) has been one of mass schooling and more education for all. Such expansion has been financed primarily through general taxation, with the justification for this expenditure from the public purse being that the skills and knowledge learnt in schools, colleges and universities would transfer to productive activities outside of educational institutions, especially the workplace. Over the last thirty years policy makers have questioned whether this is happening, or happening to a sufficient extent to warrant the continued expenditure on general education for all. In addition, there is a growing concern over those who leave school with few if any qualifications and, as a result, are at risk of social exclusion. The upshot has been a turn to an instrumental form of Vocationalism, the over-promotion of the work-related aims of secondary and tertiary education at the expense of the civic, aesthetic and moral purposes of education.

Vocationalism is a poorly defined and rather vague term, However, in the UK such developments are typically traced to the Ruskin College speech given by the then prime minister Kames Callaghan in 1976:

> "(...) parents, teachers, learned and professional bodies, representatives of higher education and both sides of industry, together with the government, all have an important part to play in formulating and expressing the purpose of education and the standards that we need. (...) There seems to be a need for more technological bias in science teaching that will lead towards practical applications in industry rather than towards academic studies. (...). Then there is the concern about the standards of numeracy of school-leavers. (...) To what extent are these deficiencies the result of insufficient co-operation between schools and industry? The goals of our education, from nursery school through to adult education, are clear enough. They are to equip children to the best of their ability for a lively, constructive, place in society, and also to fit them to do a job of work. Not one or the other but both. For many years the accent was simply on fitting a so-called inferior group of children with just enough learning to earn their living in the factory. (...) There is no virtue in producing socially well-adjusted members of society who are unemployed because they do not have the skills. (...) In today's world, higher standards are demanded than were required yesterday and there are simply fewer jobs for those without skill."[1]

However, Vocationalism is much older than this and there is a long tradition of regarding education as the route to economic success. Ryan (2003, p. 147) argues convincingly that '[t]he past century can be termed the century of Vocationalism, an era in which the expansion and vocationalism of school-based education went hand in hand.' Thus, in the UK the vocationalist imperative can be traced from at least the Samuelson Commission on Technical Instruction (1882-84) to the present day. However, the last thirty years, since the oil crises of the 1970s and the acceleration in the decline of UK manufacturing industry, have seen an intensification of vocationalism. The outcomes of this have been the increasing number of vocational learning opportunities and qualifications at upper secondary and tertiary level in the

---

[1] Callaghan (1976).

UK (and to some extent in all developed economies across the world). But to what extent have these reforms been successful in meeting the twin policy objectives of boosting the supply of intermediate vocational and technical skills and increasing social inclusion?

This paper focuses on the impact of these changes on the vocational learning system for 16-19 year olds and argues that both the total quantum of vocational learning has decreased and that the quality of that learning has declined. The paper is divided into four sections. The first sets out the basic framework of qualifications and institutions that deliver education and training for 16-19 year olds. The second focuses on ultimate and proximate policy priorities. The third section investigates changes in the patterns of participation amongst 16-19 year olds over the last twenty years. The fourth, and concluding section, provides a critical overview of the changes in patterns of participation.

1. Qualification Frameworks and Institutions

In England qualifications are a key driver of vocational education and training reform (Stasz and Wright, 2004) and, as we will see in the next section, policy imperatives to increase the skills of the work force typically take the form of setting targets for achieving an increased supply of qualifications at different levels. This language of levels is taken from the National Qualifications Framework (NQF) and for the purposes of this paper we are mostly concerned with qualifications at Levels 1, 2 and 3 in the NQF (Figure 1).

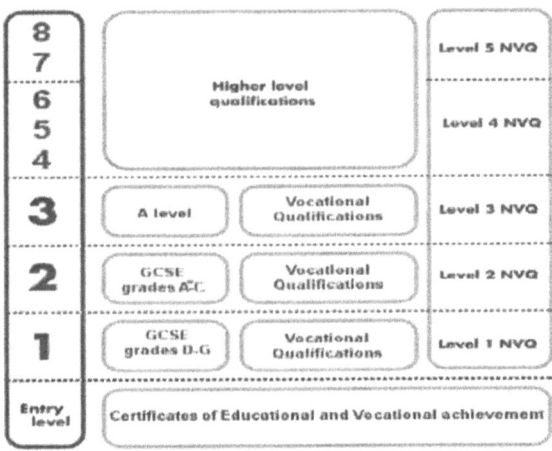

Figure 1: The English National Framework for Recognising Achievement

Qualifications at these levels are loosely grouped into three broad tracks (Figure 1):

- The *general or academic track*, with General Certificates of Secondary Education (GCSE) and GCE AS/A levels. The former are normally taken by young people at the end of compulsory schooling and are graded from A* – G. Obtaining five of these qualifications at grades A*-C is equated with achieving a Level 2 qualification.

- The *general vocational track* contains a variety of different types of vocational qualifications including Foundation (Level 1) and Intermediate (Level 2) General National Vocational Qualifications (GNVQ) and Vocational Certificates of Education (VCE) a Level 3 qualification that replaced Advanced GNVQ in 2000;

- The *occupational track* consists of learning certificated by the award of National Vocational Qualifications (NVQs).

In addition, to the qualifications contained with the National Qualifications Framework there are several thousand vocational qualifications in common use in England that lie outside the regulatory framework, for example vendor qualifications. We know very little about the uptake of these qualifications (see Hayward, forthcoming; Unwin et al., 2004).

The end of compulsory schooling in England occurs at the age of 16. At this juncture young people need to decide whether to stay in education or training or to leave, typically to enter the labour market. For those who decide to stay there are a number of different ways of participating in 16-18 education and training:

- A school sixth form can offer both academic and vocational courses[2]
- Sixth form colleges
- Tertiary and General Further Education (Further Education) Colleges
- Work-based learning including government supported apprenticeship programmes with or without day release. Such study can be overseen by either an employer (about 5% of apprentices) or by a private training provider which can be either a Further Education college, a group training provider, a community provider or a private for profit organisation.

Participation in vocational learning in Maintained Schools and Sixth Form Colleges is usually undertaken on a full-time basis. Most students in Further Education colleges now participate on a full-time basis though there are still a proportion of 16-19 year olds who participate on a part-time basis through, for example, day release from apprenticeship programmes. Using this framework as a background the next section sets out the policy aspirations for the 16-19 phase.

2. Qualification supply and skill demand

The ultimate goals of the further expansion of the vocational learning system in the United Kingdom are economic growth, to be achieved by raising productivity, and social inclusion to be achieved through increasing the employ-

---

[2] There are a wide variety of school types in England with a large and influential private sector of public schools. In this paper we are only concerned with Maintained Schools which are publicly funded.

ability of those with few if any qualifications. Of particular public policy concern is the perceived deficiency in intermediate vocational skills in the UK economy. For example, the National Skills Task Force (DfEE, 2000) reiterated a long-held belief that the UK was deficient in the area of intermediate occupations (technician and higher craft level) whilst the LSC's (2003, p. 17) Skills in England report commented that 'basic literacy and numeracy, and intermediate vocational and technical skills, may account for the UK's comparatively low productivity compared to its competitors.'

In public policy the lack of workers with intermediate vocational skills is usually equated with a lack of people with Level 3 vocational qualifications. Using this metric, Steedman et al. (1998), for example, argued that an inadequate supply of people holding intermediate vocational qualifications was the main cause of the poor productivity record in most sectors of the UK economy. There is some evidence to support this view. For example, rates of return analyses consistently find a positive return for those holding Level 3 vocational qualifications relative to those holding no qualifications. By contrast, there is no measurable return for those holding Level 2 vocational qualifications compared to those holding no qualifications. This suggests that holders of Level 3 vocational certificates have skills which increase their productivity and for which employers are willing to pay a premium. In terms of meeting policy objectives to increase the supply of intermediate skills the vocational learning system must, therefore, deliver an increasing number of people with Level 3 qualifications. For example, the final report of the National Skills Task Force predicted that by 2010 70% of all workers would need a Level 3 qualification in order to meet the growing demand for intermediate vocational skills. However, this begs two questions of importance for this paper: what are intermediate vocational skills and how do qualification levels in the National Qualifications Framework relate to such skills?

2.1 What are intermediate vocational skills?

Two main categories of intermediate occupation are identified by Mason (2001: 8):
- *higher intermediate*: for example, technicians in manufacturing or 'associate professional' occupations in service industries (typically requiring

high-level vocational qualifications and training which nonetheless fall short of degree standard);

- *lower intermediate*: for example, craft-level occupations typically requiring an apprenticeship (or equivalent) training.

This classification alerts us to the difficulty of producing a definition of intermediate level vocational skills that could be applied across the whole economy: the definition will vary between sectors and occupations. This problem is implicitly recognised in the specification of National Vocational Qualifications which, at the same level of qualification, vary in both size and demand depending upon the industrial sector and the occupation. In some sectors, Level 2 qualifications may suffice to meet demands for intermediate levels of vocational skill. In others, the need may be for people holding qualifications intermediate between current Level 3 qualifications and a degree, a need that Foundation Degrees are intended to meet.

Thus, equating an increased supply of people holding Level 3 vocational qualifications with meeting the perceived intermediate skill needs of the UK economy is more problematic than it seems.

2.2 Technical and generic skill demands

In addition, it is necessary to consider not just the level but also the type of skills in demand in the labour market. On the one hand, employer skill surveys consistently identify major skills shortage vacancies[3] resulting from the inadequate supply of craft and technical skills to meet replacement demand in sectors such as engineering and construction. Such skills have traditionally been produced through apprenticeship, which allows for the long learning process needed to develop the requisite level of competence in skilled craft occupations. Skills gaps[4], on the other hand, are predominantly the result of a perceived lack of generic skills, such as communication and customer handling skills (Mason and Wilson, 2003). The available evidence suggests that such generic skills are both context dependent and difficult to deliver and

---

[3] Skills shortage vacancies are vacancies that employers find hard to fill for skill related reasons.
[4] Skill gaps are defined as occurring when employers regard some of their staff as not being fully proficient to meet the requirements of their job role.

certify via a school based VET system (Hayward and Fernandez, 2004; Stasz et al. 1996).

Thus, the distribution of skill shortage vacancies and skills gaps across different sectors of the economy suggests that the vocational learning system should be focusing on developing high levels of technical and practical skills in some areas, for example construction and engineering, but devoting greater attention to generic skills in other areas, such as the retailing and hospitality sectors (Hogarth and Wilson, 2004; Mason and Wilson, 2003; LSC 2004a).

The next section of the paper relates how far changes in participation in different types of qualification and in different types of institution over the last twenty years have met these policy goals.

3. Participation 16 –19

This section examines broad trends in participation in order to characterise the current 16-19 education and training system in England relative to the position in the mid 1980s and to other OECD countries.

3.1 Overall participation rate

Between 1986 and 1993/94 the rate of participation in the 16-19 education and training system in England increased rapidly but participation rates have now remained more or less static for a decade (Figure 2). Participation rates for 16 year-olds are highest, and range between 80-90% of the cohort. Rates for 17 year-olds increased more sharply, from about 58% to 80% by the early 1990s, declining slightly by 2002. In 1985, only 40% of 18 year-olds participated, a rate which rose steadily until 1993 to about 60% and subsequently levelled off. Provisional figures for 2003 indicate that in England 87% of 16 year-olds, 80% of 17 year-olds, and 60% of 18 year-olds were participating in some form of education and training during the course of that year (DfES, 2004). Over the entire 16-18 age cohort this means that 75% were involved in some form of education and training, 16% were in employment without formal training leading to qualifications and 9% (about

177,000 young people) were not in education, employment or training (NEET).

The 16-19 system in England appears, therefore, to have reached a new equilibrium position in the early 1990s, with increased rates of participation amongst all age groups. However, rates of participation still remain below those found in most other OECD countries (Table 1). Thus, the system still cannot be characterised as being a high participation one. This is primarily due to the progressive loss of learners between the ages of 16 and 19 resulting in a medium participationsystem with a high rate of attrition.

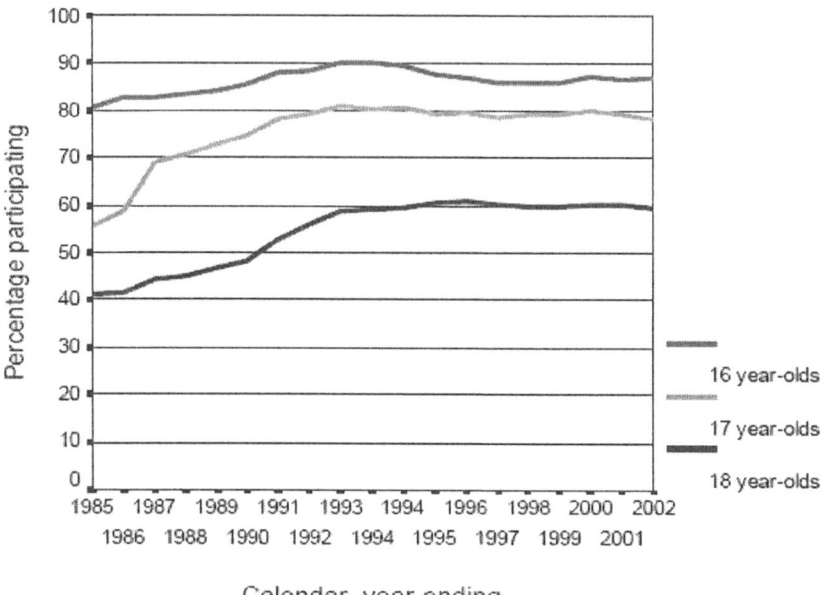

Figure 2: Total participation in education and training by 16-18 year-olds in England: 1985-2002.

Table 1: Enrolment rates of 15-19 year olds in OECD countries: 2001. (Full-time and part-time students in public and private institutions)

Country	Percentage of 15-19 year-olds enrolled	Country	Percentage of 15-19 year-olds enrolled
Australia	81.1	Luxembourg	78.1
Austria	76.9	Mexico	41.0
Belgium	91.0	Netherlands	86.2
Canada	75.0	New Zealand	73.0
Czech Republic	87.8	Norway	85.3
Denmark	82.9	Poland	85.5
Finland	85.3	Portugal	73.3
France	86.6	Slovakia	74.6
Germany	89.4	Spain	80.1
Greece	77.0	Sweden	86.4
Hungary	79.0	Switzerland	83.3
Iceland	79.2	Turkey	30.0
Ireland	80.9	United Kingdom	74.7
Italy	72.2	United States	77.6
Korea	79.3	Country Mean	77.7

Source: OECD (2002) Education at a glance. Paris: OECD.

3.2 The Demography of the 16-18 Age Cohort

Interpreting changes in percentage participation rates alone can obscure the fact that there were considerable changes in the size of the 16-19 age cohort between 1985 and 2002 (see Figure 3). The importance of this demographic change should not be under-estimated as an institutional driver in a marketised education and training system where money follows the learner. The educational policy framework and institutional incentives established by the Conservative governments of the 1980s and 1990s, combined with the changing size of the age cohort, provide strong institutional incentives to change recruitment processes and criteria. Comparing figures 2 and 3 it is clear that overall participation rates increased at the same time as the size of the age cohort was decreasing. Put crudely, this suggests that, as the size of the age cohort declined, institutions could not afford to be as selective if they were to maintain student numbers and the associated levels of funding. As student numbers rose again in the mid 1990s, with an increasing proportion of 16 year-olds achieving 5+ A*-C GCSEs, institutions could afford to be more selective.

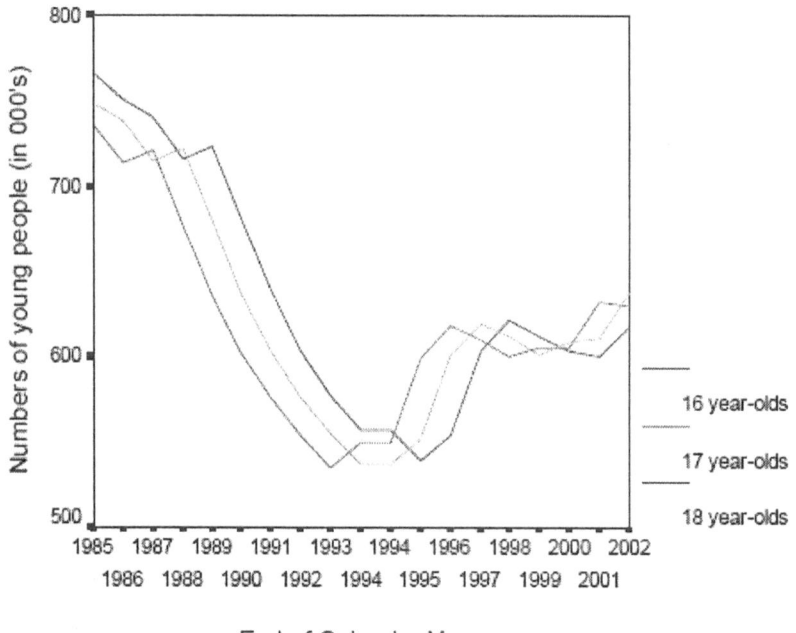

Figure 3: The number of 16-18 year-olds: 1985-2002

An additional implication of the increase in the size of the age cohort since the mid 1990s is that, despite static participation rates from the early 1990s, institutions providing education and training for 16-19 year olds will have experienced an increase in the number of learners from 1994/5 onwards. Thus for these institutions the situation over the last decade will have felt like one of growth rather than one of stasis.

The mode of participation has changed over the last decade
In the early 1980s, the UK was characterised by the OECD (1985) as having a 'mixed' model of post-compulsory education and training. Such a model was intermediate between the 'dual system' of the German speaking countries and the school[5] based model of most other OECD countries. 'In the mixed model, schools represent the largest form of provision but participation is low; schools are complemented by a less formal sector of mainly work-based education.'(Raffe, 1999, p.39)

The validity of this categorisation is confirmed by examining participation data from the 1970s. For example, in 1975/76[6] only one quarter of 16-18 year olds in the UK were attending either school or college full-time. Of the remainder, 65% were employed (with a proportion of these attending further education colleges on a part-time basis) with 8% unemployed. The collapse of the youth labour market in the late 1970s and early 1980s resulted in both an increase in unemployment and an increase in participation in post-compulsory education and training, primarily through Youth Training. Thus, by 1984/85 27% of 16-18 year olds in the UK were participating in full-time education, 42% were in employment, 18% were unemployed and 10% were in Youth Training programmes. This is the epitome of the mixed model:

- low overall participation in post-compulsory education and training with most of that participation concentrated in schools and further education colleges;
- backed up by a more informal sector represented by Government Supported Training, such as the Youth Training Scheme, and a declining apprenticeship system, which emphasised on-the-job learning supported by some day release to further education colleges.

Underlying the overall increase in participation seen in the late 1980s and early 1990s (Figure 2) was a large increase in the proportion of young people choosing to follow the full-time education route. This was accompanied by a decline in participation in work-based training routes sponsored by the government and employers (Figure 4). Consequently, the mode of participa-

---

[5] School is used here in a wide sense to include both schools and various types of further education college.
[6] At this time data was presented by academic year, i.e. from September in one year to the August of the following year.

tion in post-compulsory education and training changed radically as participation rates increased, so that the system shifted towards a more school based model.

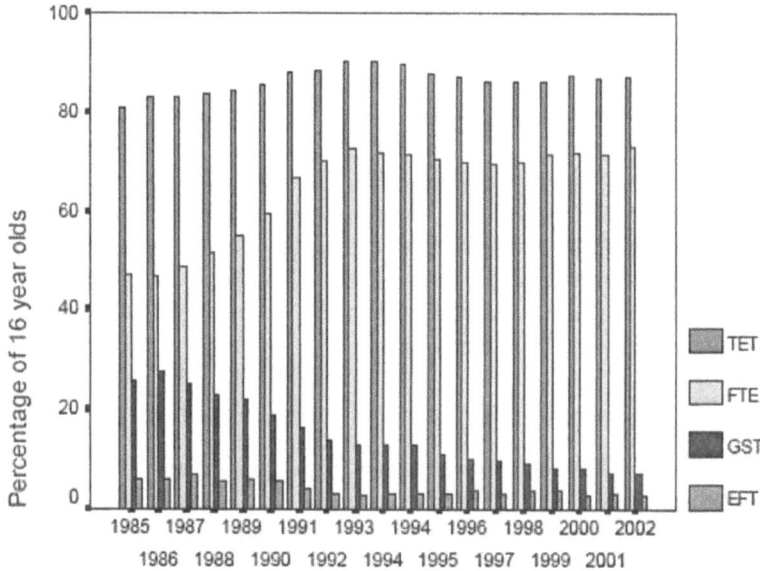

Figure 4: The percentage of 16 year-olds participating in different modes of education and training. TET = Total Education and Training; FTE = Full-time education; GST = Government-supported training; EFT = Employer-funded training. Source: DfES (2002, 2004)

The provision made for government supported training[7] for 16 year-olds changed several times over the time period, for example from Youth Training to National Traineeships, the introduction of Modern Apprenticeship (MA) and then Foundation and Advanced Modern Apprenticeship (FMA)[8]. How-

---

[7] Now called Work Based Learning for Young People.
[8] In England, FMAs were renamed Apprenticeships and AMAs Advanced Apprenticeship in May 2004. In addition to apprenticeship programmes a variety of other work-based

ever, none of these policy reforms and revamping of provision has completely halted the decline in the proportion of 16 year-olds participating in Government Supported Training, which fell from a quarter of 16 year-olds in 1984/85 to just under 7% in 2002/03. There is some evidence that this proportion is currently increasing, albeit slowly.

Institutionally, England has moved towards a more school based 16-19 education and training model. The work-based route still exists, its virtues are still actively promoted by government policy, and it is clearly important as a means of participating for some 16-19 year-olds. However, viewed in the long run, its popularity has declined considerably, whereas the popularity of participating via the full-time route has continued to increase. The implications of this for the type of vocational learning experienced are potentially quite profound, as young people increasingly engage with weakly vocational school-based programmes, such as GNVQ and AVCE, rather than stronger forms traditionally associated with, for example, apprenticeship and BTEC National Diplomas (Stanton, 2004).

3.3 Participation in full-time vocational learning

At the end of compulsory schooling young people who decide to stay on in full-time education and training have to choose the level and type of programme they wish to follow and the institution in which they wish to study. It is the exercise of this choice that has produced the greatest changes in patterns of participation amongst 16 and 17 year olds in the last decade. Overall participation in Level 3 programmes, both GCE A level and the vocational alternatives, amongst 16 year olds more than doubled from 20.7% in 1985 to 45.3% by 2002. Some of this increase occurred during the period of expansion between the mid 1980s and the early 1990s. However, over the last decade, when overall participation rates have been static (Figure 2), participation at Level 3 amongst 16 year olds increased by nearly 16 percentage points.

At Level 3 three quarters of sixteen year olds studying full-time are taking GCE AS/A levels. The majority taking vocational qualifications at this level are in Further Education and Tertiary colleges. However, the proportion of

---

learning opportunities exist in England including Entry to Employment (E2E) and NVQ Learning. In addition, there are active labour market policies such as the New Deal for Young People which also provide access to learning opportunities.

sixteen year-olds studying for Level 3 vocational qualifications in Maintained Schools has quadrupled in the last decade to almost 13% of 16 those on Level 3 provision by 2002. The proportion of sixteen year olds participating via this route has also tripled in Sixth Form Colleges to 17% of those on Level 3 provision. By contrast participation rates in this pathway have increased by only 10% in Further Education and Tertiary Colleges to 60% of those on Level 3 provision.

Participation rates in Level 1 and 2 programmes amongst 16 year olds also increased at the time of expansion, from 10% in 1985 to nearly one quarter of 16 year olds by 1995. There was a particularly sharp increase in the proportion of 16 year olds taking Level 1 and 2 programmes in 1992/93 following the introduction of Foundation and Intermediate GNVQs. These qualifications substituted in part for academic GCSE retake provision, with the result that the proportion of 16 year olds taking GCSEs in the first year of post-compulsory education declined steadily, from 11% of the age cohort in 1991 to slightly more than 2% by 2002. However, the proportion of sixteen year olds taking Level 1 and 2 vocational qualifications also fell from the mid 1990s, reaching 16.6% of the age cohort by 2002.

This decline in the participation rate in Level 1 and 2 programmes amongst 16 year olds has occurred primarily in Maintained Schools and Sixth Form Colleges rather than in Further Education and Tertiary colleges. In Maintained Schools, for example, the proportion of sixteen year old learners on Level 1 and 2 provision has declined by nearly 70% over the last decade, whereas in Further Education and Tertiary colleges this proportion has declined by only 1%. This is largely the result of the proportion of 16 year olds on Level 1 and 2 vocational provision in Further Education and Tertiary colleges remaining relatively constant compared to Maintained Schools, where the proportion of such learners has halved in the last ten years.

Underneath the apparently static post-compulsory participation rates since the mid 1990s there has been, therefore, a range of more subtle shifts in participation taking place in England. These have included

- a shift to a more school-based model;
- an increase in participation at Level 3 with a concomitant decline of participation at Levels 1 and 2, which is symptomatic of both increasing GCSE attainment and the ongoing challenge of attracting less well qualified learners to participate;

- an increasing proportion taking Level 3 vocational qualifications, particularly in schools and sixth form colleges following the introduction of Advanced GNVQs;
- a growing division of labour between Maintained Schools and Sixth Form Colleges on the one hand and Further Education and Tertiary Colleges on the other with, in particular, Level 1 and 2 vocational provision becoming concentrated in Further Education and Tertiary Colleges;

All of these trends are indicative of a system of education and training still in a state of flux. But to what extent have these changes resulted in an improved vocational learning system that meets the twin aims of renewing the nation's stock of intermediate and technical skills and promoting social inclusion?

4. Performance against policy targets

This section considers the current performance of the system against the twin policy targets of increasing the supply of intermediate and technical skills and increasing social inclusion.

The skilling agenda

The growth in participation in Level 3 vocational provision should be, at first sight, good news for policy makers. However, the extent to which this growth has qualified young people for jobs (Green and McIntosh, 2002; Fernandez and Hayward, 2004) by providing them with the skills needed in the labour market needs to be assessed.

The development of a more school/college based model of vocational learning, and the pattern of differential growth in Level 3 vocational learning across institutions, can be attributed in part to the introduction of GNVQs in 1992/93. These new qualifications provided Maintained Schools and Sixth Form Colleges with a weak vocational pathway at Level 3 that they could offer to young people who had attained some GCSEs at A*-C by the end of compulsory schooling but not enough to progress onto an academic A level programme.

Strong vocational programmes are those where the expressed intention is to ensure that young people develop the necessary skills and knowledge needed to enter the vocation in question. Such programmes would include traditional forms of apprenticeship and programmes associated with certain qualification such as BTEC National Diplomas and Certificates. The delivery of such programmes requires considerable investment in both resources and staff, who must have the necessary occupational skills and knowledge to support the learning of young people. Weaker vocational programmes are more associated with learning about a particular occupational area, which can be delivered with far fewer resources and less specialised staff. Qualification such as General national Vocational Qualifications and Advanced Vocational Certificates of Education take this form, the latter qualification being criticised by the education inspectorate (Ofsted) as being neither very advanced nor very vocational (Ofsted, 2004).

In addition, the Foundation and Intermediate GNVQs provided an alternative to GCSE retakes. This provision could be implemented relatively cheaply because its weakly vocational nature meant that only a moderate investment was needed in new plant and staff development. Consequently practically all of the growth in Level 3 Vocational learning in Maintained Schools and Sixth Form Colleges involved these new qualifications though, as we have seen, the popularity of Level 1 and 2 vocational provision has subsequently declined in these institutions. As the number of 16 year olds increased from the mid 1990s onwards (Figure 3), Maintained Schools and Sixth Form Colleges have increasingly focussed their attention on Level 3 provision, leaving Further Education and Tertiary colleges to offer the bulk of Level 1 and 2 vocational provision.

Within Further Education and Tertiary Colleges Level 3 vocational provision based upon GNVQs/VCEs has always been less popular than provision based on stronger vocational qualifications such as BTEC National Diplomas and City and Guilds certificates. However, there has been only a 7% increase in participation in these stronger vocational programmes at Level 3 over the last decade. Thus, whilst participation in Level 3 vocational learning amongst 16 year olds has increased, it has been primarily in the weaker vocational programmes offered in Maintained Schools and Sixth Form Colleges. The extent to which this sort of expansion in Level 3 vocational learning will meet the demand for intermediate and technical level vocational skills in the labour market is open to question.

This becomes even more obvious when we examine the proportion of 16-18 year olds taking different VCEs[9]. Across all types of VCE award IT is the most popular subject with, for example, 58% of entries at VCE AS, 33% in the six unit award and 20% in the double award in 2002/03 (DfES, 2004). However the four VCE subject areas that map most closely to the sectors in the labour market reporting skills shortage vacancies – construction, engineering, manufacturing and science – accounted for only 3% of entries amongst 16-18 year olds in the six unit award and 6% of entries in the double award. By contrast the 4 subject areas that map to service sectors which reported few if any skill shortage vacancies – business, health and social care, leisure and recreation, and travel and tourism – accounted for 56% of all entries to the six unit award and 60% of entries to the double award in 2002/03. This is not to decry the value of these programmes, or the achievement of young people, but merely to highlight that there is not a good match between the subjects being studied on these weakly vocational courses and the actual pattern of skills shortage vacancies in the labour market. Thus, even though participations in Level 3 vocational learning amongst 16-19 year olds is increasing it is not doing so in a way that is likely to satisfy labour market needs or remedy the long standing shortage in intermediate and technical skills.

Research also indicates that young people pursuing these weakly vocational options at Levels 1 and 2 may be doing so in order to provide themselves with a general education rather than through any particular commitment to the vocational area they are studying (Wahlberg & Gleeson, 2004). For those requiring a second chance learning opportunity at 16 arguably what is needed is a purpose built programme of general education to enable the development of, for example, literacy and numeracy skills. Without the development of such skills there is little chance of progressing to and being successful at Level 3. Yet all that is on offer (in the main) are Level 1 and 2 vocational programmes which have no discernible return in the labour market (Dearden et al.).

For those studying at Level 3 there is also the welcome opportunity to use these vocational programmes as a stepping stone to Higher Education rather than using the qualifications as a means for entering the labour market at 18 years of age. Indeed to reach the 50% Higher Education target will, on

---

[9] VCEs come as either 3 unit (AS), 6 unit (A level) or 12 unit (double) awards.

current performance, require every person achieving a Level 3 qualification of whatever type to progress into Higher Education. This would result in a hollowing out of the skills profile with an increasing proportion educated to Level 4 and another group with Level 2 qualifications and below. This suggests the possibility at least of an acceleration of the trend for intermediate and technician level positions being filled by graduates (see Mason, 2001; Keep and Mayhew, 2004).

The social inclusion agenda

The full-time 16-19 vocational learning system has become more inclusive as the range of provision has diversified (Hayward et al. 2004). Nonetheless, certain groups of young people – boys, those with less skilled and less qualified parents/guardians, and white young people – remain significantly less likely to participate at 16 and 17 years of age. An indicator of low efficiency is that the system still has difficulties retaining learners as they age. In addition, the post-compulsory vocational learning system still appears to be relatively ineffective at attracting the least well qualified. Substantial improvements in participation at 16 amongst those with the poorest levels of academic attainment and with weakened learner identities will, therefore, be needed to meet the various targets and public sector agreements set by the English government.

However, reducing the size of the key target groups, those that leave the system at 16 and 17 years of age, seems to be a difficult policy objective to realise. Despite several reforms and initiatives, the proportion not in education or training at 16 and 17 actually increased between 1992 and 2002, largely as a result of the decline in the popularity of Government Supported Training.

The effect of this decline in the popularity of Government Supported Training on system performance is most acute for those with the lowest levels of academic attainment at the end of compulsory schooling. For example, in 1989 55% of those who achieved 1-4 GCSEs at grades D-G were in some form of post-compulsory education and training – 14% in full-time education and 41% in government supported training.[10] By 2002, only 47% of such youngsters remained in education and training after the age of 16, 32% in

---

[10] These data come from analysis of the Youth Cohort Survey.

full-time education and 15% in Government Supported Training, whilst 30% were in a job (either full- or part-time) without formal training leading to qualifications and 22% were in not in education, employment or training. By contrast, participation rates from those with 5+ GCSEs at grades A*-C consistently exceed 90% throughout the time period.

5. Conclusion

The descriptive analysis presented above demonstrates that over the last twenty years England has witnessed a major restructuring of the educational careers of 16-19 year olds. Participation rates increased sharply from the middle of the 1980s to the early 1990s and then stabilised. Underlying this overall trend was a large increase in the proportion of young people choosing to follow the full-time education route. This resulted in a continuing decline in participation in work-based training routes sponsored by the government and employers. Further Education and Tertiary Colleges continue to be the main providers of vocational learning opportunities at all levels.

Participation in vocational learning at Level 3 in full-time education has increased. However, three quarters of 16 year-olds who choose to stay on and pursue Level 3 qualifications opt to study for GCE A/AS levels rather than vocational courses. Furthermore, the decline in participation in the work-based routes means that fewer learners were engaged in vocational learning in 2002 compared to 1989 (Payne, 2003).

The evidence also suggests a significant shift in the quality of vocational learning being undertaken. The increase in participation in vocational learning is mainly due to an increased proportion of the age cohort studying for weakly vocational school-based Level 3 vocational qualifications. Such qualifications map very poorly to the distribution of skills shortage vacancies in the English economy. The more popular full-time vocational qualifications do, however, reflect the growth in employment in certain sectors of the English economy, notably the service sectors. However, these sectors primarily identify generic skills as there major skill need and the extent to which weakly vocational qualifications develop these skills is also open to question.

The decline in the work-based learning route has differentially affected those with lower attainment at the age of 16. Many of these young people now enter the labour market at 16, taking jobs that seem to offer little if anything in the way of training. The effect of thirty years of vocational education and training policy in England, spurred on by the rhetoric of new Vocationalism, has not strengthened vocational learning or offered a meaningful vocational education for lower attaining students. Rather the outcome has been the development of a largely school based system of weak vocational learning which serves its clients and the economy poorly. Time will tell if the new reforms proposed by Tomlinson will have any impact on this sad state of affairs.

References

DfEE: Skills for all: proposals for a National Skills Agenda: Final Report of the National Skills Task Force, 2000. Online http://www.skillsbase.dfes.gov.uk/downloads/SKT28.pdf (accessed May 2003)

DfES: Participation in Education, Training and Employment by 16-18 Year Olds in England: 2000 and 2001. London: Department for Education and Skills, 2002. Online www.dfes.gov.uk/rsgateway/DB/SFR/ (last accessed June 2004).

DfES: Participation in Education, Training and Employment by 16-18 year olds in England: 2002 and 2003, SFR 18/2004, London: DfES. Online www.dfes.gov.uk/rsgateway/DB/SFR/ (last accessed June 2004).

Fernandez, R./Hayward, G.: Qualifying for a job: an educational and economic audit of the English 14-19 education and training system. Oxford and Warwick Universities: SKOPE, 2004.

Green, F./McIntosh, S.: Is there a genuine underutilisation of skills amongst the over-qualified? Oxford and Warwick Universities: SKOPE, 2002.

Grubb, N./Lazerson, M.: The education gospel and the vocational transformation of schooling. Boston, MA: Harvard University Press, 2004.

Hayward, G.: Participation, progression and success in vocational learning: a quantitative analysis of system performance. London: Learning and Skills Research Centre, (forthcoming).

Hayward, G./Fernandez, R.: From core skills to key skills: fast forward or back to the future? Oxford Review of Education, 30 (1), 2004, p. 117-146.

Hayward, G./Hodgson, A./Johnson, J./Keep, E./Oancea, A./Pring, R./Spours, K./Wright, S.: Nuffield Review Annual Report 2003-04, 2004. Online www.nuffield14-19review.org.uk

Hogarth, T. and Wilson, R. (eds): Skills in England 2003: Key Messages. Coventry: LSC. © HAYWARD (2004), 2004. www.bwpat.de/7eu – bwp@ issue 7; ISSN 1618-8543 16.

Keep, E./Mayhew, K.: The Economic and Distributional Implications of Current Policies on Higher Education. Oxford Review of Economic Policy, 20, 2004, p. 298-314.

LSC: Skills in England 2002 – Volume 1. Coventry: LSC., 2003.

LSC: National Employers Skills Survey: Key Findings. Coventry: Learning and Skills Council, 2004.

Mason, G.: The mix of graduate and Intermediate-level skills in Britain: what should the balance be? Journal of Education and Work, 14 (1), 2001, p. 5-27.

Mason, G. and Wilson, R. (eds.): Employer Skills Survey: Nes Analyses and Lessons Learend, 2003. Online www.skillsbase.dfes.gov.uk/Downloads/ESSNA.pdf (accessed March 2004)

OECD: Education and training after Basic Schooling Paris: OECD, 1985.

OECD: Education at a glance. Paris: OECD, 2002.

Payne, J.: Vocational Pathways at Age 16. Nottingham: DfES, 2003.

Raffe, D.: A sociological framework for analysing labour-market influences on education. In: Nijhof, W.J. and Brandsma, J. (eds). Bridging the Skills Gap between Work and Education. Dordrecht: Kluwer Academic Publishers, 1999.

Ryan, P.: Evaluating vocationalism, European Journal of Education, 38(2), 147-162, 2003.

Stanton, G.: The organisation of full-time 14-19 provision in the state sector. WP13. Online www.nuffield14-19review.org.uk/documents.shtml, accessed September 2004.

Stasz, C., Ramsey, K., Eden. R., Melamid, E. and Kaganoff, T.: Workplace skills in practice: Case studies of technical work. Santa Monica: RAND, 1996.

Stasz, C. and Wright, S.: Emerging policy for vocational learning in England. Will it lead to a better system? London: Learning and Skills Research Centre, 2004.

Steedman, H., Gospel, H. and Ryan, P.: Apprenticeship: a strategy for growth. London: Centre for Economic Performance, 1998.

Unwin, L., Fuller, A., Turbin, J. and Young, M.: What determines the Impact of Vocational Qualifications? A Literature Review. Nottingham: DfES, 2004.

Wahlberg, M. and Gleeson, D.: 'Doing the Business': paradox and irony in vocational education – GNVQ Business Studies as a case in point. Journal of Vocational Education and Training 55 (4), 423-446, 2004.

IV. Lehrerbildung

Walter Jungmann

Interkulturelle Kompetenz als Anforderung an Schulqualität und Lehrerbildung

1. Problemzusammenhang

Dass wir heute in einer „offenen Gesellschaft" (Popper) leben, in der weltweite Wanderungsströme und Fluchtbewegungen, eine internationalisierte Ökonomie, transnationale politische Institutionen, aber auch Massentourismus und moderne Informations- und Kommunikationsmedien unser Leben beeinflussen, ist schlicht eine Binsenweisheit. Und auch die Feststellung, dass vor diesem Hintergrund heute für immer mehr Menschen der unmittelbare Kontakt mit den unterschiedlichsten kulturellen, ethnischen und religiösen Sitten und Gebräuchen sowie mit anderen Sprachen zur alltäglichen Erfahrung gehört, wird von niemandem mehr bezweifelt.

In gleicher Weise gilt dies für die Feststellung, dass auch Erziehung, Unterricht und Ausbildung von den mit Individualisierung und Pluralisierung bezeichneten Veränderungsprozessen nicht unberührt geblieben sind. Und auch die Einsicht, dass sprachlich-kulturelle Heterogenität und Vielfalt zu den zentralen Herausforderungen pädagogischen Handelns zählen, hat sich mittlerweile bis zu den Verantwortlichen für die Lehrerbildung und bis in die Schulverwaltungen herumgesprochen.[1] Mit wenigen Strichen lässt sich die Problemskizze zeichnen, die die pädagogischen Experten für *das* Interkulturelle auf den Plan rief. Wie ein Blick in die einschlägige Literatur nun zeigt, sind deren aktuelle Debatten von der Auseinandersetzung um die Frage nach dem angemessenen Verständnis von „interkultureller Kompetenz" geprägt.[2] Angesichts der verbreiteten technologischen Verkürzung des Kompetenzbegriffs kann es nicht überraschen, wenn interkulturelle Trainings und Semi-

---

[1] Vgl. hierzu u. a. den Beschluss der KMK „Standards für die Lehrerbildung: Bildungswissenschaft" vom 16.12.2004, sowie Walter Jungmann/Fotini Triantafillou (2004).
[2] Vgl. hierzu u.a. Georg Auernheimer (2002) sowie Alexander Thomas (2003).

narangebote, die mit dem Versprechen werben, interkulturelle Kompetenz zu vermitteln, derzeit einen wahren Boom erfahren.

Da drängen sich nahe liegende Fragen auf: Was ist also mit interkultureller Kompetenz genau gemeint? Woran erkennt man jemanden, der über interkulturelle Kompetenz verfügt? Mangelt es etwa George W. Bush oder Fundamentalisten jeglicher Couleur an interkultureller Kompetenz? Oder sind der Papst und der Dalei-Lama prädisponiert zu interkultureller Kompetenz? Kann man rechtsradikale Schläger etwa durch einen Crashkurs zu interkultureller Kompetenz verhelfen? Welche Lerninhalte und welche Lehr-/Lernformen eignen sich zur Ermöglichung interkultureller Kompetenz?

Ein zweiter Blick auf die aktuelle pädagogische Diskussion lässt jedoch Enttäuschung aufkommen. Denn bei dem Versuch, aus dem vielstimmigen Konzert der Antworten auf diese Fragen wenigstens einen gemeinsamen Grundton herauszuhören, hat man größte Mühen. Da gibt es nämlich zum einen jene Stimmen, die interkulturelle Pädagogik noch immer als die Fortsetzung der Politik mit pädagogischen Mitteln inszenieren, während andere im Kontext der interkulturellen Fragestellung die Rechtfertigung betonen, sich in den Traditionszusammenhang des klassischen Bildungshumanismus zu stellen, und wiederum andere interpretieren angesichts der bedrückenden Benachteiligung von Zuwandererfamilien interkulturelle Kompetenz in erster Linie als pädagogische Nothilfe.

Diese ernüchternde Feststellung führt ohne lange Umschweife zum Kern des Themas. Worum es geht, ist im Grunde mit dem Titel bereits ausgesagt, nämlich um die Annäherung an ein Verständnis von „interkultureller Kompetenz", das als Orientierung in Schule und Lehrerbildung taugt. Die Eigenheit dieser Zielsetzung geht ganz offensichtlich auf den Begriffsbestandteil „interkulturell" zurück. Es ist daher zunächst notwendig, an der Präzisierung dessen anzusetzen, was mit Interkulturalität gemeint ist bzw. gemeint sein kann.

Dies legt die folgende Vorgehensweise nahe: Im Anschluss an eine Kontextualisierung der Frage nach der Interkulturalität im gesellschaftspolitischen Diskurs (2.), wird das Verständnis von Interkulturalität im binnenwissenschaftlichen Diskurs problematisiert (3.), um daran anschließend, die formale Argumentationsstruktur von Interkulturalität herauszuarbeiten (4.). Mit den folgenden Überlegungen wird dann die Brücke geschlagen zur Frage nach den Implikationen für ein Verständnis von Lehr-/Lernprozessen unter interkulturellem Aspekt (5.) und der Bedeutung von Interkulturalität für die

Unterrichtsgestaltung (6.). Den Abschluss bilden schließlich zusammenfassende Thesen (7.).

2. Interkulturelles Lernen im Spannungsfeld soziokultureller Umbrüche und gesellschaftspolitischer Erwartungen

Mit Blick auf das eingangs entworfene Szenario von Individualisierung und Pluralisierung und ist es m. E. kein Zufall, wenn sich in den letzten Jahren Stellungnahmen, Gutachten und Denkschriften häufen, in denen auf die Dringlichkeit und Notwendigkeit „interkultureller Lernprozesse" hingewiesen wird. Erinnert sei nur an die KMK-Empfehlung „Interkulturelle Bildung und Erziehung in der Schule" oder auch an das Gutachten der Bund-Länder-Kommission für Bildungsfragen und Forschungsförderung „Förderung von Kindern und Jugendlichen mit Migrationshintergrund".[3] Die Verweise ließen sich mühelos noch vermehren.

Bei der Lektüre fällt jedoch auf, dass in all diesen unterschiedlichen Gegenwartsdiagnosen und Prognosen zwei meist nicht hinreichend differenzierte Argumentationslinien mit der Frage nach interkultureller Kompetenz verbunden werden:

- da ist zum Ersten die Argumentationslinie, die auf die Prozesse der Europäisierung, Internationalisierung oder auch Globalisierung der allgemeinen Lebens- und Arbeitsbedingungen abhebt und sich mit der Vorstellung verbindet, dass alle Kinder und Jugendlichen von heute auf ein Leben in sprachlicher und kultureller Heterogenität pädagogisch vorbereitet werden müssen, und dies gerade auch dann, wenn sie weder in direktem persönlichem Kontakt mit Migranten stehen noch absehbar ist, dass sie selbst in eine Migrationssituation kommen; und

- da ist zweitens dann der Argumentationsstrang, der ausgehend von den sich in den kommenden Jahren und Jahrzehnten verstetigenden und wieder verstärkenden Wanderungsprozessen an die Diskussion um die Bildungsbenachteiligung der Kinder und Jugendlichen mit Migrationshintergrund anknüpft (in dieser Hinsicht sprechen die Statistiken –

---

[3] Vgl. KMK 1996 sowie Ingrid Gogolin et al. 2003.

nicht erst seit PISA – eine überaus deutliche Sprache) und nach geeigneten (schul)pädagogischen Maßnahmen verlangt, um deren Integrationschancen zu verbessern.

Auch ohne dies hier nun differenziert diskutieren zu können, wird deutlich, wie diese Argumentationslinien – von jeweils spezifischen und auch kontroversen Problembeschreibungen ausgehend, sich mit der Forderung nach einem Mehr an „interkultureller Bildung" verbinden. Je nach semantischen Vorlieben wird da aber auch von interkultureller Erziehung, interkulturellem Lernen, interkultureller Kommunikation, interkultureller Toleranz und vor allem in den letzten Jahren eben auch zunehmend von „interkultureller Kompetenz" gesprochen.

Bei aller Differenz in der Wortwahl wird dabei aber offensichtlich im Kern immer die gleiche Erwartung formuliert: nämlich pädagogische Hilfestellung bei der gesellschaftlichen und individuellen Bewältigung der Folgen kultureller Pluralisierung. So ist es denn auch kein Zufall, wenn der Eindruck entsteht, interkulturelle Kompetenz sei die Bezeichnung für eine Art universell einsetzbares *sozialhygienisches Breitbandtherapeutikum*.

Mit dem Wundermittel „interkulturelle Kompetenz" sollen sich nämlich so unterschiedliche Symptome wie Bildungsbenachteiligung, Fremdenfeindlichkeit, Antisemitismus und Werteverlust, aber auch die allgemeinen Anpassungs- und Orientierungsschwierigkeiten von Modernisierungsverlierern kurieren und – quasi als Nebeneffekt – auch noch die strukturelle Modernisierung des Bildungssystems bewirken lassen.

3. Interkulturalität im binnenwissenschaftlichen Diskurs der Interkulturellen Pädagogik

Die skizzierte Erwartungshaltung macht deutlich, dass die Interkulturelle Pädagogik im Vergleich mit ihren Vorläufern: der Vergleichenden Pädagogik, der 3ten-Welt-Pädagogik, der Ausländerpädagogik und der Europaerziehung eine erhebliche Ausweitung der Fragestellung und der Zielgruppe erfahren hat. Der Arbeitsbereich hat sich damit von einer Sonder- oder Förderpädagogik für die Kinder von Arbeitsmigranten weiterentwickelt, hin zu einem interkulturellen Bildungskonzept für das Aufwachsen unter den Bedingungen von Internationalisierungs- und Globalisierungsprozessen. Entsprechend hat sich auch die logische Reichweite der verwendeten Begriffe geweitet. Auf diese Weise wurde Interkulturalität zu einer Dimension, die gleichsam quer liegt zu allen Bildungsgängen, Unterrichtsinhalten und Wissensbeständen. In exemplarischer Weise lässt sich dies an Hans Reichs Definition des interkulturellen Lernens nachvollziehen:

„Interkulturelles Lernen" – so schreibt er in einem Aufsatz aus dem Jahre 1993 – „vollzieht sich in der Auseinandersetzung des oder der Lernenden mit Sinnwelten, die bis dahin nicht Teil ihres Lebens waren. Es ist charakterisiert als der Versuch, über die unter Menschen gebotene Toleranz hinaus sich auf solche fremden Sinnwelten einzulassen, d.h. die scheinbare Selbstverständlichkeit der 'eigenen' Orientierungen, Wissensnormen und Handlungsweisen um des Lernens willen zu suspendieren, um die ‚anderen' Orientierungen, Wissensnormen und Handlungsweisen sich begreiflich zu machen und 'beides' auf die Welt von heute anzuwenden. Interkulturelles Lernen legitimiert sich durch die Globalisierung der Menschheitsgeschichte, das Zusammenrücken und Ineinanderübergehen der Einzelkulturen, die die Fähigkeit der interkulturellen Verständigung (...) dringlich werden lassen." (S. 106)

Mit dieser Perspektivenweitung ist leicht zu erklären, weshalb mit der gesteigerten Aufmerksamkeit in der Außenwahrnehmung nun aber keineswegs ein Grundkonsens in der Binnendiskussion der Interkulturellen Pädagogik mit einhergeht. Stattdessen bestehen sehr gegensätzliche Auffassungen darüber, worin die Herausforderung pädagogischen Handelns unter den Bedingungen sprachlich-kultureller Pluralisierung nun konkret besteht, und was mit Blick auf diese als die Aufgabe erziehungswissenschaftlicher Forschung definiert werden kann.

Das Spektrum der Antworten reicht von der Analyse ethnozentrischer Erziehungsvorstellungen und organisationslogischer Diskriminierungsmechanismen über curriculare, methodische und fachdidaktische Problemstellungen im Hinblick auf die Berücksichtigung der Mehrsprachigkeit sowie Fragen nach der Einbindung der Herkunftssprachen und Herkunftskulturen der Zuwanderer, bis hin zu metatheoretischen Spekulationen über die prinzipielle Möglichkeit transkultureller Wertorientierungen und Normenbegründung. Erschwerend kommt noch hinzu, dass bei diesen Bemühungen meist völlig ungeklärt bleibt, inwieweit die Möglichkeit besteht, sich an bestehende Grundlagenkonzepte anzuschließen, um diese dann um bislang fehlende oder nicht hinreichend gewichtete Aspekte zu ergänzen, oder aber, ob man gar glaubt, ein völlig neues Verständnis von wissenschaftlicher Pädagogik entwickeln zu müssen.[4]

Um angesichts der verschwommenen Konturen wenigstens eine Vorstellung davon zu gewinnen, an welchen Punkten sich die „Geister" scheiden, erscheint die von Manfred Hohmann in die Diskussion eingeführte Unterscheidung eines konflikt- und eines begegnungspädagogischen Standpunkts sehr hilfreich.[5] Beide Standpunkte begreifen sprachlich-kulturelle Pluralität als lebensweltliches Faktum; und alle relevanten Positionen in der Diskussion um die Interkulturelle Pädagogik lassen sich mühelos einer der beiden Perspektiven zuordnen.[6]

Zwei konzeptionelle Grundmuster interkultureller Pädagogik:

Begegnungspädagogischer Standpunkt	
Ausgangskonzept:	klassisch-idealistisches Bildungsverständnis
Grundlage:	trans- oder interkulturelle anthropologische Universalien (Kulturuniversalismus)
Interkulturalität:	Verschmelzungs- oder Veredelungsprozess (Schnittmenge)
Interkulturelle Erziehung:	Anleitung kultureller Austauschprozesse
Fernziel:	Humanisierung

---

[4] Einen guten Überblick über die sehr heterogenen Diskursfelder und -stile vermitteln Georg Auernheimer (²1996) sowie Frank-Olaf Radtke/Isabell Diehm (1999) und neuerdings auch Marianne Krüger-Potratz (2005).
[5] Im Anschluss an Manfred Hohmann (1989) hat insbesondere auch Wolfgang Nieke (²2000, S. 35 f.) diese Unterscheidung aufgegriffen.
[6] Vgl. hierzu im Einzelnen: Walter Jungmann (1995, S. 32 ff. und 1998, S. 404 f.)

Konfliktpädagogischer Standpunkt	
Ausgangskonzept:	Kritik sozialer Ungleichheit und benachteiligender Lebensbedingungen
Grundlage:	Chancengleichheit und Recht auf kulturelle Selbstbestimmung (Kulturrelativismus)
Interkulturalität:	Gleichwertigkeit der Lebens- und Kulturformen (Juxtaposition)
Interkulturelle Erziehung:	Überwindung von Diskriminierung und Fremdenfeindlichkeit, Förderung von Toleranz und Solidarität
Fernziel:	Emanzipation

In idealtypischer Zuspitzung lässt sich die begegnungspädagogische Begründungsperspektive kennzeichnen durch die Bezugnahme auf das klassisch-idealistische Bildungsverständnis. Charakteristisch ist für dieses Bildungsverständnis, dass es den latenten Konflikt zwischen Individuum und Gesellschaft im Medium der Kultur zu versöhnen sucht. Auch unter den Bedingungen einer multikulturellen Gesellschaft steht daher das Bemühen im Mittelpunkt, mit den Kategorien der „Mündigkeit", des „Dialogs" und der „Personalität" vermeintlich trans- oder interkulturelle anthropologische Universalien zur Bestimmung von Bildungszielen heranzuziehen und in didaktische Strategien zu verwandeln. Interkulturelle Erziehung hat sich in dieser Perspektive auf die harmonische Gestaltung kultureller Austauschprozesse zu konzentrieren, zum wechselseitigen Vorteil aller Beteiligten und in der besten Überzeugung, damit die Menschheit auf der Stufenleiter der Humanisierung empor führen zu können.

Demgegenüber geht die konfliktpädagogische Perspektive meist von der empirischen Analyse der schwierigen Lebensbedingungen von Minderheiten aus. Dabei konzentrieren sie sich insbesondere auf die massiven Schul- und Ausbildungsprobleme der Kinder und Jugendlichen aus Familien mit Migrationshintergrund. Bildungsbenachteiligung begreifen sie als Folge der Internationalisierung der sozialen Frage und der Naturalisierung sozialer Ungleichheit. Die eigentliche, tiefer liegende Ursache für die Benachteiligung der Einwandererkinder sehen sie aber in der mangelnden Akzeptanz deren Anders- und des Fremdseins. Interkulturelle Erziehung hat sich deshalb auf die Bekämpfung der unterschiedlichen Erscheinungsformen von Diskriminierung zu konzentrieren, um so den Teufelskreis von kultureller Hegemonie und ökonomischer Abhängigkeit mit erzieherischen Mitteln zu durchbrechen. All dies mit dem Fernziel, die Herrschaft des Menschen über den Menschen zu beseitigen.

In der idealtypischen Überzeichnung wird deutlich, dass die Unverträglichkeit der beiden unterschiedenen Paradigmen grundsätzlicher Natur ist: Was von den Begegnungspädagogen als sukzessive Herausführung der Heranwachsenden aus der anthropologisch gegebenen, temporären Unmündigkeit begriffen wird, wird von den Konfliktpädagogen als bildungsidealistische Kulturalisierung und Pädagogisierung von im Kern sozialpolitischen Problemen verworfen. Und was letztere, was also die Konfliktpädagogen, als Folge der Globalisierung des Klassenkonflikts und als Kulturimperialismus begreifen, gilt ersteren schlicht als Sozial- oder Strukturdeterminismus.

Angesichts dieser gegensätzlichen kultur- und subjekttheoretischen Prämissen erscheint es wenig hilfreich, in eine Diskussion über die „Bedingungen der Möglichkeit interkultureller Kompetenz" einzutreten. Viel gewinnbringender erscheint es dagegen, die Auswirkungen der paradigmatischen Polarisierung auf das Verständnis von „Interkulturalität" näher ins Auge zu fassen.

4. Zur Argumentationsstruktur von Interkulturalität

Bereits Anfang der 80er Jahre hat der französische Soziologe Louis Porcher auf die großen Schwierigkeiten aufmerksam gemacht, Interkulturalität als Leitkategorie pädagogischen Handelns und erziehungswissenschaftlicher Forschung näher zu bestimmen.[7] Er hat es daher vorgezogen, von einer „interkulturellen Hypothese" oder „interkulturellen Option" zu sprechen. Damit wollte er deutlich machen, dass im Gegensatz zum Begriff der Multikulturalität, der in erster Linie auf deskriptive Befunde abhebt, mit Interkulturalität

---

[7] Vgl. seinen Beitrag: „Glanz und Elend des Interkulturellen?" in: Hans H. Reich et al. (Hrsg.) 1984, S. 35-46.

eher so etwas wie ein Gestaltungsprinzip für sprachlich-kulturell heterogene Lebenszusammenhänge bezeichnet wird. D.h. ein Gestaltungsprinzip für Lebenszusammenhänge, in denen Fremdheitserfahrungen auf der Tagesordnung stehen.

Und in der Tat ist ja auch bei den vorangegangenen Ausführungen aufgefallen, dass hier der Begriff der Interkulturalität offensichtlich dazu benutzt wurde, um die „In-Beziehung-Setzung" von Kulturen zu bezeichnen. Darauf verweist ja alleine schon das Präfix „inter". Bei genauerem Hinsehen fällt aber auch auf, dass dieses Präfix noch eine zweite Funktion hat. Es lenkt nämlich die Aufmerksamkeit darauf, dass die mit „inter" gekennzeichnete Beziehung nicht im Sinne einer restlosen Inkorporation (Adaptation oder Absorption) der einen Kultur in die andere gedacht wird. In ausdrücklicher Absetzung von Vorstellungen der monistischen Assimilation wird daher mit Interkulturalität auf eine Größe rekurriert, die den Beziehungspartnern gemein oder übergeordnet ist.

Vom Bezug des Eigenen und des Fremden auf dieses gemeinsame inter- oder transkulturelle Dritte verspricht man sich die Lösung aller Probleme. Diese dritte Größe verkörpert gleichsam die Standards, auf die hin Kulturen miteinander in einen Dialog eintreten oder verglichen und bewertet werden können.

So wie beispielsweise der Euro in den Jahren vor der Währungsunion als Umrechnungsgröße für die nationalen Währungen im Europäischen Währungsverbund fungierte. Spätestens mit dieser kleinen Analogie wird einsichtig, was bei dem zuvor angesprochenen Paradigmenstreit zwischen Begegnungs- und Konfliktpädagogik schon anklang, dass nämlich der Verständigungsprozess über diese Umrechnungs- und Bezugsgrößen das eigentliche Problem darstellt.

Hier unterscheiden sich gerade die begegnungspädagogische und die konfliktpädagogische Perspektive grundsätzlich. Die Konfliktpädagogen lassen sich von dem Ideal eines gleichberechtigten Nebeneinanders (Juxtaposition) der Kulturen leiten. Interkulturalität in konfliktpädagogischer Perspektive postuliert daher zu allererst die Gleichwertigkeit der kulturellen Lebens- und Ausdrucksformen. Im Falle des Aufeinandertreffens von Kulturen sind demnach Verfahrensprinzipien oder Kommunikationsregeln wie Achtung, Toleranz, Chancengleichheit, Anerkennung und Solidarität erforderlich. Den Geltungsanspruch und die Konkretisierung dieser Art von interaktionistischen

„Spielregeln" leiten die Konfliktpädagogen von universalgeschichtlichen Entwicklungstrends her (häufig sind dies dann so etwas wie demokratietheoretische Setzungen).

Demgegenüber sehen nun die Begegnungspädagogen im Ideal der kulturellen Durchdringung (Schnittmengenrelation) den Königsweg. Interkulturalität in begegnungspädagogischer Perspektive wird daher als Verschmelzungs- oder auch als Veredelungsprozess konzipiert. In diesen bringen alle Beteiligten ihre „kulturelle Mitgift" ein und keine Seite geht unverändert daraus hervor. Dabei liegt die Vorstellung einer „interessenlosen" (d.h. Machtdifferenzen neutralisierenden) Durchdringung der Kulturen zugrunde. Die Begegnungspädagogen vertrauen darauf, dass die daraus hervorgehenden kulturellen bzw. lebensweltlichen Neuschöpfungen sich als „Bereicherung" und „Fortschritt" quasi von selbst legitimieren. Der Geltungsanspruch dieser Art „Amalgamtionsverfahrens" wird damit an die positiven Eigenschaften der lebensweltlichen Verschmelzungsprodukte gekoppelt.

Übertragen auf das währungspolitische Beispiel von zuvor, entspräche die konfliktpädagogische Strategie dem Versuch, mit radikaldemokratischen Erwägungen einen 1-zu-1 Wechselkurs für alle Währungen durchzusetzen. Die begegnungspädagogische Strategie entspräche dagegen der Einführung einer gemeinsamen neuen Währung, die aus dem freien, liberalen Wechselspiel der Marktkräfte hervorgeht.

Fassen wir kurz zusammen: Der Begriff Interkulturalität bezeichnet unverkennbar einen relationalen Sachverhalt, nämlich die „In-Beziehung-Setzung" von kulturellen Praxen auf der Grundlage übergeordneter bzw. gemeinsamer Verfahrensregeln. Bei der Bestimmung dieser Regeln lassen sich in idealtypischer Analyse zwei Vorgehensweisen unterscheiden: Die „Juxtaposition" unter Anwendung einer Konvertierungsregel, deren Geltungsanspruch der Beziehung vorgelagert ist und die „Schnittmengenrelation" auf der Basis einer Konvertierungsregel, deren Geltungsanspruch in der Beziehung neu ermittelt wird. Wichtig ist es, festzuhalten, dass sich Interkulturalität demnach auf drei Dimensionen bezieht. Auf die Dimension der kulturellen Alltagspraxis, die Dimension der Beziehungs- oder Konvertierungsregeln und die Dimension der Geltungsbegründung dieser Regeln.

5. Interkulturelle Kompetenz als Ziel und Resultat von Lehr-/Lernprozessen

Die Befunde der ersten Kapitel sind wenig schmeichelhaft: Von Interkulturalität wird viel gesprochen und viel erwartet, es wird aber auch viel Unterschiedliches darunter verstanden. Für das hier diskutierte Thema ist dies deshalb so folgenreich, weil sich natürlich mit den unterschiedlichen Vorstellungen von Interkulturalität auch sehr unterschiedliche Auffassungen bezüglich möglicher Konsequenzen für das pädagogische Handeln, insbesondere also die interkulturelle Kompetenz von künftigen Lehrerinnen und Lehrern verbinden. Es erscheint deshalb unabdingbar, nochmals etwas weiter auszuholen und zunächst einige allgemeinere Überlegungen anzustellen.[8]

Wenn man die begriffsgeschichtliche und begriffstheoretische Vereinfachung einmal akzeptiert, dass Kompetenz stärker einen Zustand und Lernen stärker einen Prozess bezeichnet, lässt sich fragen, wie sich Prozess und Resultat, oder wie sich Weg und Ziel zueinander verhalten und – übertragen auf unser Problem – die Behauptung aufstellen: Interkulturelle Kompetenz ist Ziel und Resultat Interkultureller Lehre und Interkulturellen Lernens. Dass Kompetenz und Lernen als infinit, d.h. an keinen absoluten Endpunkt gelangend angesehen werden müssen, kann im vorliegenden Zusammenhang als selbstevident gelten. Anders verhält es sich mit der Frage nach der Eigenart dessen, was wir mit Lehren und Lernen bezeichnen. Auch schon ohne die Spezifikation interkulturell ist die Antwort auf diese Frage nicht ganz so einfach, wie man vielleicht zunächst vermuten würde.

Seit der Aufklärungsepoche spielt der Lernbegriff eine zentrale Rolle für das moderne, säkulare Menschenbild. Mit diesem ist nämlich weder die Vorstellung einer göttlichen oder genetischen oder gar die einer umweltbedingten Determination des konkreten individuellen Menschseins vereinbar. In ausdrücklicher Absetzung zu Veränderungen, die als Reifung, Entwicklung oder Entfaltung von Prädispositionen bezeichnet werden (z.B. werden der Begabungsbegriff und der Intelligenzbegriff häufig in diesem statischen Sinne gebraucht), hebt Lernen in seiner sehr allgemein gehaltenen und für die moderne Erziehungswissenschaft seit John Locke (1632-1704) konstitutiven

---

[8] Die in diesem Abschnitt dargestellten Überlegungen decken sich weitgehend mit Formulierungen, die einem Vortrag zugrunde lagen, der vom Verfasser am 31. Oktober 2001 an der Universität Konstanz gehalten wurde.

Bedeutung auf die individuelle Fähigkeit ab, „psychische Dispositionen" und damit Handlungs- bzw. Verhaltensmöglichkeiten (Handlungsmächtigkeit) zu erwerben oder bereits vorhandene zu verändern. Der Erwerb von Kenntnissen, Fertigkeiten und Werthaltungen ist in den verschiedensten Formen zu beobachten: Wir lernen schwimmen, wir lernen die Schriftzeichen des Alphabetes zu unterscheiden, eine fremde Sprache zu sprechen oder eine Uhr zu reparieren; wir lernen, die Gültigkeit von Argumenten zu überprüfen, einen Computer zu programmieren. Wir lernen aber auch Vorlieben, Vorurteile und Muster der Konfliktbewältigung und Vieles mehr.[9] Grundlegend für all dies ist die gattungsspezifische Fähigkeit, die Erfahrung von Neuem und die Konfrontation mit bislang Unbekanntem in kontrollierter und strukturierter Form bewältigen zu können. Ebenso grundlegend ist aber auch die Erkenntnis, dass das Ergebnis dieses Verarbeitungsprozesses, gleich wie man es bezeichnet, ob als Lebenstüchtigkeit, Kompetenzerwerb, Perfektionierung, Wohlerzogenheit oder Gebildetsein oder wie auch immer, nicht determinierbar oder wenigstens kalkulierbar ist. Lernen ist demnach Teil des ergebnisoffenen und lebenslang andauernden Prozesses der Individualgenese.

Mit dem Hinweis auf die Verarbeitungsfähigkeit von Neuem und bislang Unbekanntem verbindet sich nun auch die Frage nach der Art und Weise, in der beides, Neues und Unbekanntes, erfahren wird, d.h. die Frage nach ihrer Präsentation u.a. in der Form der Lehre. Die Lehre ist in diesem Sinne das Gegenstück zum Lernen. Von ihrem Anspruch her will sie Lern- oder Bildungshilfe sein und nicht Manipulation, Konditionierung oder Indoktrination. Verstanden als Bildungshilfe, bemüht sich Lehre um die „angemessene" Darstellung von Lerninhalten oder um die „autorisierte" Repräsentation von Wissensbeständen. Die Zusätze angemessen und autorisiert sollen darauf aufmerksam machen, dass es natürlich im Laufe der Geschichte ebenso wie im Vergleich der einzelnen Kulturen erhebliche Unterschiede gibt, was als Lehrens- und Lernenswert gilt und in welcher Weise die Lerngegenstände oder -inhalte in den Erfahrungshorizont der „Lehrlinge" hineingestellt werden. Es sind für uns heute schlichte Selbstverständlichkeiten, dass niemand in enzyklopädischer Vollständigkeit alles Wissen erwerben kann, und auch dass nicht jeder von uns über den gleichen Korpus an Wissen verfügen kann und muss. Dies gilt auch für die Einsicht, dass es in der modernen arbeitsteiligen Ge-

---

[9] Vgl. hierzu u.a. Jürgen Oelkers (1997, S. 750 ff.).

sellschaft nicht mehr hinreicht, Kenntnisse und Fertigkeiten durch mitgängiges oder nachahmendes Modellernen zu erwerben.

Um dies an einem Beispiel zu verdeutlichen: Mit Lernen ist heute nicht mehr – außer in ganz wenigen begründeten Ausnahmefällen – reproduzierendes auswendig Lernen (eintrichtern) oder autoritätengefälliges Glauben (begnaden) gemeint. Schüler sollen heute nicht der Lehrerin einfach glauben, dass 3 + 3 = 6 ist, sie sollen es auch nicht nur nachplappern, bis sie es automatisiert haben, sondern – so zumindest der Anspruch – sie sollen einsehen oder erkennen, warum dies so ist und warum es für sie wichtig ist, sich damit zu beschäftigen.

Die systematische Auseinandersetzung mit eben solchen Überlegungen und Fragen ist Aufgabe der Didaktik.[10] Ohne vorschnelle Verengung kann Didaktik in einem allgemeinen, die unterschiedlichsten Auffassungen umgreifenden Sinne als die wissenschaftliche Reflexion des Lehrens und Lernens definiert werden. Gelehrt und Gelernt wurde schon zu allen Zeiten und unter den unterschiedlichsten gesellschaftlichen und kulturellen Bedingungen. Im hier interessierenden Falle steht aber schulisch institutionalisiertes Lehren und Lernen im Zentrum, das wir in aller Regel als Unterricht bezeichnen. Erst im Laufe des 18. Jahrhunderts wurden Schule und Unterricht zur allgemeinen Pflicht und damit zum obligatorischen Bestandteil der Kindheitsphase. Die Hauptschwierigkeit von Unterricht resultiert nun aus der alten Einsicht, dass es unmöglich ist, Denken, Sprechen, Urteilen, aber auch Schwimmen oder Rad fahren etc. „an sich" und „für sich", rein theoretisch und ganz isoliert zu lernen. D.h. Bildung bedarf der Auseinandersetzung mit konkreten, materialen Gegenständen oder Sachverhalten. Deshalb kann man mit Wilhelm von Humboldt (1767-1835) auch heute noch festhalten, dass reine „formale Bildung" letztlich inhaltsleer ist und reine „materiale Bildung" ist letztlich ziel- und orientierungslos. Auch die Lösungsperspektive für dieses Dilemma, in dem sich Unterricht immer schon befindet, stammt schon aus dem 19ten Jahrhundert. So hat sich bereits Friedrich Herbart (1776-1841) darum verdient gemacht, in systematischer Weise die wesentlichen Aspekte von Unterricht zu erfassen. Im Anschluss an diese Vorarbeiten lässt sich Unterricht durch vier allgemeine Bestimmungsmomente kennzeichnen:

---

[10] Vgl. für das Folgende insbesondere Ewald Terhart (1989).

- den „Inhaltsaspekt" oder die Frage: *Was* soll gelehrt und gelernt werden?
- den „Vermittlungsaspekt" oder die Frage: *Wie* soll gelehrt und gelernt werden?
- den „Beziehungsaspekt" oder die Frage: *Wie* interagieren die an Lehr-/Lernprozessen beteiligten Personen miteinander?
- den „Zielaspekt" oder die Frage: *Wozu* wird etwas gelehrt und gelernt?

Diese vier W-Fragen: Was?, Wie?, Wozu? spielen in der Allgemeinen Didaktik bis heute hin eine zentrale Rolle. Was liegt da näher, als sie auch als Strukturierungshilfe bei der Bestimmung dessen zu nutzen, was als Gegenstand, Methode und Ziel interkulturellen Lehrens und Lernens verstanden werden kann?

6. Interkulturelle Kompetenz im Unterricht

Nach den vorausgegangenen Überlegungen liegt es nahe, davon auszugehen, dass sich bei der Beantwortung der vier Fragen jeweils zwei konträre Antwortperspektiven nachweisen lassen.[11] Aber gehen wir der Reihe nach vor.

---

[11] Die systematisierenden Überlegungen verdanken sich im Wesentlichen der Auseinandersetzung mit der KMK-Empfehlung von 1996 und zwei zentralen Publikationen: Reich/Pörnbacher (1993) und Reich/Holzbrecher/Roth (2000).

Interkulturelle Kompetenz

Didaktischer Entscheidungsspielraum für interkulturellen Unterricht

Bestimmungsmomente von Unterricht	Begegnungspädagogischer Standpunkt	Konfliktpädagogischer Standpunkt
a) Der *Inhaltsaspekt*: *Was* soll gelehrt und gelernt werden?	*Interkulturalität als Querschnittsdimension von Wissen, kein eigenes Unterrichtsfach*	
	kulturelle Sichtweisen und Deutungsmuster erfahren, das Eigene im Fremden finden, Perspektivenwechsel	nationalkulturellen Bezugsrahmen sprengen Bewußtsein für Heterogenität wecken und versteckte Herrschaftsstrukturen aufdecken
b) Der *Vermittlungsaspekt*: *Wie* soll gelehrt und gelernt werden?	*interkultureller Unterricht für alle, keine Separation und Segregation*	
c) Der *Beziehungsaspekt*: *Wie* interagieren die beteiligten Personen miteinander?	personale Begegnung, Austausch von multikulturellen und mehrsprachigen Lebenserfahrungen, Entdecken von Fremdem im Nahraum, sprach- und kultursensible Identifikationsangebote	Problematisierung von „authentischer" Kulturdarstellung, weder Gesellschaften noch Einzelpersonen lassen sich monokulturell beschreiben, symmetrische Kommunikation, Chancengleichheit, Ideologiekritik
d) Der *Zielaspekt*: *Wozu* wird etwas gelehrt und gelernt	*Verständnis für Ursachen und Gefahren von Historizität und Relativität wecken*	
	Integration, Anerkennung von Andersheit, Überwindung von Befremdung und Kulturarroganz, Hilfe beim Aufbau personaler Identität, Perspektivenwechsel, Empathie und Dialogfähigkeit	Überwindung von sozialer Ungleichheit und Hegemonie, Selbstbestimmung von Minderheiten, Akzeptanz von Pluralität, Solidarisierung mit Benachteiligten und Unterdrückten, Aufdeckung von Vorurteilen

a) Was also soll im interkulturellen Unterricht gelernt und gelehrt werden? Wir haben bereits festgestellt, dass es keinen Konsens darüber gibt, was „das" Interkulturelle genau ist. Einig ist man sich allenfalls darin, dass Interkulturalität nicht aus einem Korpus von Wissenselementen besteht, sondern eine Dimension von Wissen darstellt, die quer liegt zu allen Bildungsgängen, Fächern und Wissensbeständen. Es wäre daher auch einigermaßen abwegig, die Einrichtung eines neuen Unterrichtsfaches dafür zu fordern. Ebenso klar ist aber auch, dass sich interkulturelle Bildung an Lerngegenständen vollzieht und damit Unterrichtszeit beansprucht. Das heißt, didaktische Entscheidungen sind kein Null-Summen-Spiel, sondern verlangen nach Prioritätensetzung. Dementsprechend lassen sich zwei konkurrierende Positionen feststellen.

Da ist zum einen jene, die sich vom begegnungspädagogischen Standpunkt aus dafür ausspricht, in allen Unterrichtsfächern und Unterrichtsthemen unterschiedliche kulturelle Sichtweisen und Deutungsmuster zur Geltung zu bringen. Die Begegnung und der Vergleich dieser Sichtweisen bietet die Gelegenheit, das Eigene durch die Präsenz des Fremden in Frage zu stellen. Die Thematisierung von Andersartigkeit und Fremdheit ermöglicht es, die eigenen kulturellen Besonderheiten überhaupt erst zu entdecken und durch gezielten Perspektivenwechsel die Notwendigkeit und die Möglichkeit gemeinsamer Konfliktregelungen in Erfahrung zu bringen. Muttersprachlicher Unterricht und Islamunterricht werden von dieser Position aus als obligatorische Angebote gefordert, die so in den Regelbetrieb integriert werden sollen, dass prinzipiell alle Schülerinnen daran teilnehmen können.

Ganz anders zum zweiten die Forderung aus konfliktpädagogischer Perspektive, in allen Unterrichtsfächern und Unterrichtsthemen den nationalkulturellen Bezugsrahmen zu sprengen. Dies gelingt in erster Linie dadurch, dass über die Auseinandersetzung mit sozialen, kulturellen und ökonomischen Konflikten ein Bewusstsein für die faktische Heterogenität alle Länder, Staaten und Kulturen aufgebaut wird. In ideologiekritischer Distanz erweisen sich Lehrpläne, Unterrichtsstoffe und Schulabschlüsse letztlich als Herrschaftsinstrumente, die nur dazu dienen, Widersprüche, Differenzen und Wandlungsprozesse zu verschleiern. Über die vergleichende Thematisierung von Migrationsprozessen und Prozessen nationalstaatlicher Grenzziehung lassen sich in exemplarischer Weise die Ursachen für kulturelle Unterdrückung, strukturelle Benachteiligung und individuelle

Fremdenfeindlichkeit identifizieren. Muttersprachlicher Unterricht und Islamunterricht werden von dieser Position aus als gleichberichtigte Unterrichtsangebote konzipiert, werden aber in erster Linie auf die Stärkung der Minderheitenkulturen und des individuellen Selbstbewusstseins der Minderheitenangehörigen hin ausgerichtet.

b und c) Damit werden aber auch schon die Fragen berührt, wie interkulturell gelehrt und gelernt wird, und wie die dabei beteiligten Personen miteinander interagieren? Es ist bereits deutlich geworden, dass sich interkulturelles Lernen an alle richtet und nicht nur an die Kinder von ethnischen, sprachlichen, religiösen oder kulturellen Minderheiten. Separierende oder segregierende Unterrichtsangebote im Stile und im Sinne von Nachhilfe oder kompensatorischer Erziehung spielen daher in der aktuellen Diskussion keine Rolle mehr. Es eignen sich prinzipiell alle Arbeitsformen: Regelunterricht, Projektunterricht, Projekttage, Gruppenarbeit ebenso wie das traditionelle Frage-Antwort-Spiel im Frontalunterricht.

In der begegnungspädagogischen Perspektive werden die personale Begegnung und der unmittelbare Austausch von Lebenserfahrungen, die immer auch Kulturerfahrungen sind, an den Anfang von Lernprozessen gestellt, d.h. die Gegenwärtigkeit und das Miteinander von Kindern und Jugendlichen unterschiedlicher Sprache, unterschiedlicher Familienerziehung, unterschiedlicher konfessioneller Zugehörigkeit, unterschiedlicher Biographien usw. Aber auch in Klassen ohne Kinder mit Migrationshintergrund müssen – und können – die multikulturelle Lebenssituation und die Mehrsprachigkeit zum Ausgangspunkt gemacht werden. Dies kann durch Erkundungen in der Schulnachbarschaft ebenso wie durch Hinweise auf Medien- und Tourismuserfahrungen, aber auch durch familien- und gesellschaftsgeschichtliche Betrachtungen geschehen. Fächer- und themenübergreifend geht es um das gemeinsame Entdecken von Fremdem im Nahraum und nicht wie gewohnt, ausgehend vom unhinterfragten Nahraum, hin zur Aneignung des Fremden. Dabei können Gruppen-Erfahrungen gemacht werden, bei denen sich Mehrsprachigkeit, Sprachsensibilität, Perspektivenwechsel und solidarisches Zusammenarbeiten als gemeinsamer Vorteil, als Gewinn oder als Horizonterweiterung erweisen. Wichtig ist aber auch, dass dabei Identifikationsangebote entstehen, ohne gleichzeitig Anpassungsdruck zu erzeugen. Aus der Anwendung von Kategorien wie Muttersprache, Heimat, Zuhause, Freund, Feind oder Familie, Nachbar-

schaft, Stadt, Deutschland, Europa, Kontinent, Welt, Kosmos etc. werden Zusammenhänge, Gemeinsamkeiten und Unterschiede erfahrbar und Anlässe für familien-, gesellschafts- oder kulturgeschichtliche Erinnerungen geschaffen.
Aus konfliktpädagogischer Perspektive wird die Aufmerksamkeit in erster Linie auf Schwierigkeiten bei der authentischen Darstellung ethnischer, kultureller, religiöser und sprachlicher Eigenarten gelenkt. Zum einen gilt es der Versuchung zu widerstehen, diese Besonderheiten zu „folklorisieren" und damit nur vordergründige Interessen an Exotischem zu befriedigen. Zum zweiten wird auf die Gefahr der Ethnisierung von im Kern irrelevanten Aspekten der Lebensführung hingewiesen, was letztlich nur dazu dient, die Rückständigkeit der Herkunftskulturen unter Beweis zu stellen. Und zum dritten wird davor gewarnt, die Unterschiede zwischen der Herkunftskultur und der Migrantenkultur von Einwanderern zu ignorieren. Um diese Probleme zu kontrollieren, werden drei fächer- und themenübergreifende Prinzipien vorgeschlagen. Dies ist einmal die Orientierung an einem Kulturbegriff, der die innere Differenziertheit, Widersprüchlichkeit und Dynamik von Kulturen berücksichtigt und damit bewusst werden lässt, dass sich weder Gesellschaften noch Einzelpersonen monokulturell beschreiben lassen. Das zweite Prinzip hebt darauf ab, dass im Unterricht wie auch in der gesamten Schule generell symmetrischen Kommunikationsstrukturen der Vorrang eingeräumt werden sollte. D.h. sowohl die Gespräche der Schüler untereinander als auch die Schüler-Lehrer-Dialoge, aber auch die Kommunikation der deutschen mit den muttersprachlichen Lehrkräften sollten durch Kooperation und Solidarität geprägt und auf das übergreifende Ziel der Chancengleichheit hin ausgerichtet sein. Das dritte Prinzip besteht schließlich in der universellen Anwendung ideologiekritischer Analysen, um Unterrichtsthemen, Unterrichtsmethoden, didaktische Materialien und Sprachstile etc. auf versteckte Unterdrückungsmechanismen und ethnozentrische Sichtweisen hin zu überprüfen.

d) Die Frage nach dem Wozu interkulturellen Lehrens und Lernens ist naturgemäß bei den zuvor besprochenen Fragen immer schon mit angesprochen worden. Die Antwort kann man daher kurz fassen und sie mit Blick auf die beiden Begründungsperspektiven sehr pointiert formulieren. Gemeinsamer Ausgangspunkt ist die Einsicht, dass modernes wissenschaftlich fundiertes Wissen nach der Erfahrung von Historizität und dem Verständnis für die Relativität von Erkenntnis und Wissen verlangt. D.h., es gilt schon in der Schule dafür zu sensibilisieren, dass Letztbegründung heute nur noch um den Preis der Dogmatisierung und Fundamentalisierung zu haben ist.

Bei der begegnungspädagogischen Zielbeschreibung steht traditionell der Integrationsbegriff im Zentrum. Pädagogisches Handeln zielt demgemäß auf die wechselseitige Anerkennung des individuellen Andersseins, das gegenseitige Verständnis für kulturelle Befangenheit und die Überwindung von Überheblichkeit und Kulturarroganz. Als notwendige Bedingung für ein solidarisches Miteinander wird die positive (bzw. produktive) Wendung von Befremdungserfahrungen angesehen. Die Voraussetzungen hierfür werden wiederum als pädagogische Hilfestellungen beim Aufbau personaler Identität, bei der Erlangung der Fähigkeit zum Perspektivenwechsel, bei der Steigerung des Einfühlungsvermögens (Empathie) und zusammenfassend als Hilfestellung bei der Entwicklung von Dialogfähigkeit beschrieben.

Bei der konfliktpädagogischen Zielbeschreibung spielt dagegen die Bekämpfung von Benachteiligung in all ihren Ausdrucksformen, insbesondere jedoch in der des Rassismus die entscheidende Rolle. Als die Zentralmotive pädagogischen Handelns gelten daher die Überwindung sozialer Ungleichheit und kultureller Hegemonie sowie die Respektierung der kulturellen Selbstbestimmung von Minderheiten. Das größte Hindernis besteht dabei in der Tatsache, dass Bildungssysteme nationalstaatlich verfasst sind und sich über die Idee einer homogenen Nationalkultur legitimieren. Als notwendige Bedingung für ein friedliches Miteinander von Minderheiten und Mehrheiten wird die Akzeptanz von Pluralität gesehen. Die Voraussetzungen hierfür werden wiederum als pädagogische Hilfestellung bei der Stärkung des Selbstwertgefühls von Minderheiten und der Solidarisierung mit Benachteiligten und Unterdrückten, bei der ideologiekritischen Entlarvung von Vorurteilen und der Bewältigung von Entfremdungserfahrungen beschrieben.

Anhand dieser knappen Skizze sollte ersichtlich geworden sein, dass es wenig sinnvoll – wenn nicht sogar widersprüchlich – wäre, wollte sich die wissenschaftliche Reflexion von Lehr-/Lernprozessen die Ausarbeitung und Erprobung von Rezepten für den Unterricht zum Ziel setzen. Viel gewinnbringender scheint es, so wie gerade vorgeführt, sich auf die diskursive Entwicklung von didaktischen Handlungs- und Entscheidungsspielräumen zu konzentrieren, die Hilfestellung für die konkrete Unterrichtsplanung bieten können.

7. Interkulturelle Kompetenz als bleibende Aufgabe

Was besagt jetzt aber all dies für die Frage nach interkultureller Kompetenz als Anforderung an Schulqualität und Lehrerbildung? In einem abschließenden Durchgang soll nun wenigstens in Thesenform eine Antwort skizziert werden. Es dürfte deutlich geworden sein, dass sich ungeachtet aller Vorlieben bei der Begriffswahl (interkulturelles Lernen, interkulturelle Erziehung, interkulturelle Bildung etc.) und ungeachtet aller Unterschiedlichkeit hinsichtlich theoretischer Bezugnahme (begegnungspädagogische und konfliktpädagogische Positionen) in der aktuellen Diskussion über interkulturelle Pädagogik eine gemeinsame Grundannahme identifizieren lässt. Diese besteht ganz offensichtlich darin, dass im alltäglichen Erleben kultureller Pluralität und im Wahrnehmen von Verschiedenartigkeit und Vielfalt ein spezifisches Lern- und Entwicklungspotential steckt. Die Realisierung dieses Potentials ist aber an geeignete Rahmenbedingungen (z.B. die Vermeidung von Segregation und Diskriminierung etc.) und die Beachtung bestimmter curricularer sowie methodisch-didaktischer Prinzipien (z.B. Sprach- und Perspektivenwechsel etc.) gebunden. Dies ist denn auch der Grund, weshalb der Perspektivenwechsel hin zur Interkulturellen Pädagogik auch in der Lehrerbildung ganz allmählich die Akzente verschoben hat. Neben den herkömmlichen Kompetenzen für den Fachunterricht müssen die Lehrerinnen und Lehrer künftig immer mehr auch über die generellen Kompetenzen für das „Anbahnen" interkultureller Lernprozesse (einschließlich der Sprachförderung) verfügen. Angesichts der Bedeutsamkeit dieser Aufgabe, erscheint es nur zu konsequent, wenn die im Dezember 2004 von der KMK beschlossenen „Standards für die Lehrbildung: Bildungswissenschaften" die Vertrautheit mit der interkulturellen Dimension und die Beachtung kultureller und sozialer Vielfalt zum integralen Bestandteil der Lehrbildung an deutschen Hochschulen erheben.

So sehr dies angesichts der beschriebenen Problemlage zu begrüßen ist, so gemahnen die Befunde der hier vorgestellten Analyse aber dennoch aus mehreren Gründen zur Vorsicht:

- Einmal deshalb, weil sich die momentane Popularität des Interkulturalismus häufig nur als vordergründige „Bildungs-Rhetorik" erweist, ohne wirkliche Bereitschaft, das Verständnis von Erziehung, Unterricht und Ausbildung von der kulturellen Pluralisierung der gesellschaftlichen Verhältnisse her grundsätzlich zu hinterfragen. Noch immer dominieren überkomme Vorstellungen von kultureller Homogenität und Einsprachigkeit die Lehrplangestaltung und das Unterrichtsgeschehen.

- Zum Zweiten, weil man bei der Beschäftigung mit der erziehungswissenschaftlichen Forschung in diesem Themenbereich sehr schnell feststellt, dass die Lehr- und Forschungsgestalt der Interkulturellen Pädagogik bis heute noch nicht sehr klar konturiert ist. Dies ist insbesondere darauf zurückzuführen, dass Interkulturalität als erziehungswissenschaftliche „Leitkategorie" bislang noch nicht viel mehr als eine interkulturelle Hypothese für die Erforschung der Folgen kultureller Pluralisierung darstellt.

- Zum Dritten, weil es sehr schwer fällt, zu beachten, dass Fremdheitserfahrung keine eng begrenzte Frage praktischer Erziehung ist, sondern eine grundlegende oder prinzipielle Frage darstellt, die gleichsam quer zum Selbstverständnis allen pädagogischen Denkens und Handelns verläuft. Sowohl was die Zielbestimmung als auch was die erziehungspraktischen Strategien anbelangt, folgt pädagogisches Denken und Handeln kulturspezifischen Mustern und darüber hinaus ist es immer auch auf die Vermittlung kulturspezifischer, inhaltlich konkretisierter Kenntnisse, Fähigkeiten, Fertigkeiten und Werthaltungen hin ausgerichtet.

- Vorsicht ist nicht zuletzt auch deshalb angebracht, weil die Versuchung sehr groß ist, sich von bildungspolitischen und erziehungspraktischen Illusionen bezüglich der Wirkungsmächtigkeit interkultureller Bildungsarbeit beeindrucken zu lassen. Die nach wie vor eklatante Bildungsbenachteiligung der Kinder und Jugendlichen mit Migrationshintergrund, ist Anlass genug, darauf zu achten, dass sich die Auseinandersetzung mit der Interkulturellen-Hypothese nicht im „Wortgeklingel" kultur- und bildungstheoretischer Debatten verliert.

Offensichtlich sind wir noch weit davon entfernt, interkulturelle Kompetenz als eindeutig definiertes und klar formuliertes Ziel in der Lehrerbildung betrachten zu können. Dennoch – auch dies sollte deutlich geworden sein – kommen wir nicht umhin, an diesem Ziel festzuhalten. Und wenn es gelingt, künftige Lehrerinnen und Lehrer dazu in die Lage zu versetzen, die Gründe für beides zu erkennen und praktische Konsequenzen daraus abzuleiten, ist zumindest das Fundament für interkulturelle Kompetenz gelegt.

Literatur

Auernheimer, G.: Interkulturelle Kompetenz – ein neues Element pädagogischer Professionalität. In: Auernheimer, G. (Hrsg.): Interkulturelle Kompetenz und Professionalität, Opladen 2002, S. 183-205.

Auernheimer, G.: Einführung in die interkulturelle Erziehung, Darmstadt 2. Aufl. 1996.

Gogolin, I./Neumann, U./Roth, H.-J.: Förderung von Kindern und Jugendlichen mit Migrationshintergrund. Gutachten im Auftrag der Bund-Länder-Kommission für Bildungsplanung und Forschungsförderung. Materialien zur Bildungsplanung und zur Forschungsförderung, Heft 107, Bonn 2003.

Hohmann, M.: Interkulturelle Erziehung – eine Chance für Europa? In: Hohmann, M./Reich, H. (Hrsg.): Ein Europa für Mehrheiten und Minderheiten, Münster und New York 1989, S. 1-32.

Jungmann, W.: Vom Nutzen und Nachteil der Allgemeinen Pädagogik für die Diskussion um die Interkulturelle Erziehung. In: Pädagogische Rundschau, 52. Jg., Heft 4/1998, S. 401-419.

Jungmann, Walter: Kulturbegegnung als Herausforderung der Pädagogik, Münster und New York 1995.

Jungmann, W./Triantafillou, F.: Interkulturelle und internationale Ansätze in der Lehrerbildung. Erste Befunde einer vergleichenden Analyse zur Lehr(er)qualifikation für die Primarstufe an deutschen und griechischen Hochschulen, in: Zeitschrift für Pädagogik, 50. Jg., Heft 6/2004, S. 849-864.

KMK: Empfehlung „Interkulturelle Bildung und Erziehung in der Schule". Beschluss der Kultusministerkonferenz vom 25.10.1996. Bonn: Sekretariat der ständigen Konferenz der Kultusminister der Länder in der Bundesrepublik Deutschland, 1996.

KMK: Standards für die Lehrerbildung: Bildungswissenschaften. Beschluss der Kultusministerkonferenz vom 16.12.2004. Bonn: Sekretariat der ständigen Konferenz der Kultusminister der Länder in der Bundesrepublik Deutschland, 2004.

Krüger-Potratz, M.: Interkulturelle Bildung. Eine Einführung, Münster u.a. 2005.

Nieke, W.: Interkulturelle Erziehung und Bildung. Wertorientierungen im Alltag, Opladen 2. Aufl. 2000.

Oelkers, J.: Lernen. In: Wulf, Ch. (Hrsg.): Vom Menschen. Handbuch Historische Anthropologie, Weinheim und Basel 1997, S. 750-756.

Porcher, L.: Glanz und Elend des Interkulturellen? In: Reich, H.H./Wittek, F. (Hrsg.): Migration – Bildungspolitik – Pädagogik, Essen/Landau 1984, S.35-46.

Radtke, F.-O./Diehm, I.: Erziehung und Migration. Eine Einführung, Stuttgart u.a.1999.

Reich, H.H.: Die Entwicklung interkultureller Curricula. In: Reich, H.H./ Pörnbacher, U., Hrsg.): Interkulturelle Didaktiken. Fächerübergreifende und fächerspezifische Ansätze, Münster und New York 1993, S. 106-117.

Reich, H.H./Pörnbacher, U. (Hrsg.): Interkulturelle Didaktiken. Fächerübergreifende und fächerspezifische Ansätze, Münster und New York 1993.

Reich, H.H./Holzbrecher, A./Roth, H.J. (Hrsg.): Fachdidaktik interkulturell. Ein Handbuch, Opladen 2002.

Terhart, E.: Lehr-Lern-Methoden. Eine Einführung in Probleme der methodischen Organisation von Lehren und Lernen, Weinheim und Basel 1989.

Thomas, A.: Interkulturelle Kompetenz. Grundlagen, Probleme und Konzepte. In: Erwägen, Wissen, Ethik, 14. Jahrgang, Heft 1/2003, S. 137-150.

Konrad Fees

Qualitätssicherung in der Lehrerbildung

Pädagogische Professionalität als das ungelöste Problem
des Verhältnisses von Theorie und Praxis

0. Einleitung

Wie die öffentlich-rechtliche Schule nun von regelmäßigen Evaluationswellen betroffen wird, so gilt dies ebenso für die Hochschulen und Universitäten bzw. für die einzelnen Fachbereiche. Lehrveranstaltungen werden seit Jahren schon evaluiert, ebenso wurde die Erziehungswissenschaft als Disziplin erst kürzlich bundesweit einer breit angelegten Evaluation unterworfen (vgl. etwa MWK 2004). Im Mittelpunkt des staatlichen Interesses steht hierbei vor allem die Lehrerbildung. Dieser obliegt die Aufgabe, angesichts einer weithin als defizitär wahrgenommen öffentlichen Schule jenen Lehrernachwuchs auszubilden, der auf die immer schwieriger werdenden Bedingungen in der Schule auch vorbereitet ist.

Wie auch immer der kritische Zeitgenosse diese Entwicklungen beurteilen mag, so steht fest, dass die Öffentlichkeit der akademischen Lehrerbildung gegenüber zwar große Hoffnungen hegt, ihr andererseits aber auch mißtraut. Lehrerbildung soll zwar die Professionalität des künftigen Lehrers grundlegen, zugleich wird die Professionalität des Lehrberufes aber überhaupt in Zweifel gezogen.

Dieser Zweifel stellt ein doppelter dar: Zum einen trifft die Arbeit der Schulen und damit der Lehrerinnen und Lehrer auf ein großes Mißtrauen in Öffentlichkeit und Politik, was ja nichts anderes bedeutet, als dass die Professionalität der beteiligten Personen und Institutionen – dazu gehören die gesamte Schulverwaltung wie desgleichen die Lehrerbildung – in Frage gestellt wird. Zum anderen hat sich aber auch die deutsche erziehungswissenschaftliche Professionsforschung, welche diesen Bereich seit etwa 15 Jahren intensiv bearbeitet, zu keiner klaren Haltung hinsichtlich der Frage der Professionalität des Lehrerberufs durchringen können.

Dieser Diskurs ist zum einen schon einmal durch eine unklare Terminologie geprägt, so dass nicht immer nachvollziehbar ist, was unter Professionalität im einzelnen verstanden wird. Zum anderen fällt auf, dass häufig ein Professionsbegriff verwendet wird, der nicht auf Spezifika des Lehrerhandelns, sondern auf berufsständische und korporative Merkmale begründet ist. Diese Autoren leiten ihren Professionsbegriff nicht aus der Beobachtung von Lehrerhandeln, sondern aus soziologischen Konzepten ab, was soziologisch ja sehr ertragreich sein mag, in pädagogischer Hinsicht allerdings der Natur der Sache nach nur begrenzt zur Gewinnung neuer Erkenntnisse beitragen kann[1].

Deshalb soll im folgenden der Terminus „Profession/professionell" in der Weise verstanden werden, wie dieser in der modernen Arbeitswelt allgemein üblich verwendet wird, nämlich als Qualitätsbe- bzw. -auszeichnung im Hinblick auf zu vollziehende Handlungen, d.h. hier in Lehrerhandlungskontexten. Ein Lehrerhandeln ist dann als professionell zu bezeichnen, wenn es den Qualitätskriterien genügt, die in der modernen Arbeitswelt generell als professionell gelten. Das Merkmal ‚professionell' soll nicht bestimmten Berufen, etwa akademischen Berufen oder freien Berufen, welche die Bedingungen ihres beruflichen Handelns selbst definieren können, vorbehalten bleiben, sondern die Auszeichnung professionell wird im folgenden als Besonderung, als qualitative Sonderform beruflichen Handelns verstanden, d.h. als eine formale Kategorie, die grundsätzlich auf jeden Beruf bezogen werden kann.

Die akademische Erstausbildung an den Hochschulen ist zuvörderst eine theoretische Ausbildung. Da die anzustrebende Professionalität aber erst im beruflichen Handeln, also in der Praxis, erwiesen werden kann, betrifft die Frage der grundzulegenden Professionalität im Hinblick auf das Lehramtsstudium die Frage des Theorie-Praxis-Verhältnisses bzw. der Praxisreferenz der Theorie, wenn diese Frage auch nicht neu ist.

Im folgenden soll in einem Regress auf die Grundstruktur pädagogischen Handelns der Frage nachgegangen werden, inwiefern der Anspruch auf Professionalität des Lehrerhandelns unter dem Aspekt des Verhältnisses von Theorie und Praxis im Lehrerbildungskontext überhaupt einzulösen ist und welche Konsequenzen dies für die Lehrerbildung zeitigt.

---

[1] Vgl. zu dem ganzen Diskurs Gehrmann 2006 mit der dort angegebenen umfangreichen Bibliographie.

1. Das Lehramt zwischen Professionalität und Dilettantentum

Gehört der Lehrerberuf im Kontext der sich unter dem Druck der Globalisierung rasch wandelnden allgemeinen beruflichen Bedingungen und Verhältnisse letztlich immer noch zu den am meisten konturierten und stabilen Berufen mit entsprechendem Berufsbild – öffentliches Dienstrecht, Beamtenstatus, formal definierte Zugänge – steht die professionstheoretische Zuordnung immer noch vor großen Problemen. Zum einen legen die Konturiertheit des Berufsbildes wie die Etabliertheit des Berufes nahe, die Umschreibung ‚pädagogische Professionalität' als Selbstverständlichkeit zu gebrauchen. Das Berufsbild wie der Lehrerstand haben seit den 1820er Jahren bis zu den letzten wesentlichen standes- und besoldungsbezogenen Veränderungen in den frühen 1970er Jahren in mehreren Schüben zu der jetzigen nun auch schon über dreißig Jahren kaum noch veränderten dienst- und beamtenrechtlichen Fassung gefunden – ähnlich stabile Verhältnisse gelten weder für Ärzte, noch für Juristen und auch nicht für die Hochschullehrer. Dies legt nahe, den Terminus ‚pädagogische Professionalität' in der Weise zu gebrauchen, dass sich die geforderten beruflichen Kompetenzen des Lehrerberufes gleichsam technisch erzeugen ließen. Diese Verwendung findet sich in Lehrerbildungsordnungen und Lehrerbildungsdiskursen auch sehr häufig; pädagogische Professionalität lasse sich herstellen durch ein entsprechendes Lehrerbildungskonzept, pädagogische Professionalität ist dann nur noch eine Frage des entsprechenden Konzeptes, um das eben gerungen werden müsse, das dann aber auch gefunden werden könne.

Auf der anderen Seite finden sich gewichtige Stimmen, die dem Lehrerberuf das Merkmal ‚Professionalität' nicht zusprechen wollten und bestenfalls von Semiprofessionalität sprechen (vgl. Herrmann 1999). Dieser Auffassung zufolge bleibt der Lehrer sein Berufsleben lang gleichsam ein fachlich ausgebildeter Dilettant; zwar akademisch gebildet, gleichwohl sei es strukturell nicht möglich, in der Praxis der Situation entkommen zu können, immer wieder von neuem spontan und mehr oder weniger erfolgreich das Chaos organisieren bzw. eine chronisch instrumentell defizitäre Situation meistern zu müssen. Die ausgebildete Lehrkraft ist dann ein beruflicher Rollenträger, dessen Professionalität sich gleichsam darin beweist, sich ständig zwar um professionelle Qualität bemühen, gleichwohl die immer drohende Möglichkeit des Scheiterns einkalkulieren zu müssen (vgl. Oevermann 1996). In welcher Weise reagiert die Lehrerbildung auf diese Situation?

2. Akademische Lehrerbildung als Grundlage eines professionellen Expertenwissens

War die Lehrerbildung in Deutschland lange Zeit streng separiert in einen exklusiven akademischen Zweig für das höhere Lehramt und einen seminaristischen Zweig für das niedere Lehramt, konnte vor allem die vormalige niedere Lehrerbildung weitgehend an die akademische Lehrerbildung aufschließen. Abgesehen von der Besoldung und den vorgeschriebenen Regelstudienzeiten haben sich beide Zweige konzeptionell zwischenzeitlich sehr einander angenähert. Lehrerbildung wird in Deutschland verstanden als ein Ensemble fachwissenschaftlicher und erziehungswissenschaftlicher Studienanteile. Der akademische Status begründet sich hierbei aus der Tiefe und dem Anspruch der fachwissenschaftlichen Anteile. Desto mehr die Studienordnung für das betreffende Lehramt tiefergehende und umfangreiche fachwissenschaftliche Anforderungen vorsieht, desto ‚akademischer' gilt dieser Studiengang auch, was sich nicht zuletzt in der Besoldung und in der Laufbahn niederschlägt. Der professionelle Status der Lehrerbildung ist allerdings gerade nicht an die zu studierenden fachwissenschaftlichen Anteile, sondern an die erziehungswissenschaftlichen Anteile gebunden. Die Professionalität des Lehramtes speist sich aus den erziehungswissenschaftlichen Anteilen.

Die erziehungswissenschaftlichen Anteile unterscheiden den Diplom-Biologen vom Biologielehrer, den Historiker vom Geschichtslehrer und den Diplomingenieur vom Techniklehrer. Tiefergehende, gleichsam ‚professionelle' fachwissenschaftliche Kenntnisse werden zwar auch beim Lehrer vorausgesetzt, gleichwohl ist die Professionalität daran geknüpft, die fachwissenschaftlichen Kompetenzen pädagogisch wenden zu können; nicht die Mehrung der Kenntnisse an sich oder deren möglichst profitable Anwendung ist das Ziel des Lehrerhandelns, sondern die Weitergabe dieser fachlichen Fähigkeiten und Fertigkeiten an die Schülerinnen und Schüler stellt dessen Ziel dar.

Insofern auch dem Laien nunmehr bekannt ist, dass fachliche Kompetenzen nicht weitergereicht werden können wie Gepäckstücke, sondern von den

Qualitätssicherung in der Lehrerbildung

Schülerinnen und Schülern in komplexen pädagogischen Arrangements selbst erworben werden müssen, wird der Lehrer damit zum Arrangeur komplexer Lehr-/Lernprozesse. Die Lehrerrolle in Deutschland erschöpft sich aber keineswegs in der Funktion eines Didaktikers, dem es gelingt, Kind und Sache in eine möglichst fruchtbare Begegnung zu bringen; vielmehr wird die didaktische Funktion mit sehr weitreichenden allgemeinen erzieherischen Erwartungen verbunden. Die Lehrkraft soll auch motivieren, Störungen erkennen und beheben können, diagnostisch tätig sein und die Schülerinnen und Schüler bei der Ausbildung ihrer Persönlichkeiten führen und begleiten. All diese schülerbezogenen Erwartungen jenseits der fachlichen Kompetenzen bündeln sich in dem Begriff Professionalität. Die Lehrkraft ist damit ein Agent komplexer Persönlichkeitsbildungsprozesse, die auch mit dem Erwerb fachlicher Kompetenzen verbunden sind.

Lehrerprofessionalität beweist sich in der Praxis darin, äußerst heterogene Anforderungen situativ angemessen konzentrieren zu können. Bewusst oder unbewusst gelingt es der Lehrkraft, ganze Cluster von Faktoren in ein stimmiges Verhältnis zu bringen, Bündel von aktuell auf sie einströmenden Eindrücken anhand vorhandener Kenntnisse und Erfahrungen zu strukturieren und situativ angemessen zu handeln. Lehrerprofessionalität bedeutet dann, innerhalb wechselnder faktischer Szenarios die entscheidenden Faktoren erkennen und angemessen reagieren zu können. Lehrerprofessionalität lässt sich weder am Schreibtisch noch im Hochschulseminar erwerben, sondern nur in der pädagogischen Praxis selbst. Die Handlungskompetenz entsteht nicht während des Studiums, sondern eben danach.

Der akademische Status der Lehrerbildung begründet sich darin, dass während des Lehramtsstudiums immerhin theoretische Kompetenzen erworben werden. Geht es in fachlicher Hinsicht darum, so weit in Verfahrensweisen, Theoriebestände und Anwendungen eines spezifischen Faches eingedrungen zu sein, dass die spätere Lehrkraft zumindest den Schülerinnen und Schülern hinsichtlich der zu verhandelnden Gegenstände als Fachkraft gegenübertreten kann. In erziehungswissenschaftlicher Hinsicht geht es darum, die Besonderheiten des Lehrerhandelns insoweit theoretisch zu erschließen, dass bei späteren Handlungsanforderungen zumindest Begriffe, Kategorien und Konzepte vorliegen, auf die zumindest theoretisch rekurriert werden kann, wenngleich sich aus bestimmten Theoriepositionen bekanntlich kein bestimmtes Handeln ableiten lässt. Lehrerprofessionalität begründet sich erziehungswissenschaftlich darin, dass das Lehrerhandeln ein Handeln eigener Dignität darstellt, das ein Expertenwissen voraussetzt, über das Rollenträger vergleichbarer akademischer Berufsgruppen – Ärzte, Ingenieure, Juristen – eben nicht verfügen, und dieses Expertenwissen bezieht sich auf das spezifische pädagogische Handlungsfeld. In akademischer Hinsicht konstituiert sich die Lehrerprofessionalität dadurch, dass das spezifische pädagogische Handlungsfeld sich theoretisch durch Verfahrensweisen und Kategorien erschließen lässt, das allgemeinen akademischen bzw. wissenschaftlichen Anforderungen genügt. Die Erziehungswissenschaft wird damit zur Professionswissenschaft des Lehramtes und muss demzufolge neben der Einhaltung akademischer Standards sich aber auch auf das besondere Handlungsfeld des Lehrers beziehen können. Was ist aber nun das besondere Handlungsfeld des Lehrers?

3. Besonderheiten des Lehrerhandelns

Die Aufgaben des Lehrers im engeren Sinne lauten unterrichten, erziehen, bewerten, beraten; jede dieser Aufgaben stellt für sich ein Aufgabenbündel dar. Zum Unterrichten gehören die Planung wie auch die Reflexion des Unterrichts. Die Durchführung des Unterrichts lässt sich hinsichtlich der zu leistenden Teilaufgaben – methodische, didaktische, curative, kommunikative Handlungen – in weitere unzählige Teilhandlungen differenzieren. Zu diesen Aufgaben kommen noch die Aufgaben im weiteren Sinne dazu: Mitwirkung an den schulischen Konferenzen, Organisation von außerunterrichtlichen Veranstaltungen wie Klassenfahrten, Schullandheimaufenthalte, die Organisation von unterrichtsergänzenden Veranstaltungen wie etwa berufsorientierenden Praktika, die Beteiligung an der Schulentwicklung, Mitarbeit an innerer und äußerer Evaluation, Mitarbeit im Berufsverband bzw. Lehrergewerkschaft, Mitarbeit bei der Ausbildung von Lehreranwärtern.

Unterrichten stellt für sich eine komplexe Handlung dar, die sich nur ansatzweise in Teilhandlungen auflösen lässt, die sich als planen, durchführen, reflektieren umreißen lassen. Die Planung des Unterrichts beginnt nicht etwa bei der Überlegung, welche Schritte jeweils anzusetzen sind, sondern bereits viel früher bei der Überlegung, mit welchen Gegenständen sich die Schüler überhaupt im Unterricht befassen sollen. Es verhält sich hier keineswegs so, wie dies landläufig immer wieder angenommen wird, dass die Lehrpläne diesbezüglich exakte Anweisungen enthielten. Ganz im Gegenteil sind die Lehrpläne der jüngeren Zeit hinsichtlich der Bestimmung der Inhalte immer unbestimmter geworden. Die aktuelle Lehrplangeneration ist standard-basiert und enthält lediglich noch Angaben darüber, welche Kompetenzen die Schüler erwerben sollen. An welchen Inhalten bzw. Gegenständen diese Kompetenzen zu erwerben sind, das liegt vollständig in der Verantwortung der betreffenden Lehrkräfte.

Eine verantwortungsvolle Lehrkraft kann die jeweiligen Inhalte auch nicht von Stunde zu Stunde auswählen, sondern sie muss über einen Plan dessen verfügen, was die Schüler in dem jeweiligen Fach lernen sollen, wo die Schwerpunkte liegen, wie die einzelnen fachbezogenen Anforderungen zu einem stimmigen Ganzen geführt werden können, was über das einzelne Fach hinaus auch noch in fachübergreifenden Kontexte einzugliedern ist. Jede Einzelentscheidung hinsichtlich der Auswahl von Inhalten muss sich in ihrem Bezug zu größeren Einheiten rechtfertigen lassen, was wiederum entsprechende Vorstellungen und fachbezogene Kompetenzen auf seiten der Lehrkraft voraussetzt. Betrachtet man die jeweilige Auswahlentscheidung als eine Handlung, so hat die Auswahl selbst hierbei den kleinsten Anteil. Die Auswahl selbst hängt vom gesamten berufsbezogenen Erfahrungswissen der Lehrkraft ab; das berufsbiographisch über Jahre oder möglicherweise Jahrzehnte zusammengetragene Erfahrungswissen hat den größten Anteil darüber, was in der nächsten Stunde im einzelnen behandelt wird.

Letzteres gilt auch für die Entscheidung über die Wahl des jeweils zu aktualisierenden Unterrichtsarrangements, also über die Methodik und die damit in Zusammenhang stehenden Sozialformen. Diese Entscheidungen hängen in einem hohen Maße von der Kenntnis der jeweiligen Lerngruppe ab und der Einschätzung darüber, wie diese auf die von der Lehrkraft gegebenen Impulse reagieren wird. Methodische Entscheidungen sind im Gegensatz zu Auswahlentscheidungen (didaktische Entscheidungen) stärker von den jeweiligen situativen Gegebenheiten abhängig. Dies kann etwa dazu führen, dass in Kenntnis besonderer einzelner Schüler das methodische Arrangement anders getroffen wird, als etwa im Unterricht der parallelen Klasse.

Die Reflexion von Unterricht stellt wiederum eine komplexe Handlung dar, die einerseits den konkret erlebten Unterricht voraussetzt, aber andererseits wiederum das berufsbiographisch erworbene Erfahrungswissen. Im Unterschied etwa zu didaktischen oder methodischen Entscheidungen bezieht sich die unterrichtliche Reflexion auf das mögliche Gesamt von Unterricht; alle denkbaren Aspekte können hierbei thematisiert werden – aktuelle außerschulische Ereignisse, die das Schulleben beeinflussen, aktuelle entwicklungsbedingte Besonderheiten einzelner Schüler oder eben die konkreten Erfahrungen der letzten Unterrichtsstunde. Im Unterschied zu didaktischen und methodischen Entscheidungen lässt sich die Reflexion von Unterricht kaum auf einzelne konkrete Handlungen reduzieren, handelt es sich hier um ein komplexes Bündel möglicher Handlungen.

Kommunizieren ist eine der maßgeblichen Handlungen im Lehrerberuf, die auf allen Ebenen des professionellen Handlungsfeldes gefordert sind: mit Schülern im Unterricht und außerhalb des Unterrichts, mit Kollegen, mit Eltern und mit weiteren Ansprechpartnern etwa in Betrieben. Der Unterricht selbst ist bekanntlich ein Kommunikations- bzw. Interaktionsfeld, und zwar in lehrerzentrierten wie auch in ‚dezentralen' Unterrichtsphasen wie etwa Einzel-, Partner- oder Gruppenarbeit, in denen die Schüler verstärkt eigenverantwortlich arbeiten. Sind heute, wenn von ‚Medienpädagogik' gesprochen wird, eher die elektronischen Medien im Blick, wird hierbei übersehen, dass das wichtigste Medium im pädagogischen Handlungsfeld nach wie vor die personale Interaktion zwischen den am Unterricht Beteiligten darstellt. Der Lehrkraft kommt hier eine besondere Bedeutung zu, als sie die vielen kommunikativen Akte zu leiten hat und für ihr Gelingen die maßgebliche Verantwortung trägt.

Lehrkräfte kommunizieren aber ebenso mit Erwachsenen, d.h. mit Kollegen und Eltern. Wird die Lehrerrolle nach wie vor häufig als die professionelle Rolle eines Einzelkämpfers gesehen, trifft diese Sichtweise die Wirklichkeit auch insofern, als ein Lehrer im direkten Umgang mit den Schülern auf sich allein gestellt ist, durchläuft die Lehrkraft im schulischen Alltag gleichwohl unzählige kommunikative Akte mit ihren Kollegen. Den für die Bewältigung der schulischen Anforderungen wichtigsten Anteil nehmen hier die informellen Gespräche in den Pausen und auf den Gängen ein. Im informellen Umgang lernen sich die Kollegen kennen und werden die wichtigsten Informationen über einzelne Klassen und Schüler ausgetauscht. Die hohe Bedeutung der informellen Gespräch ergibt sich aus der Zwanglosigkeit der äußeren Situation wie auch dem direkten Gegenüber in der face-to-face-Situation: hier können auch kleinste Beobachtungen und Eindrücke aus spezifischen pädagogischen Begebenheiten zur Sprache kommen, die in den formellen Konferenzen nie zur Sprache kommen würden. Kommunikative Akte mit den Eltern unterliegen wiederum ganz eigenen Gesetzlichkeiten. Wurden diese noch lange Zeit unter dem Eindruck der obrigkeitsstaatlichen Schule von den Eltern gefürchtet, sind es heutzutage eher die Lehrkräfte, die mit Unbehagen dem Umstand entgegensehen, wenn ein Elternteil ein Gespräch wünscht oder die Lehrkraft gar der Forderung nach einer Aussprache folgend vor die Eltern einer Klasse treten muss. Das Verhältnis zwischen Lehrern und Eltern ist heutzutage häufig von einem notorischen Misstrauen begleitet; und Lehrkräfte sind häufig dem Vorwurf ausgesetzt, die missliche Situation, die sie beklagen, selbst verschuldet zu haben: Denn wäre es ihnen gelungen, die Schüler entsprechend zu motivieren und den Unterricht verständlich zu gestalten, wären die Schüler jetzt nicht in der misslichen Lage, die von dem verantwortlichen Lehrer beklagt wird.

Die kommunikativen Anforderungen an Lehrer sind demzufolge ungeheuer groß. Lehrkräfte müssen mit Kindern und Jugendlichen, mit Erwachsenen in verschiedenen Konstellationen sich verständigen können. Inwieweit das berufliche Handeln von Erfolg oder Misserfolg begleitet wird, hängt in einem sehr hohen Maße von den kommunikativen Kompetenzen der Lehrkräfte ab. Konnten sich Lehrkräfte früherer Generationen häufig noch auf eine Amtsautorität stützten, sind die modernen Lehrkräfte als ungeteilte Personen gefordert, die gerade etwa auch vor ihren Kolleginnen und Kollegen bestehen können müssen.

Wie diese auch nur ansatzweise Auflistung des Lehrerhandelns zeigt, lässt sich selbiges schon von den äußerlich sichtbaren Verrichtungen her kaum zureichend erfassen. Wenn die Aufgaben des Lehrers als unterrichten, erziehen, bewerten, beraten benannt werden, so handelt es sich hierbei nur um eine sehr grobe skizzenhafte Annäherung an die tatsächlich zu leistenden Aufgaben. Bereits die Erfassung des Lehrerhandelns ist damit in praxi nicht zu leisten, weil das faktische Lehrerhandeln sich ständig im Fluss befindet und sich auf diese Weise auch dem theoretischen Zugriff verweigert. Das konkrete Handeln bzw. die konkrete Praxis vor Ort ist theoretisch nur in Umrissen aufzuzeichnen. Die Lehrerbildung hat damit nur eine sehr vage, wenig fassbare Praxis vor sich, Lehrerbildung kann somit nur eine gleichsam antizipatorische Reflexion einer weithin unbekannten zukünftigen Praxis sein. Die akademische Lehrerbildung an den Hochschulen ist auch tatsächlich in der

Weise angelegt: Der faktisch vorliegende erziehungswissenschaftliche Theorienbestand orientiert sich kaum oder gar nicht an der Praxis, sondern speist sich offenbar aus ganz anderen Quellen. Wesentliche Bereiche der Praxis, etwa kommunizieren oder organisieren, kommen in der erziehungswissenschaftlichen Theoriebildung in der Tat nicht vor, wie umgekehrt heftig diskutierte Bereiche der erziehungswissenschaftlichen Theoriebildung sich kaum in der Praxis nachweisen lassen[2]. Diese Konzeption hat ihren tieferen Grund aber nicht nur in dem Umstand einer nur unvollständig greifbaren Praxis, sondern in der Grundstruktur pädagogischen Handelns überhaupt.

4. Das Theorie-Praxis-Problem in der Lehrerbildung

Lehrerbildung steht offensichtlich vor der Situation, theoretisch auf eine Praxis vorzubereiten zu sollen, die bereits von ihrer faktischen Situation her weitgehend unbekannt ist. Entsprechend liegt ein Theorienbestand vor, der in einer sehr losen Beziehung zur Praxis steht bzw. nur eine sehr geringe Kongruenz mit jener aufweist. Damit steht die gegenwärtige Lehrerbildung 200 Jahre nach Herbarts „Allgemeiner Pädagogik" immer noch vor der gleichen Situation wie zu Beginn ihrer Institutionalisierung.

Andererseits hat die historische pädagogische Theoriebildung von ihrem Anliegen her stets den Anspruch einer „Wissenschaft von der Praxis für die Praxis" einzulösen versucht. Theorie und Praxis sollen nicht getrennt, sondern gerade verbunden werden. Das älteste und dominanteste Theorie-Praxis-Modell ist Herbarts Theorie des pädagogischen Taktes. Dieses Modell stellt innerhalb der Lehrerbildung das „wirkungsmächtigste" (vgl. Oelkers 1984) dar. Erst müsse die Theorie gelernt werden, dann habe die Praxis zu folgen. Der pädagogische Takt als vermittelnde Instanz zwischen Theorie und Praxis ermöglicht dem Erzieher in der unmittelbaren Handlungssituation „eine schnelle Beurteilung und Entscheidung" (Herbart 1802/1964, 126). Der entscheidende Ort der Verbindung liegt nun im handelnden Pädagogen selbst. Denn er muss sowohl den Entwurf der Theorie kennen und verstehen als

---

[2] Als Beleg für diese These kann gerade der erziehungswissenschaftliche Professionsdiskurs selbst genannt werden, der sich in seinen Fragestellungen, Überlegungen und auch in seinem empirischen Zugängen kaum damit deckt, was Lehrerinnen und Lehrer in der Praxis tatsächlich bewegt.

auch die Umsetzung der theoretisch entworfenen Antwort in praktisches Handeln vornehmen können. Dazu muss der Pädagoge theoretisch versiert als auch praktisch erfahren sein. Im handelnden Subjekt also verbinden sich Theorie und Praxis in der Pädagogik.

Dieses Modell trifft die realen Verhältnisse aber nur in so weit, wenn „Theorie" stark vereinfachend im Sinne eines Oberbegriffes von Einzeltheorien verstanden wird. Dass eine einlinige Theorie-Praxis-Beziehung, wie sie seit Herbart immer wieder vorgeschlagen wurde, zu kurz greift, darauf hat Erich Weniger verwiesen. Anstelle eines solch einfachen Verhältnisses schlägt er die Vorstellung eines „sehr komplizierten Gefüges" vor, in dem Theorie und Praxis „alle nur denkbaren Beziehungen" eingehen können. „In Wahrheit ist zu wählen immer nur zwischen verschiedenen Gemengelagen von Theorie und Praxis", so Weniger. Bekanntlich unterscheidet Weniger verschiedene Theoriegrade und weist nach, dass eine theorielose Praxis gar nicht möglich ist. Weniger unterscheidet als Theoriegrade unterschiedliche pädagogische Wissensformen – also etwa formulierte Sätze des Praktikers von wissenschaftlichen Aussagen (vgl. Weniger 1952, 13 ff.). Da er den „Primat der Praxis" setzt, geht auch Weniger von einer Linearität seiner Theoriegrade aus. Wie aber das vorherige Beispiel der Leistungsbeurteilung gezeigt hat, sind Theorien häufig aber eben *nicht* linear zueinander. Man kann diesem Dilemma nur entkommen, indem man sich von einer geradlinigen Verknüpfung einzelner Theorien zueinander und schließlich zur Praxis verabschiedet.

Diesen Schritt hat Rudolf Lochner 1929 vollzogen, indem er Theorie und Praxis trennt: „Wenn man, wie es ein großer Teil der pädagogischen Tradition getan hat, wie gebannt ... auf die drängende Praxis starrt, erreicht man weder theoretisches Niveau noch auch die tatsächlichen praktischen Probleme. „Die Präponderanz des praktischen Gesichtspunktes führt schließlich zu einer solchen Utilitätsbedrängnis und Verengung, dass die Ebene der Wissenschaftlichkeit mehr oder weniger ganz verfehlt wird" (Lochner 1929, zit. nach Oelkers 1984). D.h.: Man muss sich von einer Harmonie, einem Eins-zu-eins-Verhältnis von Theorie und Praxis verabschieden. Lochner unterscheidet die Theorie der Erziehung als „Erziehungswissenschaft" von der Praxis („Tatsachen der Erziehung"); die „Erziehungswissenschaft" habe nur wissenschaftlichen Kriterien zu genügen ohne normative Beziehungen zur Praxis. Normen für die Erziehung dürfe nur die „Erziehungslehre" aufstellen, die allerdings wiederum der Wissenschaftlichkeit entbehren (vgl. Lochner 1947, 7 ff.). In erzieherischen Kontexten ist eine Harmonie von Theorie und Praxis nicht möglich, kann man lediglich von einer Differenz bzw. von einer Eigenwertigkeit der jeweiligen Bereiche ausgehen, was insbesondere für das Lehrerhandlungsfeld gilt. Die akademische Lehrerbildung ist auch in der Weise angelegt, wie etwa die folgenden Beispiele veranschaulichen: Die unter dem Oberbegriff „Didaktische Modelle" firmierenden Reflexionsmodelle zur Planung und Analyse von Unterricht beschreiben keinen tatsächlichen Unterricht. Ihre Funktion besteht lediglich darin, angehenden Lehrkräften die verschiedenen Aspekte von Unterricht deutlich zu machen. Die historische Bildungsforschung erreicht bestenfalls eine vergangene Wirklichkeit. Kein Lehrer wird sich bei seinen praxisbezogenen Überlegungen von sozialgeschichtlichen Erhebungen über die Mädchenschulentwicklung in Württemberg von 1871 bis 1918 leiten lassen. Eine Aussage wie „Unterricht ist der intentionale Prozess des Lehrens und Lernens" ist eine Begriffsbestimmung, die sich aber auf keinen konkreten Unterricht bezieht. Es dürfte für die meisten der schul- oder allgemeinpädagogischen Themen, Begriffe und Konstrukte gelten, dass sie über kein Pendant in der sozialen Wirklichkeit, geschweige denn zum pädagogischen Berufsfeld in den Schulen verfügen.

Wie auch immer Lehrerbildung im Einzelfall organisiert ist, müssen Theorie und Praxis bzw. „Wissen" und „Können" (Neuweg 2004, 1) in ihrem Verhältnis zueinander entweder integrativ oder different angelegt sein. Georg Hans Neuweg, gegenwärtig wohl der größte Kenner der verschiedenen Konzepte des Verhältnisses von Theorie und Praxis in der Lehrerbildung, teilt die vorhandenen Konzepte in zwei große Lager ein, in die „Integrations-" und in die „Differenzkonzepte":

> *Integrationskonzepte* unterstellen deskriptiv wie präskriptiv einen relativ engen Zusammenhang zwischen Ausbildungswissen und berufspraktischem Können und zielen deshalb in der einen oder anderen Form darauf ab, Wissen und Können zu integrieren. Dagegen setzen *Differenzkonzepte* an einer Beobachtung an, die auch Vertretern des Integrationsgedankens durchaus zugänglich ist: Es gibt ‚erfolgreiche Erzieher, die über das Erziehen kaum nachgedacht haben, und es gibt umgekehrt Erziehungstheoretiker, denen trotz intensiven Nachdenkens das erzieherische Können mangelt' (Brezinka 1978, S. 12). Ab-

seits des Anspruches, der Professionelle müsse Theorie und Praxis gleichsam innerpsychisch legieren, werden die Welten des Wissens und des praktischen Könnens als different betrachtet. Die ihnen jeweils korrespondierenden Formen der Weltaneignung werden als kategorial verschieden konzipiert, die Forderung ‚praktisches' oder ‚persönliches' Wissen einerseits und ‚Buchwissen' andererseits könnten oder müssten nahezu ohne Rest ineinander aufgehen, wird von Grund auf problematisiert" (Neuweg 2004, 1).

5. Erwerb berufspraktischer Kompetenzen

Für das Berufsfeld gilt: Pädagogisches Handeln erfolgt überwiegend in komplexen sozialen Situationen unter Zeitdruck und simultan. Pädagogen müssen über ein reichhaltiges Repertoire an Handlungsmustern verfügen. Professionelle Sicherheit entsteht durch das Erlernen solcher Handlungsmuster. Zur Handlungskompetenz gehören Wissensformen und motorische Abläufe, die offenbar nur durch Übung und Praxis erworben werden können. Wie verschiedene empirische Untersuchungen gezeigt haben: Pädagogische Kompetenzen werden im Lehrerberuf zum großen Teil beiläufig während der Berufsausübung erworben. Im Hinblick auf praktische Kompetenzen geschieht Lehrerbildung weitgehend als ein beiläufiges Lernen durch Erfahrung. Dies lässt sich freilich systematisch fördern. Lehrkräfte erleben das erforderliche schnelle Handeln als „automatisch", weil nicht mit Entscheidungen zwischen Alternativen, nicht mit Problemreflexion oder mit bewusstem Rückgriff auf früheres Wissen verbunden. Verallgemeinert heißt das, dass sie die Komplexität der jeweiligen Situation so erfassen, dass vorausschauend auf ein „stummes, implizites, intuitives Wissen" (vgl. Neuweg 2001) zurückgegriffen werden kann. Routinierte Kollegen entscheiden in solchen Situationen primär nicht distanziert aus Überlegungen oder Plänen, sondern ihr Handeln „geschieht" einfach. Aufgrund dieses „impliziten Wissens" um typische Unterrichtsereignisse können Experten in der Problemsituation Wichtiges von Unwichtigem unterscheiden: sie haben ein „Gespür" für das situativ angemessene Verhalten. Also kurz: Das Können entsteht *im* Beruf, nicht *davor* (vgl. Wahl 1991, Bromme 1992).

6. Einheit in der Differenz

Grundsätzlich gilt: Erziehung als Vollzug sowie Erziehung als Theorie sind grundsätzlich nicht ineinander überführbar, gleichwohl aber als Einheit in der Differenz aufeinander verwiesen als verschiedenartige, aber dennoch aufeinander bezogene Seiten der gleichen Medaillen. Dies gilt insbesondere für die pädagogische Situation, also die direkte Interaktion zwischen Erzieher und Zögling: Jede Interaktion hat ihre Besonderheit, die theoretisch eben nicht eins zu eins erfasst werden kann. Es handelt sich jeweils um eine komplexe, immer auch theoretisch geleitete Situation, die in dieser Weise einmalig und auch nicht mehr reproduzierbar ist. Faktisch handelt es sich bei der konkreten erzieherischen Situation um ein komplexes, multifaktoriell bedingtes Ereignis, das sich sehr gut mit dem ästhetischen Ereignis einer musikalischen Aufführung vergleichen lässt. Auch eine musikalische Aufführung hat als Aufführung, d.h. als Praxis, ihre Besonderheit, die theoretisch nicht ersetzt oder eingeholt werden kann. Was im Augenblick der sinnlichen Wahrnehmung zwischen dem Publikum und den Ausführenden tatsächlich geschieht, kann theoretisch oder psychologisch nicht wiedergegeben werden. Zwar ist Musik gerade nicht theorielos – aber auch die Theorie kann die Praxis als solche nicht einholen, sie kann die Praxis nur wieder zerlegen.

Analog verhält es sich mit dem Lehrerhandeln in der pädagogischen Situation: Lehrerhandeln als Vollzug in der pädagogischen Situation ist immer ein Ernstfall, der real von den verschiedensten Faktoren beeinflusst wird. Ebensowenig wie das klingende und optische Ereignis einer musikalischen Aufführung kann die Realsituation theoretisch beschrieben werden, und sowieso nicht etwa eins zu eins. Ebensowenig verfügen aber auch theoretische Aussagen oder Konstrukte so gut wie nie über unmittelbare Entsprechungen in der sozialen Wirklichkeit. Pädagogische Situationen im Ernstfall und dem pädagogischen Bereich zugehörige Konstrukte sind grundsätzlich different, zugleich aber auch dialektisch aufeinander bezogen.

Freilich gestattet die Theorie, zeitlich unabhängig zu dem sozialen Ereignis aus einer Realsituation herauszutreten und diese annähernd in beliebiger Hinsicht zu analysieren. Wenn sich auch auf diese Weise die Differenz zur Praxis nicht überwinden lässt, so können auf diese Weise dennoch einzelne Aspekte des Geschehens sehr differenziert in den Blick genommen werden. Die Betrachtung, gleichsam der eigentliche theoretische Akt – von gr.

theorein, schauen – kann aber nur dann fruchtbare Resultate erbringen, wenn der Blick des Betrachters theoretisch geschult wie zugleich derselbe auch praktisch erfahren ist. Wem die praktische Erfahrung fehlt, ertrinkt letztlich in der Fülle der Daten, weil die ordnenden Kriterien fehlen. Und wer umgekehrt nicht ‚schauen' kann, der kann auch nichts sehen. Insofern sind Theorie und Praxis zwar different, lassen sich aber gleichwohl nur aufeinander beziehen, wenn seitens des Betrachters entsprechende theoretische wie praktische Kompetenzen vorliegen.

Allerdings lässt sich Lehrerhandeln eben nicht nur auf den Umgang mit dem Zögling reduzieren. Viele Anforderungen der Berufspraxis – organisieren, verhandeln, beraten, mit Kolleginnen und Kollegen diskutieren, sich an Schulentwicklung beteiligen, beurteilen, Unterricht planen – sind außerhalb der direkten Interaktion zwischen Lehrkraft und Schüler anzusiedeln und theoretisch überaus anspruchsvoll.

Zur Professionalität gehört auch, dass Lehrerinnen und Lehrer ihr Handeln auf eine Weise legitimieren und in einen theoretischen Kontext stellen können, die vergleichbare Fertigkeiten von Laien übersteigt. Und dazu bedarf es entsprechender theoretischer Kompetenzen. Die Theorie muss und kann häufig zwar nicht in einem direkten Bezug zur Praxis stehen, sie darf diesen Bezug aber nicht völlig verlieren. Für die erziehungswissenschaftliche Reflexion im Kontext von Lehrerbildung heißt das etwa: Sie muss mit ihren Arbeitsgebieten und Fragestellungen schon in einem Bezug zum Lehrerprofessionsfeld stehen – also keine Feinmechanik abgespaltener Probleme – und sich auf Anforderungen der beruflichen Praxis bzw. ganz konkret auf Vorkommnisse in der sozialen Wirklichkeit beziehen lassen. Die Lehrerbildung muss Theorie und Praxis in ihrer Besonderheit wahrnehmen und vor allem die Theorie als solche authentisch vertreten.

7. Konsequenzen für das Theorie-Praxis-Verhältnis in der Lehrerbildung

Wird in der Lehrerbildung immer wieder die Frage bzw. der Vorwurf laut, die Lehrerbildung erreiche die Praxis nicht, so kann diese Aussage, wenn sie denn wahr sein sollte, mehrere Gründe haben. Die Theorie kann von vorneherein so angelegt sein, dass sie keine Praxis vor sich hat oder haben soll, dann kann sie dieselbe auch nicht erreichen. Oder es handelt sich gar nicht um Theorie, sondern nur um die Behauptung oder den Anschein von Theorie. Auch dann kann sie keine Praxis erreichen. Möglich ist aber auch, dass die Studierenden an den Hochschulen eine lupenreine, in sich stimmige Theorie erlernen, die eben nur von dem Nachteil geprägt ist, dass sie sich in der Weise nicht auf die Praxis übertragen lässt oder der Geltungsbereich dieser Theorie keine Entsprechung in der komplexen sozialen Wirklichkeit findet. Das Theorie-Praxis-Problem stellt sich dann als Frage einer mangelnden Übertragbarkeit einer in sich stimmigen Theorie auf eine Praxis, die offenbar völlig anders geartet ist. Wie auch immer: Die Frage einer nicht vorhandenen Praxisrelevanz von Theorie bzw. einer mangelnden Übertragbarkeit von Theorie in die Praxis kann ihren Grund auch in den Umständen der Genese dieser ‚Theorie' haben.

Wenn die Erziehungswissenschaft im Kontext von Lehrerbildung als Professionswissenschaft gelten soll, und nur das sichert ihre Existenz an den Hochschulen, muss sie über einen nachweisbaren Bezug zum professionellen Handlungsfeld verfügen, im anderen Falle würde sie sich selbst ad absurdum führen. Denn eine Ausbildung, die auf ein konkretes berufliches Handlungsfeld bezogen ist, kann die Notwendigkeit bzw. Unverzichtbarkeit der akademischen Vertiefung nur aus der Komplexität der Praxis heraus begründen, deren Durchdringung eine theoretische Vertiefung erfordert. Das heißt ganz konkret gefragt: Wie verhält es sich mit den akademischen Lehrkräften? Benötigen diese für ihre Theoriebildung im Kontext der Lehrerprofessionstheorie nicht auch eine schulbezogene Praxis, oder lassen sich die Theorien auch ohne Kenntnis dieser Praxis generieren bzw. in der akademischen Lehre vertreten?

Unter Professionswissenschaften im Kontext von Lehrerbildung sollen im folgenden jene erziehungswissenschaftlichen Fächer verstanden werden, die in einem engen Verhältnis zum schulischen Handlungsfeld stehen bzw. stehen sollten, also die klassischen erziehungswissenschaftlichen Fächer der Lehrerbildung, das sind insbesondere Pädagogik und Pädagogische Psychologie in ihren jeweiligen Einzeldisziplinen. Die Notwendigkeit des Handlungsfeldbezuges bei der Schulpädagogik bzw. bei ihren Unterdisziplinen einschließlich der empirischen Schul- und Unterrichtsforschung versteht sich von selbst bzw. wird aus den folgenden Überlegungen noch deutlich. Ebenso kann Allgemeine Pädagogik im Kontext von Lehrerbildung nicht nur als eine philologische Übung verstanden werden. Denn gerade die Allgemeine Pädagogik als pädagogische Grundlagenreflexion muss sich selbst legitimieren können, und das kann auch sie im Kontext von Lehrerbildung nur unter dem Regulativ zumindest der Vorstellung einer gelingenden Praxis.

Zum Theorie-/Praxisverhältnis hinsichtlich pädagogischen Handelns lässt sich aus dem Vorangegangenen sagen, dass sich dieses weder in ein Verhältnis eins zu eins, noch in eines der völligen Differenz fassen lässt. Theorie wie Praxis haben ihre eigene Dignität, sind also grundsätzlich autonom voneinander, dennoch gleichwohl aufeinander verwiesen und auch bezogen als Einheit in der Differenz. Vorstellbar ist ferner auch eine Theorie, die sich zwar als Professionstheorie versteht, gleichwohl in keinem Bezug zu einer sozialen Praxis steht oder in einem so fernen, dass diese Theorie für die soziale Praxis unerheblich ist. Entscheiden lässt sich dies freilich nur aus der Perspektive der Praxis: Lässt sich Praxis nachweisen, wo diese Theorie in irgendeiner Weise relevant geworden ist?

Theorie an sich lässt sich bekanntlich auf vielfache Weise generieren; soll die betreffende Theorie wissenschaftlichen Standards genügen, so gelten für die Erzeugung dieser Theorie die Standards der jeweiligen Einzelwissenschaft. Die Eigenschaft Professionstheorie beinhaltet über die Anforderung der Einhaltung wissenschaftlicher Kriterien allerdings noch den Handlungsbezug. Die betreffende Theorie muss gleichsam einen Sitz im Lehrerhandeln haben. Das muss nicht heißen, dass bestimmte Handlungen in einer linearkausalen Beziehung zur Theorie stehen müssen; es ist auch denkbar, dass aus der Reflexion einer pädagogischen Handlungssituation heraus sich theoretisch ein Desiderat auftut, das erst künftig handlungsleitend werden könnte. In diesem Fall bestünde gleichsam ein dialektisches Verhältnis der Theorie zur Praxis, dieser Theorie käme dann ohne Frage der Status einer Professionstheorie zu. Wenn die betreffende Theorie aktuell sich in Handlungen nicht nachweisen lässt, ist ihre Generierung doch auf Handlungen bezogen und könnte zumindest hypothetisch bei künftigen Handlungen bedeutsam werden. Die Generierung bzw. Produktion von pädagogischer Theorie ist möglich, so lange diese Theorie in einem wie auch immer gearteten nachweisbaren Verhältnis zu Lehrerhandeln steht. Der wissenschaftliche Fortschritt bzw. Fortschritt überhaupt wäre nicht möglich, wenn nicht auch Theorien generiert würden, die in der sozialen Praxis nie relevant würden. Des weiteren kann sich Theorie bekanntlich verselbständigen, stellt es gleichsam ein Definitionsmerkmal von Theorie dar, aus dem ursprünglichen Kontext gelöst werden zu können und als Grundlage in weitere Überlegungen eingehen zu können. Insofern lässt sich auch der Status Professionstheorie nicht an aktuelle Handlungssituationen binden, da nicht vorhersehbar ist, ob sich künftig nicht solche Handlungssituationen einstellen werden. Die Eigenschaft Professionstheorie lässt sich im Hinblick auf die Zukunft nicht entscheiden, in Richtung der Vergangenheit allerdings schon. Ob ein theoretisches Modell, das etwa im Jahre 1972 entwickelt wurde, zumindest in der Vergangenheit jemals handlungsbedeutsam geworden ist, lässt sich im Rückblick in der Regel schon beurteilen.

Die Produktion pädagogischer Theorie ist demzufolge möglich auch in einem sehr losen Bezug zum professionellen Handlungsfeld. Der Erzeuger dieser Theorie muss nicht selbst ein pädagogischer Professional sein. Insbesondere die empirische Schulforschung wird in der Praxis überwiegend von Personen durchgeführt, die selbst keine Lehrkräfte sind, denen also die professionelle Innensicht des Schulbereiches fehlt. Wenn die Erzeugung einer schulbezogenen Theorie ohne professionellen Bezug der Forscher zum Handlungsfeld möglich ist, sagt das freilich nichts über die Qualität bzw. Relevanz dieser Theorie im Hinblick auf Lehrerhandeln aus. Der professionsfremde Forscher, der ausgerüstet mit seinem empirisch-sozialwissenschaftlichen Methodenrepertoire das Handlungsfeld Schule nur aus der Außensicht wahrnehmen kann, letztlich wie ein Verhaltensforscher die ihm fremde exotische Schulwelt inspiziert, kann qualitativ über die Gewichtung bzw. Ordnung der ermittelten Daten letztlich nur wenig sagen. Ihm stehen möglicherweise zwar unglaubliche Datenmengen zur Verfügung, die er aufgrund seiner methodologischen Ausbildung präzise zu gewinnen vermag, für die Bewertung dieser Daten fehlt ihm freilich die professionelle Innensicht bzw. das qualitative Raster, dessen Erwerb zu ermöglichen ja das Ziel der akademisch fundierten Lehrerbildung darstellt.

Lehrerprofessionalität konstituiert sich freilich aus der Fähigkeit, in einem gleichsam endlosen zirkulären Prozess unzählige theoretische Einflüsse einerseits mit ebenso unzähligen praktischen Erfahrungen andererseits konfrontiert zu haben und damit in der fälligen Handlungssituation punktgenau diejenige Handlung abrufen zu können, die hier sachlich geboten ist. Oder anders ausgedrückt: Der pädagogische Professional vermag aus Trauben von Datenmengen, die aktuell sowie aus der Erfahrung auf ihn einströmen, die *relevan-*

ten Daten extrahieren und daraus eine stimmige Handlung ableiten. In einem häufig jahrzehntelang durchgeführten Wechselspiel von erworbenen Theorien und erlebten Erfahrungen erwirbt der Professional jenes professionelle qualitative Raster, das es ihm ermöglicht, exakt und punktgenau ein Datenchaos zu ordnen und zu strukturieren. Der Professional weiß, in welche Relationen er die einzelnen Faktoren zu bringen hat, wenn er auch auf den Schüler selbst keinen Einfluss zu nehmen vermag. Wenn sich Bildung und Erziehung auch nicht technisch erzeugen lassen, so gelingt dem Professional doch, den Erfolg soweit möglich werden zu lassen, wie dies die jeweilige aktuelle Situation zulässt. Oder anders ausgedrückt: Wenn das Lehrer-Schüler-Verhältnis letztlich durch das „strukturelle Technologiedefizit" gekennzeichnet ist und sich diese Konstellation auch nicht überwinden lässt, ist die „kluge Lehrkraft" (Herrmann) ein Virtuose des indirekten Arrangements: Im Wissen, dass die Schülerinnen und Schüler schon selbst aktiv werden müssen, wenn sich ein Erfolg einstellen soll, arrangiert sie die gegebenen Verhältnisse in der Weise, dass in der gegebenen Situation ein Erfolg so weit als möglich erwartet werden kann.

Lehrerbildung als Organisation eines auf Professionalität angelegten Ausbildungsganges als Folge akademischer Übungen mit einem allmählichen Übergang in die Praxis kann man auch umschreiben als einen Weg zunächst der Distanzierung der Nachwuchskraft vom selbst noch als Schüler erlebten schulischen Handlungsfeld über die Theorie mit einer allmählichen Konfrontation dieser Nachwuchs-Lehrkraft mit den Anforderungen der beruflichen Praxis. Letztlich wird die Theorie an der Praxis gebrochen; professionell wird die Lehrkraft erst dann, wenn sie mit zunehmender Praxiserfahrung auch gelernt hat, der Theorie bzw. einzelnen Theorien zu misstrauen und sich ein Handlungsrepertoire zulegt, das niemals theorielos sein kann und auch bewusst benennbaren Theorien folgen mag, gleichwohl aber dem Primat der eigenen Erfahrung gehorcht; Theorien also nur insoweit folgt, als sie vor der Praxis bzw. der eigenen Vorstellung einer gelingenden Praxis auch Bestand haben. Der Professional muss den Primat der Praxis setzen; seine Handlungen berücksichtigen bewusst oder auch unbewusst Theorien, die jeweilige Handlung entspringt freilich einem Werturteil, das die Lehrkraft selbst gefällt hat, und zwar auf der Grundlage des selbst gesetzten qualitativen Standards von gelingender Praxis. Der Professional entscheidet selbst, wie er handelt;

dies kann nur dann gelingen, wenn er im Dickicht vorhandener Theorien selbst einen gangbaren Weg definiert.

Dies bedeutet für den akademischen Lehrerbildner: Die Generierung von Theorie, die sich als eine pädagogische Theorie versteht, ist fraglos auch möglich ohne die professionelle Innensicht. Ob sich aus dieser Theorie irgendwelche Konsequenzen für die Praxis ableiten lassen, ist dann freilich eine ganz andere Fragestellung. Herrmann spricht in diesem Kontext von einer „völligen Wirkungslosigkeit für die Praxis" (vgl. Herrmann in diesem Band). Solcherart erzeugte Theorie kann zwar bedeutsam für den Praktiker sein, dies kann aber gerade der Produzent dieser Theorie am wenigsten einschätzen, da ihm das Raster des professionellen Praktikers fehlt. Wenn sich pädagogische Professionalität nur über einen jahre- oder gar jahrzehntelang vollzogenen zirkulären Prozess konstituiert, dessen Durchlauf es erst gestattet, die Datenflut komplexer pädagogischer Situation auch intuitiv zu erfassen und die bedeutsamen Daten zu isolieren, so kann der Nicht-Professional seine eigene Theorie im Hinblick auf die Praxis auch nicht einschätzen.

Die Anforderungen an den Lehrerbildungs-Professional sind ungleich höher noch als ‚lediglich' an den Praktiker. Letzterer muss in der Praxis innerhalb komplexer Situationen ‚nur' punktgenau jene Handlung abrufen können, die aktuell geboten ist. Dies geschieht häufig intuitiv, generiert aus einem impliziten Wissen heraus. Der reine Praktiker ist möglicherweise gar nicht dazu in der Lage, sein Handeln theoretisch zu explizieren – er muss es ja auch nicht. Der Lehrerbildungs-Professional muss aber auch dazu in der Lage sein. Nicht nur, dass er über das entsprechende Handlungswissen verfügen sollte, er sollte sein Handeln auch explizieren können.

Des weiteren: Wer innerhalb der Lehrerbildung Erziehungswissenschaft lehrt, also die eigentliche Professionswissenschaft für Lehrer, kann doch den unüberschaubaren Dickicht an Theorien im Hinblick auf die Praxis bzw. auf das professionelle Handlungsfeld eben nur dann ordnen und dieser eine Gestalt geben, wenn ihm bzw. ihr Kriterien für die Praxis vorliegen. Dem Nicht-Praktiker, der selbst nie schulfeldbezogene professionelle Kompetenzen erworben hat, müssen doch die Kriterien für die Strukturierung fehlen. Wer aber keine Maßstäbe hat, ist der Fülle der Theorien hilflos ausgeliefert, seine eigene Lehre läuft dann Gefahr, beliebig zu werden. Oder anders ausgedrückt: Wer innerhalb der Professionswissenschaft Theorie ohne Praxiskenntnis lehren will, muss sich doch fragen lassen, Theorie von ‚was' er bzw. sie lehrt.

Ferner: Die Existenz der akademische Lehrerbildung und insbesondere der berufsfeldbezogenen Erziehungswissenschaften beruht doch auf der Annahme, dass sich pädagogischer Professionalität nur durch den Durchlauf durch erziehungswissenschaftliche Theoriebestände zu konstituieren vermag. Dies ist in der Tat die einzige Existenzbegründung für die Erziehungswissenschaften innerhalb der Lehrerbildung und damit innerhalb der entsprechenden Fakultäten. Das heißt: Pädagogischer Professional kann qua professionstheoretischer Annahme nur werden, wer ein entsprechendes theoretisches Arsenal erworben hat, das hernach in einen Bezug zur Praxis gesetzt werden kann. Diesen Bezug, ohne den eine solche Lehre orientierungslos würde, kann innerhalb der Lehrerbildung nur die akademische Lehrkraft herstellen bzw. verbürgen; wenn das die Studierenden bereits könnten, bräuchten sie diese Ausbildung nicht. Solange akademische Lehre an das Vorhandensein von Lehrpersonen gebunden ist, ist eine professionsbezogene Lehre nur möglich, wenn die Lehrpersonen selbst über einen authentischen Bezug zum professionellen Handlungsfeld verfügen.

Und schließlich: Es kann keine Professionstheorie bzw. professionsbezogene Wissenschaft geben unabhängig von einer professionsbezogenen Praxis. Da letztere, wie durch Herbarts Konstruktion des „pädagogisches Taktes" bereits illustriert, nicht zwingend aus bestimmten gegebenen Situationen hervorgeht, sondern jede konkrete Handlung das Resultat eines autonomen Urteils des pädagogisch Handelnden darstellt, das eben nicht-linear erzeugt wurde, ist das Verhältnis von Theorie und Praxis in fälligen Handlungssituationen immer ein vorweg nicht bestimmbares, sondern ein von der Entscheidung des Handelnden abhängiges. Das Ziel der komplexen Lehrerbildung besteht ja darin, eine Urteilsfähigkeit in solchen komplexen Handlungssituationen zu ermöglichen, die sich signifikant von der Urteilsfähigkeit von Laien unterscheidet, also eine *professionelle* Urteilsfähigkeit zu ermöglichen. Theorie und Praxis stehen also in einem offenen, nicht-linearen Verhältnis, die Relation kann nur durch eine vorweg nicht determinierbare Entscheidung hergestellt werden. Eine ‚reine Wissenschaft' ist unter diesen Umständen zwar vorstellbar, wäre professionstheoretisch aber irrelevant, da Expertenwissen immer eine begründete Relation zwischen Theorie und Praxis, und keine zufällige, voraussetzt. In Lehrerprofessionskontexten kann es demzufolge keine Theorie unabhängig von einer Praxis geben, die Theorie kann sich erst durch die Praxis konstituieren.

Gilt die Maßgabe einer gelingenden Praxis – andernfalls wäre eine akademische Lehrerbildung sinnlos – bedarf die Theorie einer Verortung in der Praxis, wie auch immer das Verhältnis im einzelnen angelegt sein sollte. Systematisch ausgedrückt: Da die Komplexität der sozialen pädagogischen Praxis wie auch die Unabschließbarkeit des pädagogischen Handlungsbereiches eine vor- wie nachgängige theoretische Durchdringung notwendig machen als unverzichtbare Grundlegung pädagogischer Professionalität, legitimiert sich diese Theorie nur wieder in ihrer Relevanz für die Praxis. Pädagogische Professionstheorie ist keine l'art pour l'art. Personal ausgedrückt: Da Lehrerbildung selbst wieder ein pädagogisches Feld darstellt, in dem sich Lehrende und Novizen begegnen, kann die Theorie in ihrer Geltung nur durch die Lehrenden repräsentiert und verbürgt werden, was zugleich bedeutet, dass diese damit auch das komplexe nichtdeterminierbare Verhältnis der Theorie zur Praxis zu repräsentieren haben, was professionstheoretisch und personal nur möglich ist, wenn sie selbst pädagogische Professionals sind, und zwar bezogen auf das schulische Handlungsfeld. Auch Lehrerbildung ist kein pädagogisches perpetuum mobile.

8. Zusammenfassung

Rund 180 Jahre nach ihrer Institutionalisierung in Deutschland ist Lehrerbildung in ihren Grundzügen noch mit den gleichen Problemen befasst, die sie schon in ihren Anfängen begleitet haben: Da die Arbeit des Lehrers wesentlich eine Leistung der Ermöglichung von Enkulturation darstellt, selbst also wesentlich als eine kulturbezogene oder auch -stiftende Tätigkeit zu verstehen ist, ist sie selbst wesentlich auf Kultur bzw. im engeren Sinne auf Theorie verwiesen. Lehrerhandeln changiert damit in allen Bereichen zwischen Handeln und Reflexion, Wissen und Können bzw. Praxis und Theorie, ohne dass sich die jeweiligen Verhältnisse zureichend erfassen und beschreiben ließen.

Die an den Hochschulen institutionalisierte und öffentlich alimentierte Erziehungswissenschaft hat ihren Existenzgrund nicht nur, aber weitgehend in der Lehrerbildung. Letzterer kommt die Aufgabe zu, auf eine weitgehend als krisenhaft wahrgenommene Schule jenen Nachwuchs vorzubereiten, der die pädagogischen Herausforderungen der Zukunft anzunehmen und möglichst auch zu bewältigen bereit ist. In welchem Verhältnis Lehrerbildung und späteres Lehrerhandeln wirklich stehen, ist freilich noch weitgehend terra incognita. Den Erziehungswissenschaften wird aber immerhin das Vertrauen entgegengebracht, dass Lehrerhandeln ein entsprechendes theoretisches Professionswissen voraussetzt und dass die Erziehungswissenschaften dieses innerhalb der Lehrerbildung angemessen zu vertreten in der Lage sind.

Im Unterschied etwa zu den Medizinern, die als Ärztebildner zugleich als Ärzte an Universitätskliniken beschäftigt sind, sind die pädagogischen Fakultäten in Deutschland nicht an entsprechende Universitätsschulen angegliedert. Das Handeln des Lehrerbildners beschränkt sich weitgehend auf die Beschäftigung mit Theorie, die in keinem professionellen bzw. institutionellem Bezug zum praktischen Referenzfeld steht. Es ist ohne Frage möglich, als Lehrerbildner zu fungieren, ohne dass sich die eigene Berufsbiographie jemals mit dem professionellen Handlungsfeld von Lehrern überschnitten hätte. Lässt sich solch eine Konstellation allerdings theoretisch rechtfertigen?

Systematisch sprechen gewichtige Gründe dagegen. Die akademische Lehrerbildung bzw. die Erziehungswissenschaft basiert institutionell auf der Annahme einer entfalteten Komplexität des Lehrerhandelns, das die Einrichtung und Alimentierung einer entsprechenden reflexiven Institution, der Erziehungswissenschaft als Professionswissenschaft, notwendig macht. Der Existenzgrund der Theorie ist an die Vorstellung einer gelingenden Praxis gebunden. Pädagogisches Handeln ist immer an einen Akteur gebunden, der autonom und nicht determinierbar selbst das Verhältnis zwischen Theorie und Praxis setzt, Herbart benannte diese Konstellation als den „pädagogischen Takt". Wenn pädagogisches Handeln damit unverzichtbar an einen autonomen Akteur gebunden ist, wenn dies ein professionelles Handeln sein soll, so kann pädagogische Professionstheorie auch nicht angemessen in der Lehrerbildung ohne einen entsprechenden Akteur repräsentiert werden, der den „pädagogischen Takt" authentisch zu vertreten in der Lage ist.

Professionelles Lehrerhandeln lässt sich nicht linear bzw. bezogen auf gegebene Ausgangsszenarios mit Gewährleistung erzeugen. Lehrerhandeln ist immer ein riskantes Handeln, der Erfolg lässt sich nicht erzwingen oder erwirken. Gleichwohl kann das Vorhandensein professioneller Lehrkräfte nicht geleugnet werden, die unter schwierigsten Bedingungen doch die Klaviatur des nicht Planbaren und nicht Erwirkbaren beherrschen, so weit das überhaupt möglich ist. Unabhängig davon, wo diese Lehrkräfte ihr professionelles Expertenwissen erworben haben, sie verfügen über die spezifisch professionelle Fähigkeit, Theorie und Praxis punktgenau koordinieren zu können. Innerhalb dieser Grenzen ist der Anspruch auf Professionalität des Lehrerhandelns einzulösen. Eine professionsbezogene Lehrerbildung ist nur dann möglich, wenn sie diesen schmalen *eigentlichen* professionellen Bereich in ihr eigenes pädagogisches Handeln zu inkludieren versteht. Lehrerbildung darf daher nicht nur ein metatheoretisches, sondern muss vielmehr auch ein metapragmatisches Handeln sein, um dem eigenen wie auch von außen gesetzten Anspruch auf Professionalität genügen zu können.

Literatur

Brezinka, W.: Metatheorie der Erziehung. Eine Einführung in die Grundlagen der Erziehungswissenschaft, der Philosophie der Erziehung und der Praktischen Pädagogik, München 1978.

Bromme, R.: Der Lehrer als Experte. Zur Psychologie des professionellen Wissens, Bern 1992.

Gehrmann, A.: Beruf, Rolle und Professionalität von Lehrern. In: Arnold, K.-H./ Wiechmann, J./Sandfuchs, U. (Hrsg.): Handbuch Unterricht, Bad Heilbrunn 2006, S. 609-616.

Herbart, J.Fr.: Die ersten Vorlesungen über Pädagogik (1802): In: Asmus, W. (Hrsg.): Johann Friedrich Herbart. Pädagogische Schriften, Bd. 1, Düsseldorf und München 1964, S. 121-131.

Herrmann, U.: Lehrer – Professional, Experte, Autodidakt. In: Apel, H.J. u.a. (Hrsg.): Professionalisierung pädagogischer Berufe im historischen Prozeß, Bad Heilbrunn 1999, S. 408-428.

MWK – Ministerium für Wissenschaft, Forschung und Kunst Baden-Württemberg (Hrsg.): Evaluation der Erziehungswissenschaft an den Universitäten und Pädagogischen Hochschulen des Landes Baden-Württemberg. Abschlussbericht der Gutachterkommission 2004, Bonn 2004.

Lochner, R.: Erziehungswissenschaft im Abriß, Wolfenbüttel-Hannover 1947.

Neuweg, G.-H.: Könnerschaft und implizites Wissen. Zur lehr-lerntheoretischen Bedeutung der Erkenntnis- und Wissenstheorie Michael Polanyis, Münster 2. Aufl. 2001.

Neuweg, G.-H.: Figuren der Relationierung von Lehrerwissen und Lehrerkönnen. In: Hackl, B./Neuweg, G.-H. (Hrsg.): Zur Professionalisierung pädagogischen Handelns. Arbeiten aus der Sektion Lehrerbildungsforschung in der Österreichischen Gesellschaft für Forschung und Entwicklung im Bildungswesen, Münster 2004, S. 1-26.

Oelkers, J.: Theorie und Praxis? Eine Analyse grundlegender Modellvorstellungen pädagogischer Wirksamkeit. In: Neue Sammlung, 24. Jg, Heft 1/1984, S. 19-39.

Oevermann, U.: Theoretische Skizze einer revidierten Theorie professionalisierten Handelns. In: Combe, A./Helsper, W. (Hrsg.): Pädagogische Professionalität. Untersuchungen zum Typus pädagogischen Handelns, Frankfurt a.M 1996, S. 70-182.

Wahl, D.: Handeln unter Druck. Der weite Weg vom Wissen und Handeln bei Lehrern, Hochschullehrern und Erwachsenenbildnern, Weinheim 1991.

Weniger, E.: Die Eigenständigkeit der Erziehung in Theorie und Praxis. Probleme der akademischen Lehrerbildung, Weinheim 1952.

Johann J. Beichel

Ästhetische Bildung als Fundament der Lehrerbildung

Plädoyer für eine ÄSTHETISCHE WENDE[1]

1. Bildungstheoretisches Präludium

Sobald wir uns darüber verständigt haben, gelingenden Unterricht und nachhaltige Erziehung als notwendige Voraussetzung von BILDUNG zu akzeptieren, werden wir nicht umhin können, weitere relevante Bedingungsfaktoren für das angestrebte Gelingen auch lehrerseits auszumachen, um den Beitrag und die Bedeutung der involvierten Lehrperson zu verstehen (siehe Begriffstabelle 1).

Für das spezifische Anliegen dieser Studie seien die beiden anderen, ansonsten nicht minder bedeutsamen Fundamente der Bildungsidee im traditionellen pädagogischen Dreieck, nämlich die Seite der zu vermittelnden sachlichen Inhalte (Sache und Sachlichkeit der Sprache) und die Person der zu bildenden Educanden (Schüler) vorläufig außer Acht gelassen.

Nehmen wir nun die allgemeinen personalen Qualitäten der unterrichtlich wie erzieherisch agierenden Lehrperson in den Focus, und zwar oberhalb des verfügbaren und reproduzierbaren, auch überprüfbaren Berufswissens, so sehen wir uns deshalb großen und neuen wie aufregenden Herausforderungen ausgeliefert, weil wir uns längst daran gewöhnt haben, in der Personalen Evaluation, z. B. in der Lehrerbildung der Hochschulen und Seminare, schon aus Furcht vor „normativem Glatteis", unsere Aufmerksamkeit vorzugsweise auf das Berufswissen zu richten, welches a priori objektivere und validere Evaluationsmethoden zulässt.

---

[1] Mit vielversprechenden Perspektiven von David Hume, Adam Smith, Immanuel Kant, Friedrich Schiller, Johann Friedrich Herbart, Henri Bergson, Theodor Ballauff u.v.a.

Die überspannte Diskussion in der bisweilen kurzsichtigen Innovationseuphorie der aktuellen Seminardidaktik zu geforderten Lehrerkompetenzen und Ausbildungsstandards tut ein Übriges, diese bedeutsamen, aber „weichen" Qualitäten aus den Augen zu verlieren.

An dieser Stelle muss nun kurz und mahnend die Praxis und Empirie der *Staatlichen Lehramtsprüfungen* zu Wort kommen, die fortlaufend erlebt und zu berichten weiß, dass ihre vornehmlich auf erlerntes Berufswissen sich beziehende Selektionsmethodik der Staatsprüfungen oft jene Prädikatsexaminanden in der schulischen Realität kläglich scheitern lässt, während gar nicht selten der Lehrernachwuchs mit nur mittelmäßigen Examensnoten – sofern eine Einstellung überhaupt erfolgte – sich zum uneingeschränkten Vorteil der Schüler und zu großen und anerkannten Stützen der Schule weiterentwickelt. Wir müssen erkennen und uns folglich damit abfinden:

Rationalität und die Summe aller kognitiven Potenzen der Lehrperson sind unzweifelhaft als unverzichtbares Fundament der *Berufseignung* anzuerkennen, aber offensichtlich für gelingendes Lehrersein und Lehrerhandeln (= *Berufstüchtigkeit*) keinesfalls hinreichend.

Dass Lehrerkognition und Lehrerkönnen nur bedingt miteinander zu tun haben, hat auch die aktuelle Lehrerkognitionsforschung, ein empirischer Wissenschaftszweig der Psychologie um Rainer Bromme, Bernd Dewe, Wilfried Ferchhoff, Frank-Olaf Radke, Günter Krampen und Fritz Ulrich Kolbe in der Experten-Novizen-Empirie nachgewiesen:

- Erfahrene Lehrpersonen handeln unterrichtlich und erzieherisch oft angemessen, vernünftig und erfolgreich ohne ein verfügbares spezifisches Theoriewissen diesbezüglich.

- Berufsanfänger im Lehramt verfügen in der Regel über ein profundes Berufswissen, scheitern aber bisweilen im unterrichtlichen oder erzieherischen Handeln.

Ästhetische Bildung

Begriffstabelle 1

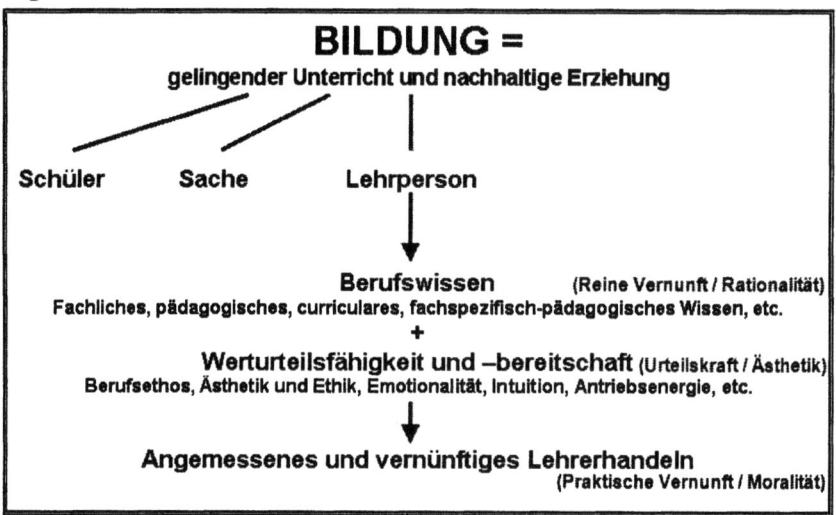

© J. Beichel 2005

Offensichtlich gibt es darüber hinaus auch noch ein „pädagogisches Talent", welches sich als quasi individuelle und hoch subjektive Unterrichtskunst der Lehrer(-aus-)bildung entzieht? Jedenfalls dürfen wir aus den genannten Gründen von Kognitionen nur bedingt auf gelingendes Handeln in Unterricht und Erziehung schließen.

2. Evaluationskritik

Weshalb in der Personalen Evaluation beim Lehrernachwuchs, insbesondere in der ersten Phase an den Hochschulen, schwerpunktmäßig das Berufswissen und nur sporadisch schulisches Handeln beobachtet und beurteilt wird – mit allen existenzbegründenden und im Einzelfall auch existenzvernichtenden Konsequenzen –, bleibt unergründlich und zeigt sich als deutlicher Irrweg staatlicher Lehramtsprüfungen.

Dass seit 2005 die Erste zur Zweiten Staatsprüfung in Baden-Württemberg auch noch im Verhältnis 1:1 gewichtet wird, war als bildungspolitische Entscheidung aus der wissenschaftlichen Perspektive sicherlich ein Schritt in die absolut falsche Richtung.

Aktuelle Befunde der oben genannten pädagogischen und psychologischen Forschungsgebiete geben ferner Auskunft über die Zusammenhänge zwischen Wissen, Können und Wollen, zwischen Rationalität, Emotionalität und Moralität (Berufsethos) der Lehrperson sowie der rhetorisch-kommunikativen Dimension des Lehrerhandelns. Bevor wir uns jenen Erkenntnissen vertiefend zuwenden, bedarf es einiger Begriffserklärungen zur Verständigung darüber, wovon gleich die Rede sein soll. Für eine vorläufige Topologie des professionellen Lehrerwissens bietet sich folgende Differenzierung an: (vgl. Beichel 1999, 197):

1. Fachliches Wissen
2. Pädagogisches Wissen
3. Curriculares Wissen
4. Fachspezifisch-pädagogisches Wissen
5. Philosophie des Unterrichts, der Erziehung und des Schulfaches
6. Berufsmoralische Einstellungen/Werthaltungen/Emotionalität/Intuition

Und darüber hinaus: *Was nützt uns all das viele Können, wenn dann dem Wollen es gebricht?*

Auch die Frage nach den *Antriebsenergien* („élan vital" nach Henri Bergson) stellt sich, zumal in einem Berufsfeld, in dem die Motivation und vitalisierende Schubkraft selten von Vorgesetzten, von einer verlockenden Vergütung oder anderen Anreizen zu erwarten ist.

Stabiler, situationsüberdauernder intrinsischer Anschub als nachhaltiges „Wollen" ist als bedeutsame personale Qualität auszumachen, die weder in der Lehrer(-aus-)bildung nachhaltig zu fördern noch in Lehramtsprüfungen valide zu erheben ist.

Interessant und für geisteswissenschaftliches Denken besonders erfreulich ist, dass selbst überwiegend empirisch-deskriptiv orientierte Psychologen in der Lehrerkognitionsforschung mit den Unterscheidungen 5.) und 6.) nicht nur bewertende Perspektiven und Normativität auf unterrichtliche Inhalte und Schüler bezogen zulassen, sondern diese explizit einfordern (vgl. e.g. Bromme 1997, 196).

3. Berufseignung versus Berufstüchtigkeit

Greifen wir zunächst den Begriff der „Berufstüchtigkeit" auf, so ist dieser nach geisteswissenschaftlichem Anspruch konsequent von der Berufseignung zu unterscheiden:

Dabei verhält sich berufliche Eignung zur beruflichen Tüchtigkeit – beides bezogen auf den Lehrerberuf – wie *competence* zu *performance* im angloamerikanischen Sprachgebrauch, sinngemäß wie dispositive Fähigkeiten zu den Bereitschaften des Handelns, wie statische zu energetischen und dynamischen Qualitäten.

Ersteres, die Berufseignung, beschreibt schwerpunktmäßig eine quasi Eingangsvoraussetzung als Ausstattung, als intellektuelle, kognitive oder rationale Prädisposition, zweiteres die Tüchtigkeit im Prozesscharakter, u.a. auch die Anstrengungsbereitschaft und das Durchhaltevermögen (Max Scheler: „Drangenergien") ausgewiesen als berufsmoralische Einstellung; ergo oberhalb des *„Wissens"* und *„Könnens"*, auch das erforderliche *„Wollen"*.

In einem Beitrag zur normativen Philosophie der Erziehungsziele hat Wolfgang Brezinka das „Persönlichkeitsideal Tüchtigkeit" umfassend definiert (Brezinka 1987, 12 ff.): "Tüchtigkeit ist die durch eigene Anstrengung erworbene, von der Gemeinschaft positiv bewertete, relativ dauerhafte Eigenschaft eines Menschen, bestimmten Erfordernissen voll und ganz genügen zu können" (ebd., 53).

Wenn Fritz-Ulrich Kolbe ein spezifisches „Programm subjektorientierter Lehrerbildung" vertritt, dann tut er dies auf der Basis der Erkenntnisse unserer vorwiegend empirischen Lehrerkognitionsforschung, wonach Erfahrungswissen als Können – wir sprachen bereits von „implizitem Handlungswissen" – inhaltlich gar nicht objektivierbar zu erfassen und in diesem Sinne auch nicht kodifizierbar sei. Dementsprechend kann es von anderen Praktikern als vernünftiges und angemessenes Lehrerhandeln auch nicht kopiert oder übernommen werden (vgl. Kolbe 1997, 129).

Handlungstheoretisch betrachtet habe wissenschaftliches Regelwissen für den professionellen Praktiker lediglich den Status eines Inbegriffs von Vorkenntnissen. Zwar sei jeder Professionelle angewiesen auf den Besitz derartiger Vorkenntnisse, solche Kenntnisse allein garantieren aber noch keine Aussicht auf gelingende Handlungspraxis, auf erfolgreichen Unterricht und nachhaltige Erziehung (vgl. Dewe et al. 1992, 84).

> „Im Handeln nur lernt man die Kunst, erlangt man Tact, Fertigkeit, Gewandtheit, Geschicklichkeit; aber selbst im Handeln lernt die Kunst nur der, welcher vorher im Denken die Wissenschaft gelernt, sie sich zu eigen gemacht, sich durch sie gestimmt, – und die künftigen Eindrücke, welche die Erfahrung auf ihn machen sollte, vorbestimmt hatte" (J. Fr. Herbart 1802).

Pädagogisches Professionswissen wäre dementsprechend zwischen dem wissenschaftlichen und dem alltäglich-praktischen Wissen zu verorten. Aus der Addition, Adaption und Transformation von implizitem und explizitem Handlungs- und Erfahrungswissen ergäbe sich dann eine personale Qualität, die wir als ein „Können" bezeichnen dürfen, welches in der Lage wäre, die eingangs als bedeutsam erachtete Unterscheidung zwischen Lehrerkompetenzen einerseits und den sogenannten Performanzqualitäten andererseits wieder versöhnlich anzunähern.

Führen wir jetzt noch die beiden Postulate der Vernünftigkeit und der Angemessenheit bezüglich eines erfolgreichen Lehrerhandelns ein, so gelangen wir über die Ebene der Urteilskraft als Werturteilsfähigkeit und Werturteilsbereitschaft der Lehrperson ins Fachgebiet der pädagogischen Ethik und philosophisch-anthropologischen Personologie, dem sich der Autor besonders zugehörig fühlt.

4. Konsequenzen für die Lehrerbildung

Zeitgemäße Lehrerbildung müsste in erster Linie Arrangements organisieren – z.B. Ästhetische Projekte –, in denen Unerfahrene ihren eigenen Handlungserfahrungen reflektierend und bewertend Bedeutung abgewinnen, damit sich Erfahrungswissen sukzessive in Können umformen kann.

Offensichtlich geht es um mehr als nur um das erlernbare Fundament des Berufswissens, auf dem wohl noch andere personale Qualitäten angesiedelt sein müssen, damit sich schülerseits Bildung ereignen kann.

Und wenn im Regelunterricht unter Volllast des Schulalltages das spontane Handeln der Lehrperson vielmehr intuitiv als berechnend erfolgt, dann stellt sich die Frage, weshalb wir in Staatsprüfungen zur Unterrichtspraxis genau das Gegenteil überprüfen, nämlich einen von langer Hand minutiös geplanten, durchorganisierten und durchgestylten Show-Unterricht, der intuitives Handeln in fachlicher Solidität, aktuell-situativer Angemessenheit und in ständiger Reaktion auf die Schülerseite verschleiert oder erst gar nicht zulässt.

Wenn – wie von der Lehrerkognitionsforschung nachgewiesen (vgl. Bromme 1992, Dewe et al. 1992) – implizites Handlungswissen, ergo ein Wissen und Können, über welches der oder die Handelnde gar keine differenzierte Auskunft zu geben in der Lage wäre, das spontane, intuitive Handeln bestimmt und Handlungsentscheidungen auslöst, dann stellt sich für unser geisteswissenschaftliches Denken die zentrale Frage, wie denn dieses spezifische Können, wie denn Intuition, Spontaneität und Antriebsenergie, ästhetisch-ethische Urteilskraft, Emotionalität und Moralität in die Akteure und in deren allzu oft dennoch vernünftiges und angemessenes Handeln gelangte?

5. Bedeutende Vordenker: Hume, Smith, Kant, Schiller, Herbart, Bergson, Ballauff

Die Erkenntnisse großer Philosophen geraten dann ins Blickfeld, die uns zeigen wollen, welche Voraussetzungen all das begünstigen, was Lehrpersonen in Schule, Unterricht und Erziehung veranstalten und auf den Weg bringen wollen:

David Hume (1711 – 1776), der große schottische Denker im 18. Jahrhundert, hat als Gegenpol zu Immanuel Kant nachzuweisen versucht, dass unser moralisches Gefühlsvermögen *(„moral sense"* und *„moral sentiment")* unmittelbar zur Wirkung kommt und nicht über den von Kant erdachten Umweg der Rationalität und Vernunft.

Dabei ist die extreme Polarisierung zwischen Verstand (Kant) und Gefühl (Hume) deshalb unbegründet, weil wir auch bei Kant – zwar nicht in der „Kritik der Urteilskraft", sondern im Zweiten Teil seiner „Metaphysik der Sitten" – Zugeständnisse dafür erfahren: „Ohne alles moralische Gefühl ist kein Mensch; denn bei völliger Unempfänglichkeit für diese Empfindung wäre er sittlich todt, und wenn die sittliche Lebenskraft keinen Reiz mehr auf dieses Gefühl bewirken könnte, so würde sich die Menschheit in die bloße

Thierheit auflösen ..." (vgl. XII. „Ästhetische Vorbegriffe ...", a. „Das moralische Gefühl").

Ferner erfahren wir von Hume, dass zwischen moralischen und ästhetischen Eigenschaften eine Analogie bestehe, weil wir beide auf dieselbe Art erfassen, nämlich unmittelbar und gefühlsmäßig (vgl. Kulenkampff 1989, 107). „Gewohnheit ist die große Führerin im menschlichen Leben, denn wie die Natur uns den Gebrauch unserer Glieder gelehrt hat, ohne uns Kenntnis von den Muskeln und Nerven zu geben, die sie bewegen, so hat sie uns einen Instinkt (Intuition) eingepflanzt, welcher unser Denken in eine bestimmte Richtung vorwärts treibt ..." (ebd.).

Dazu *Hans-Peter Schütt*: „Gewohnheit und Instinkt verschaffen uns Meinungen und Erwartungen mit einer Zuverlässigkeit, die unser Verstand mit Vernunftschlüssen nie erreichen könnte, weil ihm für solche Schlüsse die geeigneten, unfehlbar als wahr eingesehenen Prämissen abgehen" (Schütt 1997, 173 f.). Spontanes, intuitives oder unreflektiertes moralisches Handeln einer riskanten Planlosigkeit oder Kopflosigkeit zu bezichtigen, wird von dem Karlsruher Philosophen Hans-Peter Schütt mit folgender Erkenntnis abgemildert: „Sich so seinen Gewohnheiten zu überlassen ist mitnichten immer unvernünftig; hinreichend oft empfehlen diese sich durch ihren Erfolg" (ebd., 161).

Humes schottischer Landsmann und Nachfolger *Adam Smith (1723 – 1790)*, auch bekannt als bedeutender nationalökonomischer Theoretiker („Inquiry into the Nature and Causes of the Wealth of Nations"), hat in seinem Standardwerk „Theory of moral sentiments" ebenfalls und verstärkt die „Gefühle und Empfindungen" als maßgebliche Beteiligte der Sittlichkeit ausgemacht (vgl. Smith 1759/2004, Teil I, 1. Abschn. „Von dem Gefühl für das sittlich Richtige" und 1. Kap. „Von der Sympathie").

Moralisches Handeln sei dementsprechend überwiegend affektgetrieben. Neben egoistischen Anlagen verfüge der Mensch als soziales Wesen ebenso über altruistische Affekte, und damit sei er von Natur aus zur *Sympathie* und zur affektiven Resonanz fähig und daran interessiert (vgl. Horn 1996, 18).

Die großen Anthropologen des 20. Jahrhunderts, nämlich *Max Scheler* (1874-1928) in „Wesen und Formen der Sympathie" und in „Grammatik der Gefühle", *Helmuth Plessner* (1892-1985) in „Anthropologie der Sinne" und *Arnold Gehlen* (1904-1976) in „Der Mensch" haben sich dieser frühen Erkenntnisse intensiv angenommen.

Die Fähigkeit und Bereitschaft des Mitfühlens sei die Voraussetzung jeder sittlichen Wertung und Beurteilung (vgl. Eckstein 2004, LXIV), eine Erkenntnis von nicht geringer Tragweite für erziehenden Unterricht und eine Bringschuld auf Seiten aller Pädagogen. Nicht methodisches oder entwicklungspsychologisches Berufswissen gibt dementsprechend den Ausschlag für nachhaltige Erziehung in Schule und Unterricht, sondern allgemeine Empathiefähigkeit und spezifisches Einfühlungsvermögen in die Affektlage des aktuellen Gegenübers als Teilhabe an seinen oder ihren Befindlichkeiten. Smith verwendet – wie vor ihm David Hume – für die Sympathie den „Spiegel"-Begriff für den Kontakt mit dem Anderen.

In der Nachfolge dieses Denkens begegnen wir neuerdings zahlreichen Publikationen, die für mehr Emotionalität in Schule und Unterricht plädieren: So z.B. wird im Angloamerikanischen der Begriff der „Emotionalen Intelligenz" populär und salonfähig gemacht (vgl. Goleman, D. 1996).

Um die Schulungsmöglichkeiten in der Erziehung und Therapie kümmerten sich Märtin, Boeck und Steiner, und selbst Marian Heitger bietet 1994 eine „Schule der Gefühle" an mit seiner Kernaussage: „Das Gefühl drängt den Menschen zum Guten, die Vernunft ist egoistisch". Darüber hinaus verweist er auf Pestalozzi, der dem Gefühl bei der Menschenbildung zentrale Bedeutung beimesse, denn im Stanser Brief sei die gesamte Erziehung auf dem Gefühl des Wohlwollens, des Miteinanderseins aufgebaut (vgl. Heitger 1994, 14).

Schon früher, nämlich bereits 1975, widmen Rolf Oerter und Erich Weber dem Emotionalen in Unterricht und Erziehung sowie der emotionalen Fundierung der moralischen Erziehung und der Emotionalität der Lehrperson breite Aufmerksamkeit (Oerter/Weber 1975).

Zurück zu den Klassikern:
In der „Kritik der Urteilskraft" von *Immanuel Kant* (1724 – 1804), spezifisch im ersten Teil „Kritik der Ästhetischen Urteilskraft" *(*„Das Geschmacksurteil ist ästhetisch")* befasst sich Kant mit dem Schönen und dem Erhabenen mit großem Einfluss auf die deutsche Klassik, z. B. auf Friedrich Schiller (s.u.): „Schön ist das, was ohne Begriff als Gegenstand eines notwendigen Wohlgefallens erkannt wird".

Das Erhabene – so Kant – habe eine gewisse Nähe zum Moralischen, weil es etwas Gebieterisches in sich schließe, das uns zu seinem Gehalt irgendwie hinzieht, so dass das Erhabene buchstäblich das Erhebende sei.

„Für das ästhetische Bildungsideal der deutschen Klassik bedeutete Kants Philosophie des Schönen und Erhabenen so etwas wie eine Sanktionierung ihres erzieherischen Wollens" (Hirschberger 1980, 355)[2].

Friedrich Schiller (1759 – 1805) teilt in seinen „Briefen über die ästhetische Erziehung" u.a. mit, „Es gibt keinen anderen Weg, den sinnlichen Menschen vernünftig zu machen, als dass man den selben zuvor ästhetisch macht.... Es gehört also zu den wichtigsten Aufgaben der Kultur, den Menschen... ästhetisch zu machen, weil nur aus dem ästhetischen, nicht aber aus dem physischen Zustande der moralische sich entwickeln kann" (23. Brief).

Bereits bei Aristoteles entdecken wir, dass sobald die Rede von *Kalokagathie* ist, das Gute und das Schöne sprachlich und inhaltlich quasi synonym Gebrauch findet, zumindest aber ein Versuch sich abzeichnet, am Begriff des Schönen einen sittlichen Wert zu denken und zu erhellen (vgl. Hirschberger, 1980, 231).

„Eine schöne Seele nennt man es, wenn sich das sittliche Gefühl aller Empfindungen des Menschen endlich bis zu dem Grad versichert hat, dass es dem Affekt die Leitung des Willens ohne Scheu überlassen darf, und nie Gefahr läuft, mit den Entscheidungen desselben im Widerspruch zu stehen. Daher sind bei einer schönen Seele die einzelnen Handlungen eigentlich nicht sittlich, sondern der ganze Charakter ist es" *(*Schiller, vgl. Höffe 1999, 266).

Die Ausbildung des Empfindungsvermögens – so Friedrich Schiller am Ende des achten Briefes – sei das dringendere Bedürfnis der Zeit parallel zur Aufklärung des Verstandes. Es gebe keinen anderen Weg, den sinnlichen Menschen vernünftig zu machen, als dass man denselben zuvor ästhetisch mache. Schiller wörtlich: „Der ästhetisch gestimmte Mensch wird allgemein gültig urteilen und allgemein gültig handeln, sobald er es wollen wird" (23. Brief).

Der 24. Brief schließt: „Der Mensch in seinem physischen Zustand erleidet bloß die Macht der Natur; er entledigt sich dieser Macht in dem ästhetischen Zustand, und er beherrscht sie in dem moralischen."

---

[2] Vgl. I. Kant: Kritik der Urteilskraft, Erster Teil § 7 „Vergleichung des Schönen mit dem Angenehmen und Guten durch obiges Merkmal": „Sie werden das Böse vermeiden, nicht weil es unrecht, sondern weil es hässlich ist, und tugendhafte Handlungen bedeuten bei Ihnen solche, die sittlich schön sind." – „Das Schöne ist das Symbol des Sittlichguten" (I. Kant, vgl. Weischedel 1974, 140 u. 213).

Von der Veredelung des physischen Menschen durch die ästhetische Gemütsstimmung ist an anderer Stelle die Rede und die Selbsttätigkeit der Vernunft werde schon auf dem Felde der Sinnlichkeit eröffnet. Friedrich Schiller beruft sich in seinen Briefen auch auf die rhetorische Tradition Ciceros und Quintilians. Die Rhetorik als Element, ja tragende Säule der Freien Künste vermittelt Sinnlichkeit und Vernunft von jeher (vgl. auch Beichel 2000, 64 ff.).

Alexander Kapp folgt bereits 1848 der Erkenntnis Hegels, wonach „das Wort ... den Gedanken ihr würdigstes und wahrhaftigstes Dasein gibt, denn ... logos ist Vernunft, Wesen der Dinge und Rede, Sache und Sage, Kategorie" (vgl. Pleines 1981, 164–166), und Kapp wörtlich: „Es soll der Unterricht vor allem den Schüler in die Sprache und dadurch zugleich in diejenigen Sprachwerke einführen, in welchen der Kreis der seiner Natur eigenen Vorstellungen sich vor ihm auftut" (ebd.). Nach wie vor bewegen wir uns auf dem Feld der Ästhetik, selbstverständlich im Sinne und in der Verpflichtung der Antiken Rhetorik.

Anschauung und Denken sind im antiken Aisthesis-Begriff untrennbar verbunden und verweisen auf die Wahrnehmungs- und Denkkategorie der „Erfahrung" als Integrationskraft zwischen purer Sinnlichkeit und entrückter Rationalität. Akzeptiert man in diesem Kontext Kants ästhetische Theorie nicht als Wissenschaft vom Schönen und Erhabenen, sondern vielmehr als eine Kritik des Geschmacks, dann versteht sich ästhetische Urteilskraft als spezifisches und als allgemeines Unterscheidungs- und Beurteilungsvermögen des Menschen.

Diese Einsicht leitet nun über zur Auffassung von Johann Friedrich Herbart (1776 – 1841), der man nicht nur in seinem Aufsatz „Über die ästhetische Darstellung der Welt als Hauptgeschäft der Erziehung" aus dem Jahr 1804 begegnet, sondern auch und im besonderen im dritten Teil seines „Lehrbuchs zur Einleitung in die Philosophie", dort in der „Einleitung in die Ästhetik; besonders in ihren wichtigsten Teil, der praktischen Philosophie".

Wertphilosophisch betrachtet unterscheidet Herbart moralische und ästhetische Urteile, auf das Subjekt bezogen ergo moralische und ästhetische Werturteilsfähigkeit als Kompetenzkategorie, die niemals gelernt, eben nur geübt werden könne, und Werturteilsbereitschaft als Performanzqualität des Wollens oder der Antriebsenergie (Max Scheler), die im Erleben zu evaluieren wäre, im Handeln also. Sittliches und ästhetisches Handeln – produktiv wie rezeptiv – soll uns später noch einmal begegnen.

Als Phänomen des Bewusstseins stellt ein moralisches und/oder ästhetisches Werturteil ein von anderen Bewusstseinsphänomenen unabhängiges und zu unterscheidendes dar, welches weder als ein logisches noch als ein metaphysisches zu begreifen ist.

Auch Herbart begreift Ästhetik – wie vorab Schiller und Kant – nicht im engeren Sinne als Lehre vom Schönen, Erhabenen oder Hässlichen, sondern er verweist mehrfach auf sein Verständnis der Ästhetik als Einheit des Schönen und Guten (vgl. 1837, 4, 131).

„Aus dem Schönen selbst scheidet sich das Sittliche heraus, als dasjenige, was nicht bloß als eine Sache von Wert besessen wird, sondern den unbedingten Wert der Person selbst bestimmt" (ebd., 134). Er fährt fort und leitet das Rechtliche als Grundlage einer unentbehrlichen gesellschaftlichen Einrichtung aus dem Sittlichen ab, und er begründet seine praktische Philosophie als die Lehre vom Tun und Lassen auf diesen Fundamenten der Unterscheidung.

Bedeutsam bleibt das Denken und Unterscheiden Herbarts für die vorliegende Fragestellung gerade deshalb, weil seine ethische Theorie und sein Begriff von Moralität – für das Individuum der gute Wille und der latente Entschluss, sich „unter dem Gesetz zu denken, das allgemein verpflichtet" (Herbart 1965, 59) –, die richtige Erkenntnis des moralischen Gesetzes und die treffende Beurteilung dessen umfasst, was handelnd zu tun oder zu unterlassen sei. Dies ist der Schlüssel für einen Begriff von Wahrnehmungserziehung, den wir gerne übernehmen.

„Die Vernunft vernimmt und sie urteilt, nachdem sie vollendet vernahm" (ebd., 63). Dazu fordert er die „Vorübung der Sinne" (ebd., 68), denn „die Reihe der Erkenntnis fängt ... an bei den Übungen zur *Schärfung und ersten Verarbeitung der Anschauungen* und der nächsten Erfahrungen; kurz, beim ABC der Sinne" (ebd., 70).

Im Unterschied zur logischen Notwendigkeit handelt es sich bei ästhetischen Urteilen – die Herbart auch allgemeiner aber synonym als Geschmacksurteile bezeichnet – um echte, ursprüngliche, apriorische Vernunfturteile von spezifischer, eben ästhetischer Notwendigkeit.

Wie aber gelangt jetzt Herbart zu der These und Argumentationsposition, dass es sich auch im Rahmen moralischen Urteilens um ästhetische Urteile handle?

Letztere finden statt – so Herbart – gegenüber dem Ganzen der Welt und allen ihren Erlebnisbereichen. Sie betreffen insbesondere auch die Beziehungen des Menschen zur Welt und innermenschliche Tatbestände aller Art. „Das Verlangen wird Glied eines ästhetischen Verhältnisses. Und insofern richtet der Betrachtende seinen Blick auf sich, inwiefern in ihm das Verlangen ist, was in dem beurteilten Verhältnis vorkommt" (Herbart 1965, 65).

Die Vernunftgrundlage, den Ursprung und die Basis allen moralisch-sittlichen Handelns bildet eben jene besagte Klasse von ästhetischen Urteilen, die sich auf menschliche Willens- und Handelsverhältnisse beziehen, in denen das innermenschlich antreibende Wollen selbst beurteilt wird.

Allgemein-ästhetische und sittlich-ästhetische Urteile seien – nach Herbart – im grundsätzlichen Charakter gar nicht zu unterscheiden. „Der sittliche Geschmack als Geschmack überhaupt ist nicht verschieden von dem poetischen, musikalischen, plastischen Geschmack".

Herbart fasst Ethik als Teilgebiet der Ästhetik auf, die er neben der Logik als zweite Grundwissenschaft der Philosophie begreift, weil beide rein apriorische Vernunftwahrheiten in ihrem Gegenstandsgebiet aufweisen. Wenn auch das Sittengesetz aus der Welt abzulesen sei, dann führe unser Weg konsequent zu einem neuen Verständnis von Ästhetischer Bildung und zu einer neuen Praxis ästhetisch-sittlicher Wahrnehmungserziehung zur Entfaltung und Stärkung ästhetisch-ethischer Urteilskraft einerseits und zur Einübung und Orientierung ästhetisch-sittlichen Handelns andererseits.

Herbart wörtlich: „Es kommt also alles darauf an, was denn für eine Welt der Knabe vor sich finden, beurteilen und zu behandeln sich üben werde" (ebd., 67).

Wenn „Unterricht ästhetische Gegenstände irgend einer Art fasslich darbietet, so veredelt sich die Gemüthsstimmung dergestalt, daß sie der richtigen Beurtheilung des Willens, das heisst, der Erzeugung praktischer Ideen, sich wenigstens annähert, jene Beurtheilung als Beyfall oder Missfallen, die wir jetzt gleich mit ihrem rechten Namen ästhetische Beurtheilung nennen wollen ..." (Herbart, zitiert nach Ruep 1990, 66).

Und der französische Philosoph *Henry Bergson* (1859 – 1941) springt uns zur Seite, wenn es darum geht, die *Intuition* oberhalb des rational berechnenden Handelns auszumachen und deren unterrichtliche und erzieherische Wirkung zu verstehen. Er weist alle herkömmlichen Theorien wegen ihrer rationalistischen Tendenzen zurück, die damit das Aufkommen irgendeines von Grund auf Neuen ja nicht erlauben.

„Von der Intuition erwartet Bergson viel: Sie ist für ihn nicht nur die Methode der neuen Philosophie des Lebens. Sie kann vielmehr nicht nur die Übereinstimmung des Philosophen mit seinem eignen Denken, sondern auch die aller Philosophen untereinander gewährleisten" (Albert 1998, 250).

„ ... Die Materie und das Leben, welche die Welt erfüllen, sind ebenso sehr in uns; die Kräfte, die in allen Dingen wirken, fühlen wir auch in uns; welches auch immer das innerste Wesen des Seins und Geschehens sein mag, wir gehören dazu.
Steigen wir also in unser eigenes Innere hinab: je tiefer der Punkt ist, zu dem wir hinabdringen, um so stärker wird die Kraft sein, die uns wieder zur Oberfläche zurückwirft.
Die philosophische Intuition ist dieser innere Kontakt, die Philosophie ist dieser Elan. Der Außenwelt zugewandt durch einen inneren Antrieb, der aus der Tiefe kommt, werden wir uns mit der Wissenschaft vereinigen in demselben Maße, wie unser Denken sich in der Zerstreuung entfaltet. Die Philosophie muss also mit der Wissenschaft zur Deckung kommen" (Bergson 1946, 144). – „Denn um zur Intuition zu gelangen, ist es nicht notwendig, sich aus dem Bereich der Sinne und des Bewusstseins hinauszuversetzen. Kant war im Irrtum, wenn er das glaubte" (ebd., 147).

Zur Abwehr eines falsch verstandenen Sensualismus erscheint es vernünftig, den Bildungstheoretiker und Bildungsphilosophen *Theodor Ballauff* (1911 – 1995) zu konsultieren.

Der Verfasser hat jahrzehntelang aufmerksames Hören und Sehen geübt, auch den „Klang der Bilder" (vgl. Maur 1999) und den „Duft der Klänge und Harmonien" sowohl studiert als auch genossen. Seine Wahrnehmung dürfte dementsprechend sensibilisiert, seine subjektive ästhetische Werturteilsfähigkeit entsprechend ausgeprägt und geübt sein.

Wahrnehmung aber konsequent an das Denken anzukoppeln, wie Theodor Ballauff und vor ihm Herbart das aufzeigt und fordert, bleibt unsere stringente Verpflichtung. Dazu Ballauff wörtlich:

> „Denken läßt sein; denn es erhebt in die Unveränderlichkeit dadurch, daß etwas im reinen Ist zum Stehen kommt und im Lichte des Gedankens ins Anwesen tritt. In der Wahrnehmung und im Handeln leuchtet jedes nur kurz auf, um durch anderes verdrängt zu werden. Wahrnehmung und Tun versetzen in den Wandel, in welchem ein jedes nur hell wird als das Kommende und Gehende. Ja ein jedes wird so schon immer ein anderes. Von Anwesenheit kann überhaupt erst dann gesprochen werden, wenn ein jedes als solches im Gedanken des Ist zur Ruhe kommt und dem Wandel enthoben wird. Der Gedanke des Seins lässt daher – umgekehrt – erst denken, nämlich alles Wahrgenommene als ‚Seiendes' in die Helle reiner Anwesenheit erheben" (Ballauff. 1984, 85).

Jürgen Rekus verweist „zur Einheit von Rationalität und Moralität in Schule und Unterricht" – Ästhetik sei einbezogen – auf die ständige Verknüpfung von Rationalität und Urteilsfähigkeit. Es bereitet keinerlei Schwierigkeiten, seine didaktischen und unterrichtspraktischen Empfehlungen auch auf das Gebiet ästhetischer Urteilsfähigkeit und deren Einübung zu übertragen. „Entscheidend ist die Tatsache, dass den Schülern die reale Chance eingeräumt wird, moralisches Handeln (ästhetisch-sittliches Handeln) zu praktizieren" (Rekus 1993, 178).

Dabei ist es sicherlich einfacher zu handhaben und leichter zu organisieren, den Schülern ästhetisches Handeln unterrichtlich zu ermöglichen, und wenn Schiller und Herbart recht behalten sollen, ist ästhetisches dem moralischen Handeln ohnehin zwingend vorzuschalten.

Rekus' Hinweis ist insofern von entscheidendem Nutzen, als auch ästhetisches Handeln – wie bei ihm parallel dazu moralisches Handeln – konsequent auf eine *produktionsdidaktische Verpflichtung* verweist.

Es geht in der Ästhetischen Erziehung also nicht in erster Linie darum, Kunstwerke zu erleben, zu erfahren, zu interpretieren und zu verstehen, sondern für jedes Schülerindividuum darum, ästhetisch zu handeln, sprich schöpferisch aktiv zu sein.

„Lehrgangsorientierter Unterricht, fachübergreifend-projektorientierter Unterricht und Freiarbeit dienen ‚am Ende' der einen und derselben Aufgabe: die Selbständigkeit und Verantwortlichkeit des Schülers in Wissen, Haltung und Handeln herauszubilden" (Rekus 1993, 252).

Im Begriff und in der personalen Disposition der „Haltung" stecken Werturteilsfähigkeit und Werturteilsbereitschaft, nach unserer Auffassung und im Einklang mit Schiller und Herbart eben jene ästhetisch-sittliche Urteilskraft (vgl. auch Seel 1996, 11 ff.)

6. Zeitgenössische Experten des Paradigmenwechsels zur Ästhetischen Bildung

Neuerdings hat der Amerikaner *Ronald de Sousa* mit seiner großen Studie „Die Rationalität des Gefühls" die bedeutsamen Aspekte im Zusammenhang mit Wahrnehmen, Fühlen, Denken, Urteilen und Handeln wieder aufgegriffen und systematische Hilfestellung gegeben. Dabei vermeidet er die irreführende Polarisierung zwischen Rationalität und Gefühl. Vernunft wird nach seiner Überzeugung nur so wirksam, dass sie bewusst zwischen den Alternativen abwägt, die emotional gewählt wurden (vgl. De Sousa 1997).

Richard Rorty, Jahrgang 1931 und Professor für Philosophie an der Universität in Charlottesville, Virginia/USA, springt uns zur Seite und verdeutlicht unter der Überschrift seiner Publikation „Hoffnung statt Erkenntnis" und mit deutlicher Kant-Kritik auf David Hume rekurrierend: „Der moralische Fortschritt ist – im Gegensatz zum wissenschaftlichen – davon abhängig, dass die Reichweite des Mitgefühls immer umfassender wird. Er ist nicht davon abhängig, dass man sich über die Empfindsamkeit erhebt und zur Vernunft vordringt. Ebenso wenig beruht er darauf, dass man anstatt sich weiterhin auf niedrigere und korrupte Provinzinstanzen zu berufen, an einen höheren Gerichtshof appelliert, der sich bei seinen Urteilen nach einem ahistorischen, an keinen Ort und keine Kulturgrenzen gebundenen moralischen Gesetz richtet" (Rorty 1994, 81).

Die Pragmatisten, und Rorty zählt sich selbst zu dieser philosophischen Denktradition, setzen an Stelle der Kantischen Idee des guten Willens die Vorstellung von einem maximal gütigen, sensiblen und mitfühlenden Menschen. Dabei sei es am Besten, den moralischen Fortschritt im Sinne *zunehmender Sensibilität und wachsender Empfänglichkeit* für die Bedürfnisse einer immer größeren Vielfalt der Menschen und der Dinge zu begreifen.

Hiermit öffnet Rorty eine breite Tür zur verstärkten ästhetischen Bildung für Schüler und deren Lehrpersonen, denn wie anders sollten Sensibilität und Empfänglichkeit im Sinne von Offenheit und Phantasie geübt und entfaltet werden?

Eine weitere Schlüsselerkenntnis Rortys ist für unser Anliegen ganz besonders förderlich: „Wir können sowohl den geistigen als auch den moralischen Fortschritt als etwas nicht von der Annäherung an das Wahre, das Gute oder Richtige abhängig sehen, sondern als *Zunahme der Vorstellungskraft*. Sie, die *Phantasie*, bringt die kulturelle Evolution voran. Sie ist die Kraft, die unter Voraussetzung von Frieden und Wohlstand ständig dahingehend wirkt, dass sich die Zukunft des Menschen reichhaltiger gestaltet als seine Vergangenheit" (ebd., 87).

In Rortys Sinn ist das Streben nach dem Schönen auch der Versuch, vertraute Dinge im Welterleben zu Mustern von größerer Harmonie und Dichte anzuordnen (vgl. Rorty, R. 2000, 16).

Josef Früchtl, Jahrgang 1954 und Dozent an der Universität Münster, nimmt in seiner 1996 publizierten Habilitationsschrift zum Thema *„Ästhetische Erfahrung und moralisches Urteil – eine Rehabilitierung"* (1996) ausführlich Bezug auf Richard Rorty (s.o.), wenngleich bei beiden die einseitige Fokussierung auf die Literatur als ideale Kunstform der Ästhetischen Bildung den Autor als Musiker und Musikpädagoge nicht nachhaltig begeistert, so plausibel die vorgetragenen Argumente auch erscheinen (vgl. Früchtl 1996, 226 ff.).

Dass die reinigende und klärende Wirkung des Dramas und der Tragödie auf das Individuum moralitätsfördernde Wirkung haben kann, darauf hat ja Aristoteles bereits hingewiesen:

„Danach lenkt die dramatische Handlung den Zuschauer durch Mitleid und Schrecken von seinen eigenen Wünschen und Hoffnungen auf das allgemeine Schicksal des menschlichen Geschlechts, woraus Hoffnung, Geduld und Mut erwachsen würden" (Pleines 1994, 28).

Josef Früchtl stimmt mit Richard Rorty darin überein, dass *Sensibilität als wichtigstes Instrument der Moral* anzusehen sei, und zwar im wörtlichen Sinn des Begriffes: als Reizempfindlichkeit, Empfindsamkeit und Feinfühligkeit. Je besser Sensibilität, Einfühlungsvermögen, Identifikationsfähigkeit, Einbildungskraft, Phantasie etc. ausgebildet seien, desto genauer sei das Bild, das man sich von zunächst fremden Menschen zu machen vermag, und je genauer dieses sei, desto größer die Wahrscheinlichkeit, Solidarität mit ihnen empfinden zu können (vgl. Früchtl 1996, 220). Imagination wird von Rorty und Früchtl in Anlehnung an Dewey als das wichtigste Instrument des Guten erachtet, und detailgetreu wahrzunehmen gelinge künstlerisch-sensiblen Menschen nun mal besser als anderen.

Betont wird durchgehend, dass beides komplementär unverzichtbar sei, nämlich Sensibilität einerseits und Moralprinzipien andererseits, denn „der eine kann ein moralisches Prinzip und Normen haben, aber nicht merken, wann jemand leidet, weil ihm die Informationen und die Sensibilität dafür fehlen; der andere kann dies merken, aber sich trotzdem unbehelligt fühlen, weil er das Moralprinzip samt der Normen außer Kraft setzt" (ebd., 236).

Ernst Tugendhat zeichnet ein weiteres Bild von Mitmenschlichkeit, das wiederum Berendts musikalische Metaphorik aufgreift, wenn wir auf die ästhetisch geprägte und geübte Gefühlswelt zu sprechen kommen. Mitzufühlen bedarf demnach zweier Grundtugenden: der Bereitschaft, die eigenen Affekte (beim primär Betroffenen) und die affektive Disposition (gegenüber dem anderen) so abzuflachen bzw. zu erhöhen, dass man mit seinem Gegenüber „mitschwingen" kann (vgl. Tugendhat 1993, 293).

Auch *Marcus Düwell* (geb. 1962) hat sich in der Nachfolge zu Friedrich Schillers Vermittlungstheorie zwischen Ethik und Ästhetik intensiv der Fragestellung zugewandt, wie sich denn „Ästhetische Erfahrung und Moral" zueinander verhalten. Düwell erkennt und beschreibt den Ertrag einer intensivierten ästhetischen Werterfahrung für moralisches Handeln u.a. folgendermaßen:

- Es bewirke ein wertendes Beteiligtsein, das Argumente und Standpunkte, Entscheidungsbereitschaft und Entschlusskraft stärke.
- Es zeitige lebenspraktische Konsequenzen, z.B. für Natur- und Artenschutz.
- Es übe ein, in allgemeinen Wertkonflikten Besonnenheit walten zu lassen.
- Es fördere ein toleranteres Miteinander.
- Der ästhetische Genuss sei förderlich für eine positivere und optimistischere Weltsicht (vgl. Düwell 1999).

Ästhetische Bildung

Bereits 1996 untersuchte *Monika Keller* die Frage, wie denn *Moralische Sensibilität* zu entwickeln sei. Ihre Studie entstammt der empirisch-deskriptiven Denktradition der Psychologie und enthält einen ausführlichen Praxisteil zur Beschreibung ihrer Längsschnittstudie zur soziomoralischen Entwicklung. Sie entdeckt Stufen der Entwicklung des moralischen Selbst, vergleicht diese Entwicklung zwischen Stadt- und Landkindern mit externen Stichproben und nimmt Bezug auf die großen Studien von Kohlberg, Selman und Piaget mit überzeugenden Erkenntnissen.

Für das vorliegende Anliegen ist von großem Nutzen, dass Monika Keller von philosophischen Grundlagen, insofern von geisteswissenschaftlichen Vordenkern ausgeht, und zwar mit Anleihen an David Hume, Adam Smith, Max Scheler und Ernst Tugenthat. Gleichfalls hilfreich sind ihre Ergebnisse, die unsere Annahmen in allen Punkten bestätigen, nämlich, dass Moralentwicklung nicht den Erwerb moralischer Regeln einschließt, sondern allgemein die Entwicklung fördert für eine erweiterte Sensibilität gegenüber Personen, deren Interessen, Erwartungen, Gefühle; interpersonale Sensibilität als eine Haltung der Anteilnahme am Wohlergehen anderer Personen erzeugt, resp. zur Entfaltung bring (Keller1996, 205).

Besonders spannend sind ihre Erkenntnisse zu geschlechtsspezifischen Entwicklungsstufen interpersonal-moralischer Sensibilität, die sie mit der Unterscheidung der beiden Verpflichtungsaspekte und moralischen Gebote „Gerechtigkeit" (von Jungen präferiert) und „Fürsorge" (von Mädchen präferiert) in kritischer Anlehnung an die Studien von Carol Gillian zu den vermeintlichen und vermuteten zwei Moralen bei Frauen und Männern herausarbeitet bzw. widerlegt (ebd., 237; vgl. Gillian 1995).

7. Zur Ästhetischen Praxis im kunstnahen Handeln

Damit sind wir beim Kernpunkt des Anliegens dieser Studie angelangt: Besonders intensiv und differenziert hat sich *Elenor Jain* in ihrer Habilitationsschrift (1993) mit der besonderen Chance befasst, *Ästhetische Erziehung* zum *Zentralbegriff der Lebensphilosophie* zu erheben, und zwar in ganz hervorragender bildungstheoretischer Qualität und Ausführlichkeit. Die systematische Studie leistet einen wertvollen Beitrag zur theoretischen Grundlegung der Ästhetischen Erziehung, die sich vorrangig um die komplexe Struktur der sinnlich-geistigen Erfahrung auf dem Hintergrund lebensphilosophisch-ontolo-gischen Denkens kümmert, obgleich ihre einseitige Fokussierung auf die Kunstsparte der Bildenden Künste allen Vorkämpfern interdisziplinärer Sichtweisen bisweilen missfällt (Jain 1993).

Interessant ist auch und gleichzeitig ein willkommener Hinweis auf die gesellschaftliche Aktualität unserer Postulate, dass Filmemacher gerade in letzten Jahren wiederholt auf Darstellungen zurückgreifen, wo gemeinsames und mit Anstrengungsbereitschaft und Durchhaltevermögen realisiertes musikalisches Tun und Erleben zum Schlüssel für Sittlichkeit und Auslöser für neue Antriebsenergien wird, die Milieugefangenschaft der involvierten jungen Menschen zu verlassen. Zu erinnern ist an die überaus erfolgreichen Filme „Mr. Holland's Opus", „Sister Act II", „Die Kinder des Monsieur Mathieu", „Billy Elliot" oder „Rhythm is it".

Gänzlich überraschend und unerwartet liefert *Detlef Horster* (geb. 1942), Philosophielehrer an der Universität Hannover, im Themenzusammenhang „Moralische Gefühle" ein Beispiel dafür, weshalb im unterrichtlichen Handeln moralische Regeln verinnerlicht sein müssen, weil in vielen alltäglichen Lebenssituationen gar nicht die Möglichkeit bestehe, zuerst und in Ruhe möglichst intensiv darüber nachzudenken, welches Handeln nun das Richtige sei. Abgesehen davon würden Personen mit besorgniserregend übersichtlicher Intellektualität und begrenzten Denkfähigkeit dann nur selten zum Handeln gelangen.

Im Alltag kann also nicht lange überlegt werden, sonst wäre jedes Handeln blockiert.

Horster wörtlich: „Eine Lehrerin beispielsweise muss in einer 45-minütigen Unterrichtsstunde viele kleinere und größere Entscheidungen treffen. Die verschiedenen Möglichkeiten des Handelns können dabei nicht jedes Mal mit Hilfe des Prima-facie-Pflichten-Katalogs abgewogen werden" (Horster 2004, 100).

Diese Erkenntnis greift zurück auf Henri Bergson (s.o.), der *Intuition* zur zentralen Instanz jeden angemessenen Handelns erhob.

Begriffstabelle 2

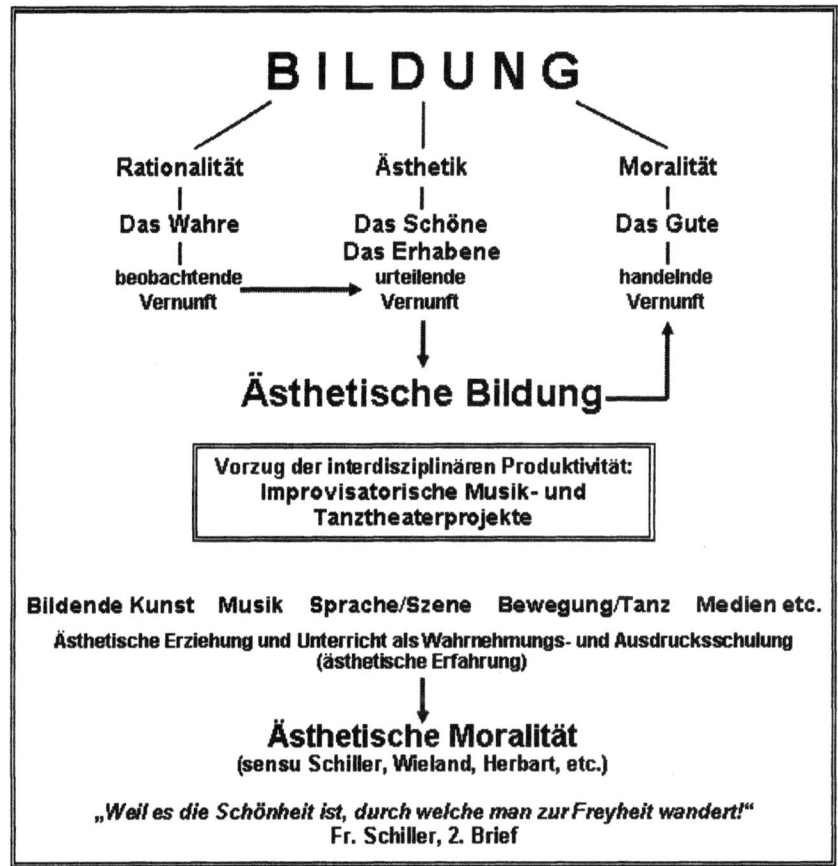

© J. Beichel, 2004

Unterrichtlich und erzieherisch gewendet – und damit auch in einem modernen Bildungsbegriff verortet – müsste dementsprechend die Einübung in ästhetische Werturteilsfähigkeit im schöpferischen Handeln, die praktische Bildung des guten Geschmacks also als Voraussetzung für moralische Werturteilsfähigkeit verstanden werden.

Didaktisch gewendet ergibt sich daraus folgend im Sinne eines produktionsdidaktischen Projektes mit Schülerinnen und Schülern die kunstspartenübergreifende Musik- und Tanztheaterimprovisation als idealer Weg zur sittlich-ästhetischen Geschmacksbildung, und zwar zur Förderung und Entfaltung der Offenheit und Empfindsamkeit für das Schöne und das Gute, zur allgemeinen und nachhaltigen Bereitschaft für vernünftiges Handeln: „Augen und Ohren für das Schöne – und das Gute folgt sogleich!"

Bezugnehmend auf die Forschungsergebnisse zur Theorie und Praxis der Ästhetischen Erziehung aus den Modellversuchen zur Integrativen Musik- und Kunstschule in Bruchsal (vgl. Beichel, J. 1992, Diss.) sollen nicht vorgefertigte und vorab schülerfern entschiedene Aufgaben und Rollen den Beteiligten übertragen werden. Vielmehr verbleibt der Schülerphantasie freier Raum für die eigene – individuelle wie kollektive – „Erfindung" von Gestaltungsideen sowohl im musikalischen als auch in allen anderen kunstnahen Bereichen des Visuellen, der Bewegung und der Sprache.

Exemplarisches Beispiel 1 „Die Schildkröte Anna und das Meerschweinchen Max"

Das Seminarthema an der Staatlichen Hochschule für Musik Karlsruhe im Sommersemester 2001 für angehende Musikerzieher (Diplom-Musiklehrer) und Schulmusikerzieher für das gymnasiale Lehramt lautete: „Musik- und Tanztheaterimprovisation mit Schülerinnen und Schüler der Unterrichtsstufen 5 und 6 (Gym.)"

Zu Beginn des Semesters wurden die theoretischen Grundlagen der kunstnahen Improvisationsdidaktik vorgestellt und erörtert. Chancen und methodische Wege einer zeitgemäßen ästhetischen Wahrnehmungserziehung und Ausdrucksschulung waren aufzuzeigen, Empfehlungen der aktuellen Tanz-, Spiel- und Theaterpädagogik dabei einzubeziehen. Ein theoriegeleitetes produktionsdidaktisches Plädoyer zu ästhetischen Experimenten wurde durch die Praxis- und Projekterfahrung mit Schülern der Musik- und Kunstschule Bruchsal empirisch grundgelegt.

Zur Halbzeit des Semesters kamen Schülerinnen und Schüler der fünften und sechsten Klassen aus dem Karlsruher Fichte-Gymnasium in die Hochschule für das praktische, kunstnahe, eigenschöpferische, improvisatorische und polyästhetische Experiment. Gemeinsam mit den Schülern und Studenten wurden Klänge, Rhythmen, Melodien, Szenen, Tänze, Texte, Dekorationen u.v.a.m. erfunden und zu einer rhapsodischen oder Rondoform zusammengefügt. Theorie und Praxis, das kunstnahe Experiment und seine kritische Reflexion bildeten dann eine vernünftige und aufschlussreiche Einheit.

Praktisch verwirklicht wurde Folgendes: Zwölf Mädchen und zwei Jungen – die sprichwörtliche Zurückhaltung, ja Scheu der maskulinen Aktiven hat leider Tradition und bedarf künftig intensiver Gegensteuerung (s.o. Gender studies, Monika Keller und Carol Gillian) –, vierzehn Schülerinnen und Schüler aus 5. Klassen des „Fichte-Gymnasium Karlsruhe" wurden von ihren Eltern, unterstützt von der engagierten Schulleiterin, dienstags nachmittags in die Hochschule entsandt. Dort trafen sie auf 19 Studentinnen und Studenten aus unterschiedlichen Semestern, die eine Begegnung mit leibhaftigen Schülern im Rahmen ihres Studiums bisher noch nicht erlebt hatten.

Hier die gemeinsam erdachte, ausprobierte, beurteilte und verabschiedete Szenenfolge zu „Das Meerschweinchen Max und die Schildkröte Anna":

1. Einleitungsmusik, leitmotivische Ouvertüre, weitgehend improvisiert
2. Dialog der Erzähler
3. Prolog Max, das Meerschweinchen
4. Kommentar der befreundeten Schildkröte Anna als „Importschildkröte" aus Tschechien[3]
5. Geburtstagstanz der Meerschweinchenfamilie
6. Familiendrama: Meerschwein-Vater verlässt die Familie
7. Prolog der alleinerziehenden Meerschwein-Mutter im Tierheim
8. Auftritt und Prolog des bösen Wärters
9. Falsches Futter: Maxens Tod
10. Tierärzte-Team: Rettung der Restfamilie
11. Freudentanz mit Schildkröte Anna

---

[3] Die Schülerin sprach Tschechisch als Erstsprache.

Exemplarisches Beispiel 2 im Humboldt-Projekt 2005 „Die Kuh Gloria"[4]

„Humboldt-Gymnasium Karlsruhe" im Schuljahr 2004/05 mit der gesamten Klasse 5c[5].

Vorbemerkungen: Für eine idealtypische und praxisnahe Realisierung im produktionsdidaktisch grundgelegten, subjektorientierten ästhetischen Handeln von Schülern einer Schule war das Ausleseverfahren im ersten Projektversuch mit Schülern des Fichte-Gymnasiums für die abschließende Bewertung des Ergebnisses problematisch, und zwar insofern, als ja nur freiwillige Akteure, besonders an kunstnahen Inhalten interessierte, begeisterungsfähige und vom Interesse des Elternhauses auch angeleitete und motivierte Schülerinnen und Schüler den Weg in die Hochschule fanden. Eine Übertragbarkeit der Projektidee in schulische Realitäten eines allgemeinbildenden Gymnasiums war damit nicht oder nur sehr bedingt gegeben. Da aber derartige Chancen nicht in die schulische Exotik von exklusiven Arbeitsgemeinschaften oder in Sonderprojekte als Eintagsfliegen abgedrängt werden sollen, muss die Alltagstauglichkeit der Ideen erprobt und unter Beweis gestellt werden.

Folgende *Grundthesen und Erwartungen* seien deshalb vorab formuliert:

- Es sollte gelingen, eine für ästhetische Interessen und kunstnahes Handeln unspezifisch zusammengesetzte Klassengemeinschaft für ein derartiges Vorhaben nicht nur zu begeistern, sondern im Fortlauf des Projektes auch *aufbauendes Lernen* zu ermöglichen auf der Grundlage der fachlichen, didaktischen und methodischen Professionalität der involvierten Lehrkräfte.

- Im Sinne einer bildungstheoretischen und bildungsphilosophischen Überdachung des Projektes wird davon ausgegangen, dass *kunstnahe Produktivität* der involvierten Schüler auf der Grundlage eines existenzphilosophischen und anthropologischen Zugangs erleichtert wird. Dabei wird einer *Stärkung des Subjektes* Vorrang eingeräumt, weil

---

[4] Zahlreiche weitere exemplarische Praxisbeispiele vgl. Beichel 1992.
[5] Projektleitung: Kirsten Krebsbach (Sprache), Christa Kern (Musik), Dr. Johann J. Beichel (Dramaturgie), mitwirkende Studentinnen und Studenten von der Musikhochschule in Karlsruhe waren: Patrick Bach, Katharina Blaszczok, Björn Etzel, Sonja Krautter, Christine Schmälzle und Miriam Rückert, von der Universität Karlsruhe: Katja Arnold, Sabine Grüner, Carolina Retz und Corinna Weiss.

schöpferische Potenzen, Phantasie und das Wollen und Sich-Trauen als Antriebsenergien zu entwickeln auf dieser Alters- und Entwicklungsstufe bedeutsamer sind als die inszenierte Begegnung der Schüler mit der „Sache Kunst" und ihren fremden, für sie teilweise unverständlichen Artefakten.

- In einem ersten Schritt wurden die Schüler angeleitet und motiviert, eine selbst verfasste Textvorlage (in Reimform, frei, lautmalerisch, dadaistisch ....) zu rhythmisieren.
- Der Stimmpflege und der Bewegung galt dabei verstärkte Aufmerksamkeit.
- Anschließend wurden in mehreren Durchgängen pantomimische Modelle erprobt und schülerseitig beurteilt. Es ging dabei um die Entwicklung ästhetischer Werturteilsfähigkeit einerseits sowie um die Förderung des emotionalen „Sich-Trauens" andererseits.
- In einem nächsten Schritt erfolgten erste Versuche, Textinhalte oder Bilder zu verklanglichen, und zwar klassisch wie experimentell.

Nachfolgend wird das Produkt dieses improvisationsdidaktischen Experiments vorgestellt.

„Die Kuh Gloria" – Theaterfassung nach einer Geschichte von Paul Maar

Vorspiel auf dem Theater: Ein Zeitungsjunge geht über die Bühne durchs Publikum

1. Szene: Titel: Der fiese Fuchs beschreibt die Kuh; Ort der Handlung: Am Waldrand
2. Szene: Titel: Ratschlag des Fuchses; Kuh Gloria kämpft sichtbar mit ihrer Leibesfülle
3. Szene: Titel: Glorias Auftritt als Sängerin; Ort: Wiesenbühne
4. Szene: Titel: Erster Monolog der Kuh Gloria; Ort: Daheim vor dem Spiegel

         Erstes Zwischenspiel auf dem Theater: Ein Zeitungsjunge geht über die Bühne

5. Szene: Titel: Glorias Auftritt als Tänzerin; Ort: Wiesenbühne

6. Szene: Titel: Zweiter Monolog der Kuh Gloria; Ort: Daheim vor dem Spiegel

   Zweites Zwischenspiel auf dem Theater: Traum Gloria vom Dasein als Künstlerin

7. Szene: Titel: Erfolg bei den Nilpferden; Ort: Nilpferdland

Unsere ersten und vorläufigen Erkenntnisse aus der Praxis und deren allgemeinerzieherische Relevanz:

- Der Einfallsreichtum in der gestalterischen Freiheit der Projekte wurde von uns gelegentlich unterschätzt. Die Phantasie aller beteiligten Schülerinnen und Schüler sprudelte unaufhörlich.

- Ihr sprachliches Erfindungsrepertoire überraschte positiv und die Freude am Schreiben war außergewöhnlich groß: Beispiel „Habemus Superstar"

- Sie sind intensiv mit sich und ihren Ausdrucksmöglichkeiten und Ausdrucksinteressen beschäftigt. Sie erleben deshalb eine Unmittelbarkeit ihres Erfindens und Tuns, das sich vom schulischen, sprich unterrichtlichen Handeln gänzlich unterscheidet.

- Die Ernsthaftigkeit aller Involvierten war erstaunlich positiv und deren Anstrengungsbereitschaft durchgängig höher als im Regelunterricht.

- Die Distanz zwischen Buben und Mädchen wird im ästhetischen Handeln minimiert, bisweilen völlig aufgehoben.

- In der Kritik und Kritikfähigkeit der Akteure kultiviert sich zunehmend eine vorsichtige, nicht verletzende Urteilssprache. Zudem wächst die Fähigkeit und Bereitschaft zum mehrmaligen Perspektivenwechsel im demokratischen Beurteilungsprozess.

- Ihre ästhetische Werturteilsfähigkeit gewinnt, wahrscheinlich auch durch den ständigen Einsatz eines spezifischen, gestaltungsbezogenen Vokabulars.

- Erstaunlich positiv verläuft die Annahme von Verantwortlichkeit als erkennbare Verantwortungswahrnehmungskompetenz und -bereitschaft hinsichtlich gewählter Rollen, Aufgaben und Funktionen im Fortgang des szenischen Spiels als einer freiwilligen kollektiven Aktion.

- Eine neue und erweiterte Qualität des Zusammenhalts der agierenden Gruppe zeichnet sich deutlich ab, da alle Aufgaben und Risiken der Regie bei den Schülern selbst verbleiben.
- Dabei zeigen sich sympathische und verlässliche Führungsqualitäten auch und gerade bei Schülerinnen und Schüler, deren unterrichtliche, sprich kognitiv-fachspezifische Reputation anders, im Einzelfall sogar konträr verläuft.
- Zu bestätigen sind ferner unsere Erwatungen bezüglich der Entfaltung aller menschlichen Kräfte (vgl. Humboldt), einer umfassenden Bildung von Kopf, Herz und Hand (vgl. Pestalozzi), die Bildung der Vielseitigkeit des Interesses (vgl. Herbart) und die spezifische Sinn- und Freiheitserfahrung als Möglichkeit der ästhetischen Dimension neben der moralischen und jener des Erkennens und Denkens (vgl. Klafki 1996, 30 ff.) in Anlehnung an Kants Kritiken der theoretischen, praktischen und ästhetischen Vernunft.
- Erkennbar ereignet hat sich in den vorbeschriebenen Projekten auch die Bildung und Entwicklung der Empfindsamkeit als Verfeinerung des Empfindungsvermögens gegenüber menschlichem Ausdruck sowie die Entfaltung der Einbildungskraft, der Genussfähigkeit, des Geschmacks und der ästhetischen Urteilskraft neben der Befähigung und der Interessensbildung an Spiel und Geselligkeit (vgl. ebd., 33).

Interessant und aufschlussreich wäre jetzt die Fortentwicklung dieser ersten Ergebnisse in Nachfolgeprojekten zu beobachten, zumal auf der Grundlage vorpubertär positiver Erfahrungen im ästhetischen Projekten auch in und nach der kritischen Pubertätsphase akzeptable Ergebnisse in kunstnahen Projekten möglich sind. Doch dies ist zunächst nur ein außerschuler Befund der Musiktheaterarbeit in der Integrativen Musik- und Kunstschule Bruchsal.

Die Projekte wurden immer und konsequent geplant, begleitet und kritisch reflektiert in der übergeordneten Intention, ästhetisches Handeln sittlichen Zielen vorzuschalten, sprich auf gemeinsames ästhetisches Erleben im eigentlich zweckfreien Empfinden und Genießen die sensible Grundlage und Offenheit auch für moralisches Urteilen und Handeln einzuüben und sensu Gadamer: „sich entfalten zu lassen".

Dies bedeutet auf keinen Fall die Verzweckung der Ästhetik für die Moral, sondern stellt einen sinnvollen und vernünftigen Weg dar – der einzig mögliche und gangbare nach Friedrich Schiller (vgl. 23. Brief) – in der Wahrnehmung und Beurteilung des Schönen (und des Hässlichen), die Wahrnehmungsschulung und Urteilsfähigkeit auch für das Gute (und das Verwerfliche) zu üben.

Wie sonst sollte moralische Werturteilsfähigkeit (competence) und Werturteilsbereitschaft (performance), wie sollte vernünftiges Handeln und anständiges Urteilen sich entwickeln und festigen können?

Begriffstabelle 3

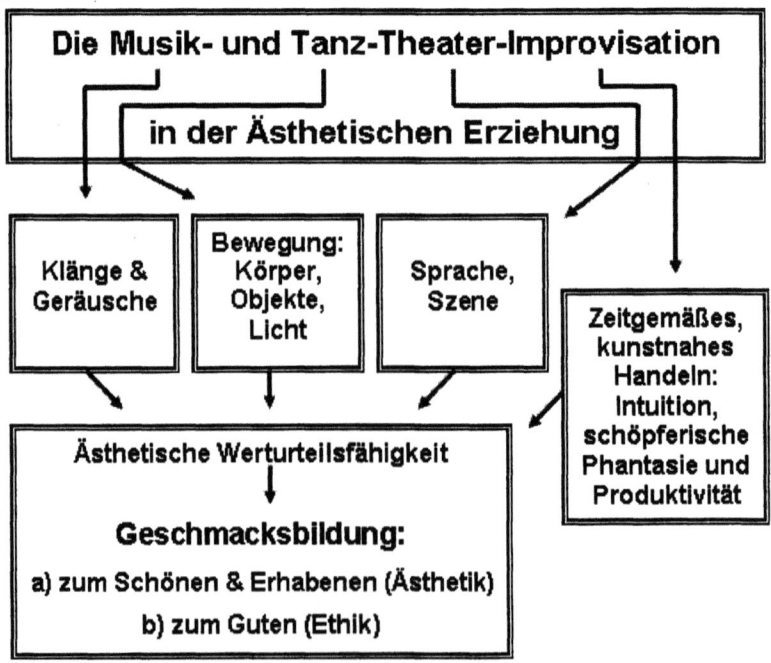

© J. Beichel, 2004

Wem die bekannte Dilettanten- und Musikantenschelte von *Theodor W. Adorno* gegenüber Musikpädagogen (vgl. Adorno 1982, 103) noch in den Knochen steckt, darf sich von dem italienischen zeitgenössischen Philosophen *Gianni Vattimo*, Jahrgang 1936 – er lehrt Theoretische Philosophie an der Universität Turin – beruhigen lassen: „Auch die Werke geringeren Ranges legen die wesentlichen Züge unserer Weise fest, die Ereignisse und Erfahrungen zu deuten, indem sie zeigen, wie die subjektive Innerlichkeit im Werk eine konkrete, sichtbare Gestalt annimmt und in Beziehung zur Welt tritt" (Vattimo 2002, 111).

„Die Kunst ist Erfahrung von Wahrheit, weil sie wahre Erfahrung ist. Sie verwandelt uns, verändert unsere Sicht der Welt, bringt Werke hervor, die nicht einfach zur Welt hinzukommen als Gegenstände unter Gegenständen" (ebd.)

Selbst der sonst so streitbare Karlsruher Philosoph *Peter Sloterdijk* (geb. 1947) springt zur Seite und weist in seinem überzeugenden und unserem Anliegen sehr entgegenkommenden Plädoyer für die *„ptolemäische Abrüstung"* nachdrücklich alle Versuche Adornos zurück, die Ästhetik im Allgemeinen und die Neue Musik im Spezifischen für den schwarzseherisch prognostizierten Weltuntergang als „Hermeneutik der Hölle" zu instrumentalisieren: „Die Kunst entdeckt die Möglichkeit wieder, für sich selbst zu sprechen" und „es ist nicht wahr, dass der ästhetische Laxismus vor der Machtergreifung steht ... " (Sloterdijk 1987, 43, 70, 72).

Gegen den Vorrang des Denkens und der aller nur frustrierenden naturwissenschaftlichen Wahrheiten – „Wenn die Sonne aufgeht, geht nicht die Sonne auf!" (ebd., 57) behauptet die ptolemäische Abrüstung den wiedererkannten Vorrang der Gefühle, der freien Wahrnehmung, der ästhetischen Sensibilisierung und „für Sloterdijk heißt das auch, das Recht der Ohren auf den einfachen, harmonikalen Klang" als erwünschte Ablösung eines in die Irre leitenden Kopernikanismus, mit dem „hochmütigen Anspruch der Vernunft, ihre bloß erdachte Wahrheit über jegliche sinnliche Plausibilität zu stellen" (Breuer 2001, 182).

Ein großes und feierliches Loblied singt der Karlsruher Philosoph auf das Opus Magnum des Jazz-Musikers *Joachim-Ernst Berendt*, der mit seiner revolutionären Erkenntnis der Kunstsparte Musik zu besonderem Ansehen verhilft, weil er mit *Nada Brahma* die gesamte Welt als Klanggebilde mit

Rhythmus, Schwingung und Resonanz anerkennt, nachdem in unserem Jahrhundert alle scheinbar gesicherte physikalische Erkenntnis über exakt messbare, wiegbare und berechenbare Zeit und Materie zusammenbrach. Die Harmonie der zwischenmenschlichen Beziehung wird zum Auftrag an uns alle auf dem Weg zu dem Ziel und Finale von kosmisch-musikalischer Dimension (vgl. Berendt 2004, 165).

8. Die Lehrkräfte in der Ästhetischen Erziehung als sensible kunstnahe Experten

Auf alle Vorerkenntnisse und Einsichten aufbauend stellt sich die Frage, wie denn nun die erwarteten Personqualitäten der involvierten Lehrkräfte für eine neue Ästhetische Bildung erstens erkennbar werden und zweitens zur Entfaltung zu bringen sind. Wie kann deren Bildung und Ausbildung in Hochschule und Seminar das theoretische Rüstzeug vermitteln und die praktischen Fähigkeiten erkennen, entfalten, evaluieren, überprüfen und dann der staatlichen Selektionsnotwendigkeit als valide Beurteilungsgrundlage zur Verfügung stellen?

Wie bereits angedeutet: Zeitgemäße Lehrerbildung müsste in erster Linie Arrangements organisieren – z.B. Ästhetischen Projektunterricht –, in denen Unerfahrene (pädagogische „Novizen") ihren individuellen Handlungs- und Entscheidungserfahrungen kritisch reflektierend Bedeutung abgewinnen, damit sich Erfahrungswissen sukzessive in ästhetisch-sittliche Werturteilsfähigkeit und Können umformen kann („Experten").

Zunächst aber gilt die vorrangige Forderung, dem Schubladendenken der Kunstsparten zu entrinnen, denn noch immer wollen Kunstakademien und Musikhochschulen nichts oder nicht viel miteinander zu tun haben, und für zwei andere pädagogisch relevante Kunstsparten, nämlich „Tanz" und „Theaterspiel", ist eine spezifische Lehrerbildung erst gar nicht auffindbar.

Völlig zu Recht wirft Lutz Koch der Pädagogik und ihrer Wissenschaft vor, begrifflich wie inhaltlich unsauber zu argumentieren: Es sei die Rede von „Kunsterziehung, Kunstunterricht, Kunstdidaktik und dem Schulfach ‚Kunst'", jedoch immer nur und vorsätzlich mit Beschränkung auf die Bildenden Künste. „Wer von Kunst- und Musikunterricht spricht, suggeriert die Fehlmeinung, Musik sei keine Kunst, weder im handwerklichen noch im ästhetischen Sinn. ... Die Einheit des Ästhetischen ... ist von der Schule und ihrer Pädagogik aufgelöst worden: Kunstunterricht umfasst weder Musik noch Poesie (weder Sprache noch Tanz, Anm. d. V.), Musik ist ebenfalls ein eigenes ‚Fach', Poesie läuft im Sprachunterricht mit, hat aber kein eigenes Fach und verschwindet, da offenbar nur Bleibe hat, was unter Dach und Fach ist" (Koch 1994, 13).

Auf die Lehrpersonen bezogen, weil es um eine neue und richtungsweisende *Ästhetische Wende in der Lehrerbildung* geht, bedeutet dies konsequent, dass die einzelnen Kunstdisziplinen ihre Türen und Fenster weit öffnen müssen, um alle Chancen zu erkennen, die im Kontakt mit anderen Künsten und deren didaktischen Konzepten auf ihre Nutzung warten.

Völlig neu sind Idee und Vorschlag einer verstärkten Ästhetischen Bildung nicht, denn bereits aus der Reformpädagogik und Jugendbewegung der zwanziger Jahre des vorigen Jahrhunderts kennen wir eine sog. *„Kunsterziehungsbewegung"* um Julius Langbehn (*„Rembrandt als Erzieher"*), Alfred Lichtwark und seine Kunsterziehungstage, u.a., die von Hermann Lorenzen ausführlich beschrieben und interpretiert wurde. Schon damals ging es in der Sorge um die einseitige Verwissenschaftlichung, Spezialisierung und Intellektualisierung um den Versuch einer *Entfaltung der schöpferischen Kräfte im Menschen* allgemein und speziell in der schulischen Bildung. Leider standen die Bildenden Künste im Vordergrund, während wir heute für eine Gleichberechtigung aller Kunstsparten eintreten (vgl. Lorenzen 1966).

Schülerseits sind derartige Brückenschläge zwischen den Künsten weitaus einfacher, auch vergnüglicher und ohne Berührungsängste zu vollziehen. Auf Seiten der Lehrpersonen muss deren „Einzelhaft" im Fachgebiet mit dem begründeten und unverzichtbar hohen künstlerischen Anspruch erst überwunden werden um eine unvoreingenommene Öffnung und gesundes wie gleichberechtigtes Kooperationsvertrauen zu vollziehen (vgl. Beichel 1992, 229 ff.).

Es geht nicht um die Aufhebung oder Verwässerung der fachlichen und künstlerischen Ansprüche in den Kunstsparten, sondern um die Gemeinsamkeiten in der erwünschten solidarischen Zuständigkeit für das sinnlich wahrnehmbare Schöne und Erhabene der Lebenswelt, das uns aufmerksam und sensibel machen wird für das Gute und Mitmenschliche.

Der weite und beschwerliche Weg vom Wahrnehmen des Schönen und des Guten zum zunächst ästhetischen, dann auch moralischen Handeln, von der

Erkenntnis des Guten bis zum Tun des Guten (zur Erzeugung von Moralität – nach I. Kant) darf dabei nicht unterschätzt werden (vgl. Prange 1994, 87 ff.). Ästhetische wie moralische Erziehung und Einübung sollte – so betrachtet – lediglich als Motor dieser „Verwandlung" vom nur triebgesteuerten, unkontrollierten zum vernünftigen, ästhetischen und sittlichen Handeln in Anspruch genommen werden. Einen direkteren Weg gibt es nicht! Wie aus Einsichten Werke werden und aus Erkenntnissen Taten, ist in der kunstnahen Praxis und in einer dieser Praxis vorgeschalteten Wahrnehmungserziehung für das Schöne und das Gute zu entfalten.

Dies ist der Schlüssel dazu, die personalen Qualitäten des Lehrernachwuchses dann entfaltet zu erleben und evaluierbar zu erkennen.

Eine feinfühlige Lehrperson, die gleichzeitig über ein solides Fundament an profundem Berufswissen verfügt, wird für ihre Schüler ein Segen sein; die nur wissende und nur gescheite sicher weniger.

Ästhetische Bildung

Begriffstabelle 4

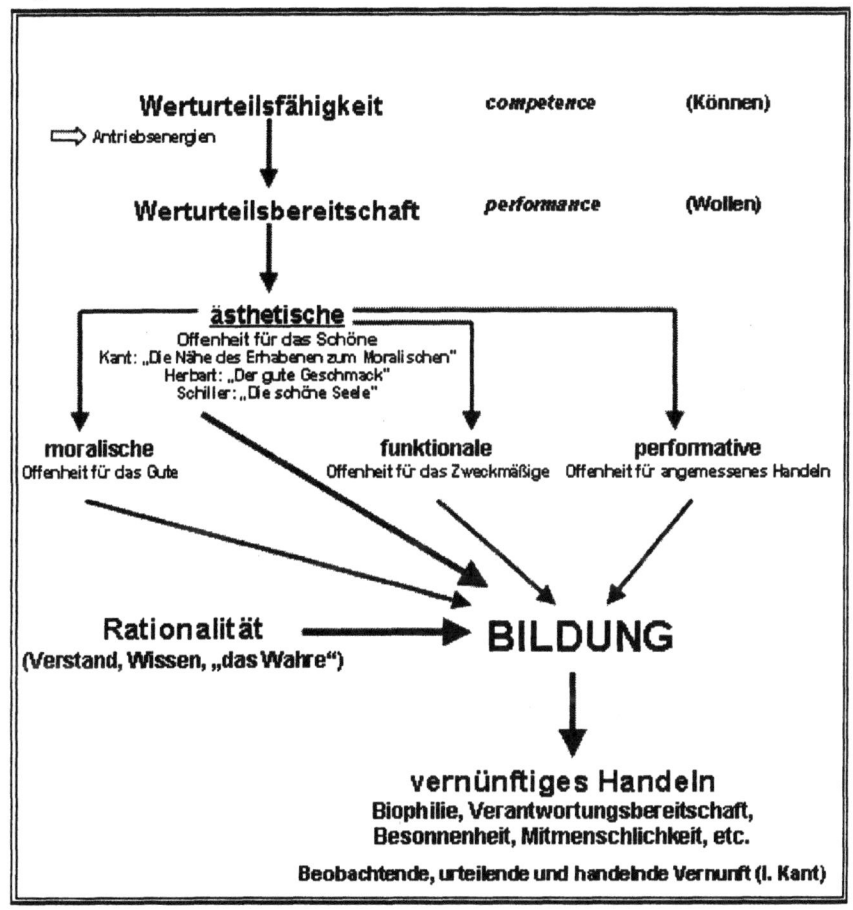

Welche dramatischen *Konsequenzen für die Staatlichen Lehramtsprüfungen* unsere neuen Erkenntnisse zeitigen, dass nämlich komplexe Lehrerqualitäten nur im längerfristig-situativen und prozessualen unterrichtlichen wie erzieherischen Handeln erkennbar werden, ist an andere Stelle angemessen ausführlich und differenziert dargestellt (vgl. Beichel 2006).

Und wer jetzt noch zögert, wird ermutigt von der motivierenden Erkenntnis des bereits zitierten populären Querdenkers der zeitgenössischen Philosophie, dessen Einsicht auch deshalb höchst willkommen ist, weil sie die Sorge mindert, den radikalen Paradigmenwechsel zu vollziehen, von der aktuellen Penetranz in der Bildungsstandard- und Kompetenzdiskussion in Schule und Lehrerbildung hin zu einer Intensivierung des Empfindungsvermögens bei allen Beteiligten, den Schülern wie auch allen Lehrpersonen, die sie zur neuen Offenheit, zu Neugier, Risikobereitschaft, schöpferischem Antrieb und zum Staunen begleiten.

„Soll aber das, was wir von Tag zu Tag treiben, Leben bedeuten, so muss es sich als etwas Unbekanntes, sich selber Fremdes, sich selber Unheimliches, sich selber unendlich Überlegenes erfinden und entdecken. In ihm gälte *der Vorrang des Zerbrechlichen vor dem Endgültigen, des Unbekannten vor dem Enthüllten, des Unvollendeten vor dem Perfekten. Die kleinste abenteuerliche Fiktion wöge in ihm mehr als das umfassendste terminale Wissen"* (Sloterdijk 1987, 118).

Wer mag bei so vielen ausgewiesenen Experten der Bildungstheorie und der Ästhetischen Praxis jetzt noch zögern und festhalten an der vergeblichen Suche nach Bildungsstandards und der obsoleten Anhäufung immer höherer Kompetenzberge, die das Wissen zu mehren wohl imstande sind, aber das Können und Wollen sträflich vernachlässigen?

Die Kombination der beiden Begriffe „Bildung" und „Standards" ist ja bereits abwegig (vgl. auch Schlömerkemper 2004, 5 ff.). Einzig H.-E. Tenorth führt als Kollege in der leidigen Standard-Diskussion unserer Tage den Ästhetik-Begriff noch mit in seiner Diskussion. Ansonsten werden pädagogische, ethische, ästhetische und bildungsrelevante Aspekte unvernünftigerweise in Kompetenz- und Wissenskategorien subsummiert oder gänzlich vergessen (vgl. Czerwenka 2005, 12 ff.).

Unsere Zeit ist reif für den überfälligen Paradigmenwechsel, der das Humane des Individuums wieder ins Zentrum rückt und dessen Rationalität höchstenfalls als Zulieferer für gesteigerte Mitmenschlichkeit im Handeln anerkennt auf der Grundlage einer neuer Sensibilität in ästhetisch-moralischer Empfindsamkeit, denn im Geiste von Hans Aebli gilt: „Wo ein guter, ästhetisch gebildeter und empfindsamer Lehrer am Werk ist, wird die Welt ein bisschen besser!"

Da der Autor – weil es ihm an dieser Stelle ganz besonders danach wäre – auch als praktizierender Musiker weder eine Arie leidenschaftlich schmettern noch dramatische Chor- oder Orchesterklänge hörbar einblenden kann, schließt er mit einem lesbaren (in dieser schriftlichen Präsentationsvariante sind Literatur und Poesie gegenüber den anderen Künsten im Vorteil) Gedicht von Friedrich Schiller, dem auch großen Bildungsphilosophen mit unermesslichen Verdiensten um die Ästhetische Bildung, für deren erhoffte Wiederentdeckung und deren perspektivischen Bestand. Ohne diesen großen Vordenker wären die vorstehenden Gedanken erst gar nicht gedacht worden.

> Wenn Sinnes Lust und Sinnes Schmerz,
> vereinigt um des Menschen Herz
> den tausendfachen Knoten schlingen,
> und zu dem Staub ihn niederzieh'n.
> Wer ist sein Schutz? Wer rettet ihn?
>
> Die Künste, die an goldnen Ringen
> Ihn aufwärts zu der Freiheit zieh'n,
> und durch den Reiz veredelter Gestalten
> ihn zwischen Erd und Himmel schwebend halten.

Friedrich Schiller, Augustenburger Brief v. 13. Juli 1793

Literatur

Albert, K.: Henri Bergson – Unterwegs zu einer Philosophie des Lebens. In: Fleischer, M. (Hrsg.): Philosophen des 19. Jahrhunderts, Darmstadt 1998, S. 241 ff.

Adorno, Th. W.: Zur Musikpädagogik. In: Ders.: Dissonanzen – Musik in der verwalteten Welt, Göttingen 6. Aufl. 1982, S. 102 ff.

Ballauff, Th.: Über Bildung und Maß. In: Perspektiven der Philosophie. Neues Jahrbuch 1984, S. 79 ff.

Beichel, J.: Brückenschlag Primarstufe – Interdisziplinäre Modelle einer schulartenübergreifenden Ästhetischen Erziehung, Bruchsal 1992 (Diss.).

Beichel, J.: Lehrperson – Lehrerhandeln – Evaluation. Personale Qualitäten im Lehramt, Universität Karlsruhe, Mai 1999 (Habil.).

Beichel, J.: Vernünftige Rede im Unterricht und deren Bezug zur Ästhetik. Rhetorische und ästhetische Theorie. In: SEMINAR – Lehrerbildung und Schule. Hrsg. v. Bundesarbeitskreis der Seminar- u. Fachleiterinnen e.V. (BAK), Heft 4/2000, S. 64 ff.

Beichel, J.: Lehramtsprüfungen – zur Praxis und Theorie der personalen Evaluation im Lehramt, Hohengehren 2006.

Berendt, J. E.: Nada Brahma – Die Welt ist Klang, Hamburg 19. Aufl. 2004.

Bergson, H.: Denken und schöpferisches Handeln, Meisenheim/Glan 1946.

Breuer, I.: Das 20. Jahrhundert – Projekt: Kultur und Geisteswissenschaften, Hamburg 2001.

Brezinka, W.: Tüchtigkeit. Analyse und Bewertung eines Erziehungszieles, München 1987.

Bromme, R.: Der Lehrer als Experte. Zur Psychologie des professionellen Wissens, Bern/Göttingen 1992

Czerwenka, K.: Was müssen LehrerInnen wissen und können? In: SEMINAR – Lehrerbildung und Schule. Hrsg. v. Bundesarbeitskreis der Seminar- u. Fachleiterinnen e.V. (BAK), Heft 2/2005, S. 12 ff.

De Sousa, R.: Die Rationalität des Gefühls, Frankfurt/M. 1997.

Dewe, B./Ferchhoff, W./Radtke, F.O. (Hrsg.): Erziehung als Profession. Zur Logik professionellen Handelns in pädagogischen Feldern, Opladen 1992.

Düwell, M.: Ästhetische Erfahrung und Moral, Freiburg/München 1999.

Eckstein, W.: Adam Smith – Leben und Schriften. In: Smith, A.: Theorie der ethischen Gefühle, Hamburg 2004.

Früchtl. J.: Ästhetische Erfahrung und moralisches Urteil, Frankfurt/M. 1996.

Gadamer, H.-G.: Die Aktualität des Schönen, Stuttgart 1998.

Gehlen, A.: Der Mensch (1950), Wiebelsheim 14. Aufl. 2004.

Gillian, C.: Moralische Orientierung und moralische Entwicklung.In: Nunner-Winkler, G.: Weibliche Moral, München 1991.

Goleman, D.: Emotionale Intelligenz, München 1996.

Heitger, M.: Schule der Gefühle, Innsbruck 1994.

Helferich, Ch.: Geschichte der Philosophie, München 4. Aufl. 2000.

Herbart, J.Fr.: Über die ästhetische Darstellung der Welt als das Hauptgeschäft der Erziehung (1804), Weinheim 1965.

Hirschberger, J.: Geschichte der Philosophie, Band I, Freiburg 12. Aufl. 1980.

Höffe, O.: Lesebuch zur Ethik – Philosophische Texte von der Antike bis zur Gegenwart, München 1999.

Ästhetische Bildung

Horn, K.I.: Moral und Wirtschaft, Tübingen 1996.

Horster, D.: Was soll ich tun? Moral im 21. Jahrhundert, Leipzig 2004.

Hume, D.: Ein Traktat über die menschliche Natur, Band II, Buch II: Über die Affekte, Hamburg 1978.

Jain, E.: Das Prinzip Leben – Lebensphilosophie und Ästhetische Erziehung, Frankfurt/M. 1993.

Kant, I.: Kritik der Urteilskraft, Köln 1999.

Keller, M.: Moralische Sensibilität – Entwicklung in Freundschaft und Familie, Weinheim 1996.

Klafki, W.: Neue Studien zur Bildungstheorie und Didaktik, Weinheim 5. Aufl. 1996.

Koch, L./Marotzki, W./Peukert, H. (Hrsg.): Pädagogik und Ästhetik, Weinheim 1994.

Kolbe, F.-U.: Lehrerbildung ohne normative Vorgaben für das praktische Handlungswissen? Eine anglo-amerikanische Kontroverse um die Bedeutung von Unterrichtsforschung beim Aufbau professionellen Wissens. In: Bayer, M./Carle, U./Wildt, J. (Hrsg.): Brennpunkt Lehrerbildung, Opladen 1997, S. 121-137.

Krampen, G.: Handlungsleitende Kognitionen von Lehrern, Göttingen 1986.

Kulenkampff, J.: David Hume, München 1989.

Lenzen, D.: Von der Erziehungswissenschaft zur Erziehungsästhetik? In: Ders.: Kunst und Pädagogik, Darmstadt 1990.

Lorenzen, H.: Die Kunsterziehungsbewegung, Bad Heilbrunn 1966.

v. Maur, K.: Vom Klang der Bilder – Malerei und Musik im Dialog, München 1999.

Märtin, D./Boeck, K.: EQ – Gefühle auf dem Vormarsch, München1996.

Meckauer, W.: Der Intuitionismus und seine Elemente bei Henri Bergson, Leipzig 1917.

Nietzsche, Fr.: Philosophie als Kunst, München 1999.

Oerter, R./Weber, E.: Der Aspekt des Emotionalen in Unterricht und Erziehung, Donauwörth 1975.

Paul, G.: Philosophische Ästhetik, Stuttgart 1998.

Pleines, J.-E.: Praktische Wissenschaft, München 1981.

Pleines, J.-E.: Ästhetische Bildung auf dem Standpunkt der Kritik. In: Koch, L./Marotzki, W./Peukert, H. (Hrsg.): Pädagogik und Ästhetik, Weinheim 1994, S. 22-38.

Plessner, H.: Anthropologie der Sinne (1923). In: Ders.: Gesammelte Schriften III, Frankfurt/M. 1980.

Prange, K.: Herbarts Lehre von der ästhetischen Nötigung. In: Koch, L./Marotzki, W./Peukert, H. (Hrsg.): Pädagogik und Ästhetik, Weinheim 1994, S. 85-94.

Rekus, J.: Bildung und Moral – Zur Einheit von Rationalität und Moralität in Schule und Unterricht, Weinheim und München 1993.

Rorty, R.: Hoffnung statt Erkenntnis, Wien 1994.

Rorty, R.: Die Schönheit, die Erhabenheit und die Gemeinschaft der Philosophen, Frankfurt/M. 2000.

Ruep, M.: Das Phänomen des teilnehmenden Interesses als Bestandteil von erziehendem Unterricht bei J. F. Herbart, Karlsruhe 1991, Diss.

Scheler, M.: Wesen und Formen der Sympathie, Bern 1974.

Scheler, M.: Grammatik der Gefühle, München 2000.

Schiller, Fr.: Über die Ästhetische Erziehung des Menschen, Stuttgart 2000.

Schlömerkemper, J.: „Standards" dürfen „Bildung" nicht ersetzen! In: Die Deutsche Schule, 8. Beiheft 2004, S.5 ff.

Schneider, N.: Geschichte der Ästhetik von der Aufklärung bis zur Postmoderne, Stuttgart 1997.

Schütt, H.-P.: Der „wunderbare Instinkt" der Vernunft. In: Kulenkampff, J. (Hrsg.): David Hume – Eine Untersuchung über den menschlichen Verstand, Berlin 1997, S. 153 ff.

Seel, M.: Ethisch-ästhetische Studien, Frankfurt/M. 1996.

Sloterdijk, P.: Kopernikanische Mobilmachung und ptolemäische Abrüstung – Ästhetischer Versuch, Frankfurt/M. 1987.

Smith, A.: Theorie der ethischen Gefühle (1759), Hamburg 2004.

Steiner, C.: EK – Emotionale Kompetenz, München 2000.

Steinfath, H.: Orientierung am Guten, Frankfurt/M. 2001.

Tugendhat, E.: Vorlesungen über Ethik, Frankfurt/M. 1993.

Vattimo, G.: Kurze Geschichte der Philosophie im 20. Jahrhundert, Freiburg 2002.

Weischedel, W.: Kant-Brevier, Frankfurt/M. 1974.

Die Autoren

Johann J. Beichel, apl. Prof. Dr. paed., Universität Karlsruhe, Institut für Allgemeine Pädagogik

Linda Clarke, Professor of European Industrial Relations, University of Westminster

Konrad Fees, PD Dr. phil., Universität Karlsruhe, Institut für Allgemeine Pädagogik

Geoff Hayward, Lecturer in Educational Studies, University of Oxford

Ulrich Herrmann, Prof. Dr. phil., Universität Ulm (bis 2004), Seminar für Pädagogik, Honorar-Professor der Universität Potsdam

Walter Jungmann, PD Dr. phil., Universität Karlsruhe, Institut für Berufspädagogik und Allgemeine Pädagogik

Lutz Koch, Prof. Dr. phil., Universität Bayreuth, Allgemeine Pädagogik

Ludwig A. Pongratz, Prof. Dr., Universität Darmstadt, Institut für Allgemeine Pädagogik und Berufspädagogik

Jürgen Rekus, Prof. Dr. phil., Universität Karlsruhe, Institut für Allgemeine Pädagogik

Christopher Winch, Professor of Educational Philosophy and Policy, University of London, King's College

UNSERE BUCHTIPPS!

▶ Denk, Rudolf (Hg.)
Nach Europa unterwegs
Grenzüberschreitende Modelle der Lehrerbildung im Zeichen von europäischer Identität, Kultur und Mehrsprachigkeit.
Schriftenreihe der Pädagogischen Hochschule Freiburg, Band 18, 2005
338 Seiten, 8 Abbildungen
ISBN 978-3-8255-0528-8
24,50 €

Die Pädagogische Hochschule Freiburg nutzt ihren Standortvorteil im Dreiländereck am Oberrhein: Grenzüberschreitende Kooperation mit benachbarten Hochschulen und Partnerinstitutionen zeigen für den Bereich der Lehrerbildung neue Wege im Zeichen von Europa. Dabei stehen Fragen der Herausbildung einer europäischen Identität, Vergleiche zwischen europäischen Kulturen und das Ziel einer Mehrsprachigkeit in Europa im Zentrum. Das Ziel, einen gemeinsamen europäischen Hochschulraum auf der Grundlage neuer Modelle der Lehrerbildung zu schaffen, wird in dem Sammelband aus der Perspektive verschiedener europäischer Nachbarländer (Frankreich, Deutschland, Schweiz, Österreich, Niederlande) anschaulich beschrieben. Konkrete Modelle aus den einzelnen Ländern und ihre Zukunfts-fähigkeit stehen dabei im Mittelpunkt verschiedener Wege nach Europa.

▶ Interpretationswerkstatt der PH Freiburg (Hg.)
Studieren und Forschen
Qualitative Methoden in der LehrerInnenbildung
Schriftenreihe der Pädagogischen Hochschule Freiburg, Band 17, 2004
234 Seiten, ISBN 978-3-8255-0519-6
20,50 €

Studieren und Forschen - In diesem komplexen Feld bewegen sich die insgesamt 11 Beiträge des Bandes der Interpretationswerkstatt der Pädagogischen Hochschule Freiburg. Durch Austausch und Kooperation schlagen die Mitglieder des Arbeitskreis Interpretationswerkstatt neue Denkwege ein, entwickeln perspektivenreiche Lesarten, überprüfen Hypothesen und sichern so die Qualität im Forschungsprozess. In den hier präsentierten Forschungsarbeiten aus unterschiedlichen Bereichen der Lehrerbildung und Didaktik drückt sich die Vielfalt der Fachgebiete und der qualitativen Forschungsmethoden aus. Sie geben zudem Einblick in das Vorgehen und in die methodologischen Überlegungen, die den Projekten zugrunde liegen. Damit trägt dieses Buch zur Diskussion und Weiterentwicklung nicht nur der Lehrerbildung, sondern auch der qualitativen Sozialforschung bei.

www.centaurus-verlag.de

UNSERE BUCHTIPPS!

▶ Toni Hansel (Hg.)
Ganztagsschule. Halbe Sache – Großer Wurf?
Schulpädagogische Betrachtung eines
bildungspolitischen Investitionsprogramms
Schulpädagogik, Band 7, 2005
262 Seiten, ISBN 978-3-8255-0614-8
€ 24,90

Die Ganztagsschule ist keine Erfindung unserer Tage, auch wenn der gelegentlich missionarisch anmutende Eifer, mit dem seit PISA-O über dieses Schulmodell geschrieben, diskutiert und mitunter gestritten wird, eine solche Vermutung nahe legt. Dabei sind Zweifel durchaus begründet, ob alle dasselbe meinen, wenn sie von *Ganztagsschule* reden. Mit dem Grundwort *Schule* verbinden sich Vorstellungen vom institutionalisierten Lernen im Kontext allgemeiner Bildung – aber das trifft auf die Halbtagsschule ebenso zu wie auf die Ganztagsschule. Die öffentliche Debatte hat noch nicht deutlich werden lassen, was den Schultypus Ganztagsschule von der Halbtagsschule abhebt – sind es doch nur Stunden, die die Schüler nun zusätzlich in der Schule verbringen sollen?

▶ Hansel, Toni (Hg.)
Perspektiven der inneren Erneuerung und Entwicklung von Schule
Aktuelle Impulse aus der Nach-PISA-Debatte
Schulpädagogik, Band 8, 2006
196 Seiten, ISBN 978-3-8255-0665-0
22,50 €

In der Lehrerbildung ist wenig Platz für pädagogische Reflexion zur Qualität schulischen – und das heißt primär: unterrichtlichen – Lehrens und Lernens. In diese Lücke zielt dieser Band, der die Reformdebatte unter dem Stichwort „innere Schulerneuerung" akzentuiert ausleuchtet. Die Autoren gehen bei der Betrachtung von zwei Prämissen aus, die dem erkenntnisleitenden Interesse der Autoren die Richtung weisen: Innen- und Außenseite der Schule bedingen sich wechselseitig, und die Debatte zur inneren Schulerneuerung ist nicht auf die Frage der Bildungsstandards zu verkürzen, obwohl viele der in diesem Zusammenhang gleich mitgenannten Stichwörter – zentrale Abschlussprüfungen, Tests, Vergleichsarbeiten usw. – eine flächendeckende innere Relevanz suggerieren.

▶ **Besuchen Sie unsere Internetseite!**

---

www.centaurus-verlag.de

MIX
Papier aus verantwortungsvollen Quellen
Paper from responsible sources
FSC® C105338

If you have any concerns about our products,
you can contact us on
ProductSafety@springernature.com

In case Publisher is established outside the EU,
the EU authorized representative is:
**Springer Nature Customer Service Center GmbH
Europaplatz 3, 69115 Heidelberg, Germany**

Printed by Libri Plureos GmbH
in Hamburg, Germany